지상의 나그네

지상의 나그네

이명환 수필집

프란치스코출판사

이 수필집 『지상의 나그네』를 노엘 수녀 언니께 바칩니다.

머리글

문학을 살아온 이의 글

나영균
이화여자대학교 명예교수

우선 『지상의 나그네』 출간을 진심으로 축하한다.

나는 이명환 씨가 이대 영문과에 다닐 때 그를 알게 되었다. 당시 이대학보의 '중편 소설과 논문 현상 모집'에 그가 소설 부문에서 당선이 된 것이 계기였다. 심사를 맡았던 나는 그가 어떤 학생인지 잘 알지 못하였다. 다만 『디오니소스의 後裔』라는 그의 응모작을 읽으면서 느낀 것은 작가가 할 이야기가 아주 많다는 것, 문장력이 좋다는 것, 한자(漢字)의 지식이 정확하다는 것, 언어 감각이 뛰어나다는 것, 억제할 수 없이 속에서 마구 솟구치는 욕구가 있다는 것이었다. 당선이 되고 나서 만나 본 그는 아주 소박한 시골 처녀였다.

1960년대 초부터 오늘까지 우리는 사제지간이라기보다 친구처럼 지내왔다. 그는 졸업한 지 얼마 안 되어 결혼하였다. 상대는 우리나라 최고 시인의 한 분인 성찬경 씨였다. 일찍 어머니를 여읜 그였기에 나는 그의 결혼을 반겼다.

성찬경 씨는 조선조의 명유(名儒) 우계(牛溪) 성혼(成渾) 선생의 직계 후손이다. 그래서 살림은 청빈이라는 한마디로 요약할 수 있는 것이었고 집안의 법도는 양반 가문의 그것을 그대로 전승한 것이었다. 시부모님을 모시고 4남 1녀를 낳아 기르며 살림을 꾸려 가는 그의 생활은 그 이상 더 현실적이랄 수 없이 현실에 얽매인 것이었다.

더러 도와주는 사람이 있다 해도 밥하랴 청소하랴 애 보랴 빨래하랴 장 보랴 어른과 남편 시중들랴 눈코 뜰 새 없이 종일 줄달음치는 매일이었다. 거기서 글을 쓰겠다고 벌리고 앉을 틈새는 전혀 없었다.

그런 동안에도 억누를 수 없는 문학에의 갈망을 그는 가슴에 품고 살아갔다. 그 갈망은 생활의 현실 속에서 이따금 튀어나오는 비현실적인 말과 사고에 나타나곤 했다. 그것은 문학을 하는 사람이 아니라 문학을 사는 사람의 말이요 사고였다. 재에 묻힌 불똥처럼 살아 있던 갈망은 세월이 흘러 생활이 조금씩 정리되면서부터 불꽃을 일렁이기 시작했다. 긴긴 세월 동안 말없이 간직해온 문학 사랑은 수필이 되어 조금씩 터져 나오기 시작한 것이다. 그러기에 그의 수필엔 다른 이의 글에서 볼 수 없는 어떤 간절함이 있다.

애초에 소설 쓰기로 문학에 들어선 그의 글은 소설적 색채가 짙다. 상세한 묘사가 그렇고 여기저기 묻혀 있는 이야기가 그렇고 심층에 파고들려는 탐색이 그렇고 자연스럽게 펼쳐지는 대화가 그렇다. 그러한 그의 글은 구수하고 순박하고 어찌 보면 어눌한 그의 인품을 그대로 나타내고 있다.

기교를 부리지 않는 글 속에 엿보이는 그의 시선은 어린이처럼 솔직하다. 남이 감지 못하는 것을 감지하는 섬세함과 함께 현대가 잃어가는 따뜻한 피의 온기가 느껴진다. 어린 시절의 추억, 대학시절, 자연, 계절, 문학, 음악, 종교, 가족을 통한 경험을 엮은 글들은 통틀어 볼 때 그의 정신적 자서전이기도 하다. 좀 숨이 긴 문장에서 배어 나오는 그의 말투가 그대로 그를 보여주고 있다.

지금도 그는 할 이야기가 많고 속에서 솟구치는 욕구가 뜨겁다. 이 책은 그러한 그의 마음의 극히 작은 부분의 돌출이라 하겠다. 앞으로도 그 욕구는 문학의 형식을 빌려 계속 터져 나올 것이다. 그는 문학을 사는 사람이요 문학의 갈망을 운명처럼 지니고 사는 사람이기 때문이다.

추천의 글

존재의 신비를 순례하는
『지상의 나그네』

고계영 바오로
작은 형제회(프란치스코회) 신부

'신비신학의 왕자'라 불리는 보나벤투라(Bonaventura) 성인은 우주를 하느님께서 당신 손으로 직접 쓰신 '또 다른 하느님의 책'이라 불렀다. 우주는 하느님의 신비로 가득 차 있다는 의미겠다. 살아 있는 하느님의 책을 읽으면서 이 사랑의 박사는 신비의 아름다움에 매료되었고, 그렇게 그는 하느님의 미학을 읊는 신학자가 되었다.

중세에 싹튼 보나벤투라의 신학적 미학을 지난 세기에 꽃피운 가톨릭 신학의 거장은 스위스 바젤 출신의 한스 우르스 폰 발타사르(Hans Urs von Balthasar)이다. 예술에도 조예가 깊었던 그는 미(美)란 곧 하느님의 영광으로, 보이지 않는 하느님의 신비는 제일 먼저 미를 통해 계시된다고 주장하면서 우주와 그 역사를 한 편의 웅장한 하느님의 살아 있는 드라마라 규정하였다.

이명환 사도 요한나 님의 수필집 『지상의 나그네』에는 발타사르가 말하는 신비의 드라마가 흐르고 있다는 느낌이다. 그것은 이 작가가 '하느님의 살아 있는 책'을 "렉시오 디비나"(Lectio divina, 거룩한 독서) 하면서 이를 신비의 언어로 새겨 놓았기 때문이리라. 신비는 모든 '지상의 나그네'가 저마다 이 지상에서의 순례를 마친 후 마지막으로 도달하여 영원히 머무르게 되는 본래의 고향이다. 지상의 나그네로서 평범(平凡)한 일상(日常) 안에 숨어 있는 비범(非凡)과 비상(非常)의 세계, 즉 신비를 영롱이는 보석처럼 캐어내는 이명환 님의 명상 감각이 참으로 탁월하다. 그는 정녕 일상의 신비가요 일상의 명상가이다.

수년 전에 처음 『지상의 나그네』를 펼쳐보는 순간 나는 이내 이 신비의 힘에 끌려 '미지의 구름' 속을 황홀히 거닐게 되었다. 이 신비가 잠겼던 구름 저 너머 미지의 세계를 나 또한 응시하며 명상에 잠겼던 적은 또 얼마나 많았던가! 그 속에는 T. S. 엘리어트의 시에서 감지할 수 있는 지적인 깊이가 있었고, 하이데거의 형이상학에서 접하게 되는 존재론이 담겨 있었다.

『지상의 나그네』는 우주라는 하느님의 책에 쓰여진 존재의 신비와 일상 안에 펼쳐지는 신비의 드라마를 명상하는 '존재론적 수필집'으로 나에게 다가왔고, 이 땅에서 존재의 신비를 노래하는 수필집이 탄생되었다는 사실이 마냥 흡족하고 행복하였다.

그동안 이 책이 절판되어 아쉬웠던 바 우리 프란치스코 출판사에서 다시 상재하게 되어 이 점을 매우 기쁘고 다행스럽게 생각한다.

작가의 말

『지상의 나그네』를 다시 펴내며

　이 나이에 난생 처음으로 책을 엮으려고 하니 부끄럽기도 하고 두렵기도 하고 그렇다. 지난 10여 년 동안 틈틈이 써두었던 글발들을 한자리에 모아놓고 보니 그 소리가 그 소리인 것 같아서 민망하기도 하다. 어떻게 확 정신이 번쩍 나는 색다른 글을 쓸 수는 없을까.
　세상에 신비스런 일이 많은데 생각을 글로 옮기는 작업도 그런 유형의 일이 아닐까 싶다. 문자판에 손을 얹고 많은 시간 마음속에 담아두었던 이야기의 실마리나 떠오른 상념들을 문장으로 살려내는 일에 몰두하다 보면 평소의 나와 조금 다른 적극적인 나, 깨어 있는 나로 변해 있음을 발견한다. 이때 뭔지 꼭 집어서 말하기는 어렵지만, 어떤 내적 욕구가 나를 이끌고 있음을 느끼고 이를 반기며 문자판을 조심조심 건드리고 다닌다. 그것이 까맣게 잊고 있었으나 의식의 갈피 어디에 숨어 있다가 튀어나와 아주 반갑게 상면하게 되는 어떤 것일 때 나는 시간을 잊는다.

한때 작가를 나의 생업으로 삼으려 했던 시절이 있었으나 그 꿈을 완전히 접었고, 섣불리 덤벼들 일이 아님을 살아오면서 어느 정도 깨달은 탓에 미련도 갖지 않았었는데, 어쩌다 예까지 오게 된 것을 보면 글쓰기는 나와 깊은 인연이 있는 일이 아니었나 싶기도 하다.

기왕에 시작된 행보니 내게서 아주 떠났던 문학을 다시 찾아 나서는 마음으로 글을 써나갈까 한다.

학창 시절부터 늘 보살펴주시고, 이번에 서문까지 써주신 나영균 선생님과 수필 세계로 나를 인도해주신 임선희 선생님께 깊은 감사를 드린다.

내가 글을 쓸 수 있도록 따뜻한 시선으로 지켜보고 격려해주는 가족들, 특히 책 장정을 맡아준 큰며느리의 노고를 치하하며, 출판을 위해 큰돈을 내놓은 막내아들 기우에게 고마움을 전하고 싶다. 앞으로 성실하게 글쓰기를 계속하는 것으로 미력하나마 이에 보답하려 한다.

2005년 5월
응암동에서

이 머리말을 쓴 것이 엊그제 같은데 어느덧 7년 세월이 흘렀다. 그동안 40여 년 살던 동네 응암동이 재개발되는 바람에 꼬박 4년을 연희동에서 셋방살이를 하다가, 한 달 전에 백련산 중턱의 새 아파트로 들어왔다. 내심 마당 없는 아파트를 꺼려했는데 막상 이삿짐을 풀고 보니 전망도 괜찮고 무엇보다 넓어서 숨통이 트인다.

첫 수필집 『지상의 나그네』를 재판까지 찍은 출판사가 문을 닫았고, 그 조판마저 다 폐기되어 그야말로 '지상'에서 완전히 사라질 '나그네'였는데, 프란치스코 작은 형제회 고 바오로 신부님의 배려로 다시 세상의 빛을 보게 되었다.

로마에서 「프란치스코의 신비 체험의 본질」로 학위를 받고 귀국하신 고 바오로 신부님께서 바쁘신 중에도 분에 넘치는 추천사를 써주신 데 대하여 심심한 사의를 표한다.

2012년 3월
백련산 아파트에서
설송(雪松) 이명환

차례

머리글　문학을 살아온 이의 글 ｜ 나영균 7
추천의 글　존재의 신비를 순례하는 『지상의 나그네』 ｜ 고계영 11
작가의 말　『지상의 나그네』를 다시 펴내며 ｜ 이명환 15

1　겨울 이야기

겨울 이야기 25

아주 느긋한 여름날 오후 31

댓돌 위 신발 36

바람 솔바람 40

단식에 대하여 45

우기 연작(雨期連作) 49

외할머니 60

탐매(探梅) 65

설원여록(雪原餘錄) 72

2 일락서산

유럽 여행기 81

이역에서 들은 종소리 93

무량사를 찾아서 105

일락서산(日落西山) 110

신춘삼제(新春三題) 114

새벽의 저 끝에는 피아노가 있었네 120

은총(恩寵)을 사모(思慕)하라 126

눈꽃 무릉도원 129

태풍 지나는 장터목에서 138

추억의 개츠비와 베토벤 143

설원(雪原)의 아리랑 150

서울 사직공원 155

할머님 전 상사리 162

3 한 장의 사진

한 장의 사진 169

제주도 나그네 178

추사 적거지 방문기 183

이중섭 거리 189

특별한 은총의 하루 194

아쉬운 피날레 203

『무서록(無序錄)』유감(有感) 207

나의 유년 214

처음 맞는 여름휴가 217

내 친구 백목련 238

물소리 단상 241

아들의 의자 246

적막강산에서 258

나의 문학 세계 263

파한쇄담(破閑瑣談) 267

4 시간에 대하여

사랑은 수고를 모른다는데 275

크리스마스의 기쁨 277

아듀 2003 279

희망 2004 281

시간에 대하여 283

2월이 간다 285

움트는 생명력 287

활력소 290

어린이가 있는 풍경 292

요리는 인생입니다 295

정리에 대하여 297

사물 깊이 보기 300

없어진 동양극장 302

샌프란시스코의 작은 거인 305

아! 고구려 308

'물질'고아원 311

저 나무의 눈부신 자유 315

뒷글   어머니의 책 | 성기완 319

1

겨울 이야기

겨울 이야기

　해발 1,000 미터가 넘는 장엄한 겨울 산을 그려보십시오. 그리고 하얀 눈 덮인 그 산의 최정상, 잉크빛 파란 물이 금방이라도 어깨에 떨어질 것 같은 투명한 하늘을 배경으로 서 있는 당신을 상상해보십시오. 상록수에는 말할 것도 없고 앙상한 나목 가느다란 끝가지에도 순백의 눈꽃은 만발했고, 깊은 산의 정적과 함께 눈부신 설경이 인간을 무아지경으로 이끄는 지금, 이 시간의 한복판에 당신은 스키를 신고 서 있는 것입니다. 청명한 하늘 아래 설화를 날리는 바람이 간간이 날카로운 소리를 내며 지나가지만, 천야만야 넓은 천지를 뒤덮고 있는 백설은 칼바람 따위로는 끄떡도 없습니다.
　나목 군단의 가지런한 실루엣이 멀리 달려가는 겹겹의 능선을 굵고 부드러운 회갈색 선으로 뚜렷하게 그려 보여주고 있는 흰 바탕의 겨울 산. 만년설이 뒤덮여 있는 이국의 사진 같은 흑백 산야가 시야 가득 펼쳐져 있는 곳. 이곳은 강원도 평창군 도암면에 있는 발왕산의 1,458 미터 정상입니다. 아득한 태곳적부터 저렇게 침묵에 싸여 있었을 웅장한 풍경. 저 멀리 옹기종기 모여 있는 인가가 먼

옛날의 잊혀진 이야기를 내게서 살려냅니다.

어느 시인의 말처럼 과연 겨울은 '계절의 제왕'입니다. 시인이 아닌 내 눈에도 겨울은 제왕의 위엄과 제왕의 영화와 제왕의 고독을 두루 갖춘 모습으로 다가옵니다. 눈 덮인 큰 산 높은 봉우리에 홀로 서면, 봄 여름 가을 겨울을 헤치고 지나온 한 해의 내 삶이 깡마른 겨울나무 사이로 조금씩 보이는 듯합니다.

스키를 타기 전에는 내가 이토록 겨울을 사랑하게 되리라고는 전혀 생각치 못했습니다. 시골에서 자란 나는 추위가 너무 무서워, 누가 물으면 사계절 중 여름을 제일 좋아한다고 늘 말해왔습니다. 왕복 40여 리를 매일 걸어서 통학한 나의 십대 초반 소녀 시절의 한겨울은 문자 그대로 지옥이었으니까요. 나는 유난히 추위를 못 견뎌 했습니다. 더구나 미친 듯이 불어대는 매서운 바람을 정말로 두려워했습니다.

결혼 초 외풍이 심한 수재민 주택에서 살 때, 남들이 위험하다고 말려도 북통만 한 방 안에까지 연탄난로를 피웠습니다. 겨울 내내 시커먼 연탄을 한두 장씩 머리맡에 놓고 살았습니다. 난로 위 주전자에서 나는 물 끓는 소리를 또 그렇게 듣기 좋아했습니다. 그것은 따뜻한 소리였기 때문입니다. 그리고 그 시절에 머그잔 가득 블랙커피를 언제고 타서 마실 수 있는 행복한 소리였습니다.

50대 초반 우연한 기회에 스키 부츠를 신어보았습니다. 유행가 가사 같지만 그것은 그야말로 운명적인 만남이었다고 생각됩니다. 내가 처음 스키와 만난 곳은 금강산과 같은 군(郡)인, 강원도 고성

군 알프스 스키장이었습니다. 우선 나는 스키장 주변의 빼어난 산 모양과 설경에 매료된 것 같습니다. 처음 이 스키장에 들어섰을 때, 은빛 설원에 색색 옷으로 원색의 물결을 이루며 춤추듯 미끄러져 내려오는 사람들과, 리프트를 타고 조용히 올라가는 사람들의 뒷모습이 상당히 인상적이었습니다. 그것은 내 마음속 깊은 갈피의 어디쯤 은밀한 곳을, 눈앞에 보고 있는 것 같은 놀라운 느낌이었습니다. 그 이후 나는 꽤 열중해서 스키를 탔습니다. 그러나 별 진전은 없었습니다.

사실 나는 스키로 내려올 때보다 리프트로 올라가는 시간을 더 즐기는지도 모릅니다. 그도 그럴 것이 기술이 시원찮아 내려올 때는 힘이 드니까요. 게다가 항상 내 실력에 약간 부치는 코스에 오르는 리프트를 타고 싶어 하니까요. 높이높이 올라가야 설경은 더 아름답고 고요함은 더욱 깊고 사람은 드물고 그래서 나는 더욱더 행복합니다.

겨울은 홀로 있기에 좋은 계절입니다. 불가에 동안거(冬安居)라는 수련도 있다잖아요. 나는 홀로 수련하듯 스키를 탑니다. "홀로 있을수록 함께 있는 묘리를 터득하고 나면, 홀로 있어도 그저 충만할 뿐입니다." 어느 스님의 수상집에서 읽은 구절입니다. 그럭저럭 칠팔 년이 넘어가니 스키 타는 요령도 조금씩 터득이 됩니다. 모든 것이 다 그렇겠지만 스키 기술은 인생살이와 너무도 흡사합니다.

첫째로 마음이 평온해야 합니다. 겸허해야 합니다. 욕심이나 잡생각이 끼어들면 금세 표가 납니다. 물 흐르듯 자연스럽게. 여기서도 노자의 상선약수(上善若水)가 빛을 발합니다. 만고의 진리니까요.

눈은 흔적을 남게 하는 강점이 있습니다. 자세가 흩어지는 듯싶으면 가던 길을 멈추고 한적한 곳에 비껴 서서 뒤돌아봅니다. 거기 내가 방금 지나온 두 줄의 자국이 있으므로 그것을 찬찬히 점검해봅니다. 그리고 지나가는 사람들을 유심히 바라봅니다. 그들 모두가 나의 스승이기 때문입니다. 자세가 안정되고 보기 좋으면 그런대로, 또한 그냥 슬슬 썰매 타듯 흔들고 지나가면 또 그런대로 다 내게는 스승입니다.

요즘 2월 들어 일주일에 두어 번 당일치기로 용평 스키장을 애용합니다. 우리나라 스키철은 꿈같이 짧아서 한 시즌에 두 주일 타기가 어렵습니다. 광교에서 새벽 5시에 출발하는 버스를 타기 위해 4시 반이면 집에서 나갑니다. 무거운 부츠 가방과 점심 도시락을 들고, 고3 학생처럼 더듬더듬 골목길을 내려갑니다. 그리고 오늘 저녁 9시쯤이면 나는 지금보다 훨씬 느린 걸음이지만 상쾌한 기분으로 이 길을 올라올 것입니다. 하늘의 별과 달을 바라보며 무거운 짐을 지고 어두운 골목길을 오르내릴 때, 나는 옛날 시골에서 학교 다니던 시절을 생각합니다. 암울하고도 걸림돌이 많았던 6·25 전쟁 직후 1950년대. 늘 불안하고 외로워 평지도 조심조심 움츠리고 걸어 다니던 나의 황량한 사춘기를.

처음 스키를 신고 아무 데서나 괜히 넘어지다가, 이제는 꽤 가파른 슬로프에서도 어느 정도 자유를 느끼며 질주할 때의 그 쾌감을 나는 퍽 소중하게 간직하고 있습니다. 이것은 일찍이 내가 누려보지 못한 성취감이고 해방감입니다.

  나는 되도록 자주 성당에서 피정(避靜)가듯 열심히 스키장을 찾을 것입니다.

1999년 12월

아주 느긋한 여름날 오후

파리 중에도 등이 새파란 똥파리는 내게서 묘한 살의를 불러일으킨다.

한 여름 식탁 주변을 맴도는 놈은 그것이 보통 파리라 할지라도 순간 나를 긴장시키지만 등이 새파랗게 반짝이는 놈이 거친 소리를 내며 떴다 하면 사생결단 쪽으로 신경이 곤두선다. 날아가는 놈을 손으로 확 낚아채 보기도 하고, 행주고 신문이고 닥치는 대로 휘두른다.

일부러 그러는 것은 아니겠지만 남편은 내가 정신 들여 무얼 하고 있을 때면 좀 이르다 싶은데도,

"여보 점심 안 주나?" 혹은 "저녁 먹읍시다." 이러면서 은근히 나를 부엌 쪽으로 몰려는 버릇이 있다. 막상 차려놓으면 또 꿈지럭꿈지럭 냉큼 나오지도 않으면서 말이다.

얼마 전에 작고한 강신재 씨의 단편집 『젊은 느티나무』를 먼지 쌓인 책장 구석에서 겨우 찾아내어 마악 읽기 시작하는데 또 "점심 안 주나?"다.

"그에게서는 언제나 비누 냄새가 난다"로 시작되는 「젊은 느티나무」는 60년대 초 문학을 지망하는 대학생들 간의 화제작으로 당시 지성인의 잡지였던 『사상계』에 처음 발표됐다. 저 유명한 김지하의 「오적」도 이 월간지에 수록된 것이다. 나와 동갑인 문리대 독문과생 이청준 씨의 등단작품 「退院」과 청담 스님의 「나의 입산 五十년」이 실려 있던 1965년 12월 호와 「젊은 느티나무」가 있는 『사상계』는 시집올 때도 버리지 않고 갖고 왔던 몇 권 안 되는 나의 장서 속에 끼어 있었는데……

찌개를 데우고 밥까지 퍼놓았는데도 남편은 안 나온다. 상 다 차려 놓았다고 몇 번 소리치다가 나는 아예 책을 가지고 나와 식탁 옆에서 읽는다.

티셔츠로 갈아입은 그는 성큼성큼 내 방으로 걸어 들어와 "무얼 해?" 대개 이런 소리를 던진다. 그런 때에 그에게서 비누 냄새가 난다. 그리고 나는 나에게 가장 슬프고 괴로운 시간이 다가온 것을 깨닫는다……

의붓아버지의 아들인 '그'를 사랑하는 여고생 주인공 '나'의 괴로움은 '엷은 비누의 향료와 함께 가슴속으로 저릿하게 스민다.'

이때 등 푸른 파리가 독특한 소리를 내며 밥공기 주위를 빙빙 돌다가 콩밥 위에 앉는다.

"파리가 밥 빠네."

책으로 쫓으면서 혼잣말로 중얼거렸는데 큰 소리로 불러도 꿈쩍

안 하던 사람이 어떻게 들었는지 단숨에 달려온다. 아무리 언성을 높여봐야 내 소리는 파리의 위력에 못 미치는 모양이다.

"아니 웬 파리야!"

그것 말고도 두어 마리가 합세하여 공중비행 하는데 신경질적으로 파리를 쫓으면서 식탁에 앉는다. 정년퇴임 전 대학에 재직할 때 10층에 있는 연구실에서도 도시락을 펴기만 하면 어디서 오는지 파리가 날아든다며 혀를 차곤 했었다. 그러고 보니 남편은 파리에 무척 민감한가보다.

"파리채 좀 줘."

나보다 순발력이 좋은 편인 그는 거의 백발백중 잡는다. 헌데 그 많던 파리채가 다 어디로 갔는지 한 개도 눈에 안 뜨인다.

"며칠 전 저기 저 못에 하나도 아니고 몇 개를 걸어놨었는데……"

중얼거리며 식탁 근처에 있는 광고지로 파리를 슬슬 쫓다가 다시 책을 읽는다.

나는 돌연 형언하기 어려운 혼란 속에 빠져 들어갔으나 한 가지의 뚜렷한 감각을 놓쳐버리지는 않았다. 그것은 기쁨이었다. '그'를 무어라고 부르면 마땅할까 …… 그를 오빠라고는 도저히 부를 수 없었다. 처음에는 너무 생소하여서, 그리고 나중에는 또 다른 이유들로……

자기 애인이나 남편을 예사로 오빠! 오빠! 하고 부르는 요즘 젊은이들의 무신경이 격세지감(隔世之感)을 느끼게 한다.

어디서 또 파리가 한둘 모여든다. 손으로 연신 쫓아가며 밥을 먹던 남편은 드디어 화가 난 모양이다.

"무슨 책인가 좀 놓고 앞집 가게에 파리채 있나 가 보지."

나는 읽던 『느티나무』를 덮어놓고 일어섰다. 다행히 앞집 구멍가게에 500원짜리 작은 파리채가 있다. 상추쌈을 한 입 물고는 파리채 달라고 손짓하는 그이더러 어서 밥이나 먹으라며, 밥통에 앉아 있는 놈을 겨냥하여 기술적으로 슬쩍 내리쳤다. 등 푸른 놈은 아닐지라도 단번에 간단히 처치하고 나니 후련하다. 헌데 순간 무슨 낌새를 알아차렸는지 싹 다 도망가고 한 마리도 안 보인다.

"햐, 이놈들 봐라. 어디 두고 보자."

일부러 나가 사오기까지 했는데 겨우 한 마리밖에 못 잡은 게 분해서 파리채를 못 놓고 있는 나더러,

"쫓았으면 됐지 뭘 기다려."

"냄새 따라 불원천리 달려오는 것은 그렇다 치고 파리채만 들고 있어도 얼씬 안 하는 그 감각은 어디서 익혔나?"

"익히긴 뭘, 타고났지."

"아니 파리채를 경계하라는 정보를 날 때부터 받았다는 거야?"

괜히 짜증내며 볼멘소리를 한다. 혼자 백세주 한 병을 다 비우고 기분 좋게 거나해진 남편은,

"그 복잡한 걸 우리가 어떻게 아나. 그래 봬도 파리와 잠자리 눈은 렌즈가 수백 수천 개 장착돼 있어서 각도(角度) 상관없이 천리

안이라네. 시야가 넓은 대신 초점은 흐리다지만."

이러면서 마루로 슬슬 걸어나간다.

초점은 흐리다지만 천리안이라? 파리목숨인 주제에 말이지.

나는 두리번거리며 파리를 찾다가 제풀에 지쳐 다시 책을 읽는다.

아아, 나는 행복해질 수는 없는 걸까? …… 초저녁의 불투명한 검은 장막에 싸여 짙은 꽃향기가 흘러든다. 침대 위에 엎드려서 나는 마침내 느껴 울고 만다.

책에서 눈을 뗀 나는 미소 짓는다. 이십대 초반에는 나도 같이 아파했었지. 헌데 지금 내가 미소 짓는 것은 위기를 잘 넘긴 해피엔딩을 미리 알고 있기 때문이 아니라, 괴로워하는 젊은이의 모습이 예뻐서다. 밤을 지새우는 고통을 통해 열여덟 살 숙희가 인생의 묘미를 터득해 나가기를 바라며 안쓰러움을 달랜다.

어느 틈에 또 한둘씩 날아다니는 파리들, 그중에 새파랗게 반짝이는 등으로 내게서 살의를 부추기는 놈을 향해 반사적으로 파리채를 잡아들다가 스르르 놓는다.

가라, 똥파리야! 네가 이 세상에 태어난 목적이 내 손에 죽기 위함은 아니겠지? 너에게도 뭔가 맡겨진 소임이나 누려야 할 즐거움이 남아 있을지도 모를 일이니.

2000년 6월

댓돌 위 신발

벗어놓은 신발에는 표정이 있다. 분위기가 있다. 두서너 켤레 단출하게 놓여 있는 경우는 더욱 그렇다. 제각각 그 신발 주인의 삶의 체취를 풍기고 있어서 그것들이 놓여 있는 장소와 그 주위를 오래도록 바라보게 되는 경우도 있다. 특히 조용한 산사의 암자에 반듯하게 놓여 있는 댓돌 위 신발들이 그러하다.

하긴 식구대로 몇 켤레씩 자기가 신고 다니는 신발을 아무렇게나 늘어놓는 우리 집 현관도 자세히 보면 거기에 신발 임자들의 삶의 모습이 어려 있다.

한때 시부모님, 우리 부부, 자녀들 5남매 이렇게 가솔이 아홉이나 될 때에는 신발들이 멋대로 뒤엉켜 있어서 어떤 게 누구 건지 나는 도저히 분간할 수가 없었지만 아침이면 용케 제 신발의 짝들을 찾아 신고 썰물 빠지듯 했다. 원래 정갈하시던 시어머님은 아이들이 밟는다고 당신 내외분 것과 가장인 아들 구두는 따로 놓는 데를 마련해 두셨다. 아예 당신의 외출용 흰 고무신을 깨끗이 닦아서 넣어두는 검정색 신발주머니까지 있었다. 돌보는 이 없는 내 신발은 애들 발에 밟혀 찌그러지고 엎어지고 그래도 나는 내 신발을 따로 간수할 엄두도 내지 않고 외출 시 그냥 꿰고 다녔다. 왜 그랬을까.

요즘도 인근에 살고 있는 사촌 시동생은 전에 더러 시어머님 뵈러 큰댁인 우리 집을 방문할 때마다, "야, 이놈들아. 현관에 신발일랑 느이들이 좀 정리해라. 엄마 혼자서 이 큰살림 하시는데 이 정도는 도와야지!" 그러면서 그곳을 대충 정리하고 마루로 올라오던 생각이 난다. 이 속에서 살고 있는 우리는 몰라도 방문객한테는 정신없이 어질러진 현관이 눈에 거슬렸나 보다.

아홉 식구 신발 중에 제일 먼저 빠져나간 것이 누구 거였더라?

지휘 공부하러 미국으로 떠난 둘짼가? 가톨릭 신학대학 기숙사로 들어간 넷짼가? 아무튼 그동안 시아버님도 오래전에 86세로 돌아가셨고 시어머님은 2000년 깊은 가을 95세로 이 세상을 하직하셨다. 8년여에 걸친 어머님 병수발은 내 인생에서 어둡고 긴 터널을 지나온 듯한 느낌으로 남아 있다.

신발 얘기를 하다 보니 꿈 많던 여고 시절 원두막에서 지새우던 그 밤이 생각난다. 어느 무더운 여름방학에 친구네 참외밭 원두막에서 단짝친구 셋이 밤을 지낸 적이 있다. 헌데 아침에 일어나 보니 우리들 운동화는 간 곳이 없고 그 자리에 웬 험상궂은 남자 고무신 세 켤레가 놓여 있는 게 아닌가. 원두막 한쪽 거적을 열어놓고 별이 총총한 밤하늘을 바라보며 재미있는 이야기로 웃고 떠드는 사이, 어느 틈에 친구 어머니는 처녀 애들 운동화를 남자 어른 신발로 바꿔놓는 위장술을 감쪽같이 연출해 놓고 가신 모양이다.

아, 찬란하게 별이 빛나던 밤. 우리의 아름다운 꿈을 노래에 담아 조심스레 은하 너머로 띄워 보내던 밤. 호연지기(浩然之氣)의 시인이라 할 수 있는 바이런도 「차일드 해럴드의 편력(Childe Harold's Pilgrimage)」이라는 장시에서,

아, 별들이여! 그대들은 하늘의 시!

너희들의 빛나는 책장(冊張)에서

우리는 인간과 제국의 운명을 읽곤 한다.

Ye Stars! which are the poetry of heaven!

If in your bright leaves we would read

the fate of men and empires.

라 읊었지.

반딧불이가 어지러이 날고 뜸부기와 풀벌레가 울어대던 그 밤의 눈부신 별들도, 소녀인 나의 아득한 미래를 점쳐주는 빛의 성좌였다.

다음 날 아침 늦잠에서 깨어난 우리는 난데없는 장정들 헌 신발을 보고 처음에는 어리둥절했다. 하지만 곧 어머니의 뜻을 알아채고 깔깔대며 그 큰 신들을 질질 끌고, 콧노래 부르면서 아침 이슬이 보석 밭처럼 빛나는 풀밭을 헤쳐 나오던 일.

내가 어렸을 적에 할머니들이 10년도 더 된 옛날 얘기를 마치 엊그제 일처럼 말하는 걸 들으면서 이상해했던 적이 많았는데, 지금 나는 20년 아니 40년도 더 된 이야기를 이렇게 아무렇지도 않게

하고 있다. 아니, 아무렇지도 않은 게 아니라 정말 엊그제 일처럼 생생하게 떠올리면서 하고 있다.

어느 스님의 수상집에서 고무신 한 켤레가 댓돌 위에 동그마니 놓여 있는 사진을 인상 깊게 본 적이 있다. 조붓한 쪽마루 밑 크고 반듯한 댓돌 정 가운데에 딱 한 켤레 남자 고무신. 그 책을 찾아 다시 펴고 단정하게 놓여 있는 하얀 남자 고무신 두 짝을 찬찬히 들여다본다.

"혼자 사는 집입니다."

이렇게 말하고 있는 것 같다.

가난을 살고 있는 집, 엄정하게 고독을 누리고 있는 집으로도 보인다.

혼자 사는 집. 아마 차츰 우리 집도 그렇게 되겠지. 세 아들은 이미 집을 떠나 자립했고, 딸과 막내까지 떠나고 나면 남편 것과 내것 두 켤레만 남아 있다가 누구 것이 먼저 사라지려나? 우리도 노년을 맑은 가난으로 정결하게 살아갈 수 있을까? 스님처럼 시린 고독으로 늘 깨어 있는 삶을 이어갈 수 있을까?

이제 많이 단출해진 우리 집 댓돌에 신발들을 가지런히 놓으면서 30년 40년 50년 전의 엊그제를 그리워한다.

2001년 9월

바람 솔바람

바람을 생각할 때면 왜 그러는지 나는 눈을 감게 된다. 소리로서의 바람에 귀를 기울이려 함일까, 바람에 얽힌 기억이 많아서일까.

형상을 그릴 수 없는 바람, 그러나 그 바람이 이 세상에서 하고 다니는 일을 생각하면 내게는 그것이 생명 없는 기류현상이나 한낱 공기의 이동으로만 보이지는 않는다. 모양을 갖추고 있는 것들 이상으로 살아 있다는, 그것도 아주 신령스럽게 살아 있다는 느낌을 받는다.

히브리어로 '루우하(rûah)'는 바람과 영혼(spirit) 둘 다를 가리키는 어휘라 한다. 신학사전에 '루우하'는 지중해로부터 비를 가져오는 산들바람, 사막에서 불어닥치는 강한 열풍(熱風), 폭풍 등 일반적인 바람의 총칭. 또한 사람의 숨결, 생명, 영혼 등을 나타냄. 이것을 호흡이나 정신, 마음 등을 움직이는 보이지 않는 힘을 가진 거룩한 영(Holy Spirit)으로까지 보게 되었다고 적혀 있다. '루우하 야훼!'.

그러고 보니 영혼, 정신 등과 바람은 어딘지 동질감이 있어 보인다. 성경에도 성령의 상징으로 늘 바람이 등장하지 않던가.

내 고향 충남 당진군 송산(松山)면 삼월(三月)리는 서해에 인접해 있어서인지 바람이 유난스러웠다. 겨울의 칼바람은 그렇다치고 춘풍도 돌연 열풍(烈風)이 되어 좁은 논둑길을 걸어가는 작은 초등학교 아이들을 예사로 논에 빠트려 울리곤 했다. 내게도 어느 여름날에 들에서 혼자 돌풍을 만나 당황한 기억이 있다. 조용하던 하늘이 몰려드는 구름과 갑자기 불어닥치는 성난 바람으로 술렁이더니, 이상한 구름 떼가 시시각각으로 모양을 바꾸며 무섭게 들끓는 서슬에 놀라 서둘러 집으로 향했다. 한데 그 괴상한 하늘 풍경에서 도무지 내 눈을 뗄 수가 없어 그곳을 연이어 힐끔대며 바람 속을 마구 달리던 이상한 날의 기억이 지금도 뇌리에 남아 있다.

곤두선 머리카락처럼 삭풍에 군데군데 뒤집힌 초가지붕. 이런 그림 같은 초가집들이 저쪽 산 밑으로 오목한 구석 찾아 잠자듯이 웅크리고 있는 게 왠지 안쓰러워 보이던 일. 할머니가 지어주신 두루마기 솜바지(내복 대신 치마 밑에 입던 옷), 솜저고리 등으로 중무장하고 윙윙 소리 내어 불어대는 바람에 잔뜩 으시리고 달리던 학교길, 강풍에 떠는 키 큰 나목(裸木) 가지 끝에 요지부동으로 매달린 까치집들, 철 따라 울어대던 하고많은 새소리, 벌레소리, 어지러이 날아다니던 반딧불이, 특히 잔뜩 흐린 날 음산한 바람소리에 섞여 피를 토하듯 울어대던 한밤중의 국국이 울음 …… 이제 와서는 모두 다 그리운 풍경이다.

송산(松山)이라는 마을 이름 그대로 산에는 소나무가 많았고, 우리 집 근처에도 증조할아버지께서 대고모님한테 묘목 심부름을 시켜가며 심어놓으셨다는 수령이 백 년 가까운 솔밭이 있었다. 왕소나무백이. 마침 그곳이 고갯마루여서 동네 사람들은 잘생긴 적송(赤松) 10여 그루가 하늘을 찌를 듯이 모여 서 있는 그곳을 왕소나무백이라 하였다. 길가 야산 자락의 송림이어서 초등학교 다닐 때부터 내내 우리는 그 솔밭 옆을 지나다녔지.

내가 쓰던 방에서 하늘을 향해 팔을 벌리고 있는 멋진 왕소나무 가지들에 와서 부딪히는 바람소리는 자면서도 다 들렸다. 그것은 우리 집 뒤꼍 대나무 숲을 요란하게 헤치고 나와 지붕 처마를 덜컹거리다가 마당의 낙엽을 휩쓸고 지나가는 실성한 듯한 바람과는 비교가 안 되었다. 별도 잠든 교교(皎皎)한 밤에 하늘 멀리에서 기쁘게 달려와 키가 큰 소나무들의 가지를 쓰다듬으며 서로 어우러져 이야기를 나누는 소슬한 청풍에 명월까지. 비록 내게는 청풍명월도 처풍(凄風)명월로 보이는 청승기가 있긴 했지만, 그것은 예기치 못한 정적의 달콤함과 위로의 손길로 내 안에 머무는 듯싶은 신비스런 바람이었다.

나의 친구 송풍(松風), 사춘기에는 강풍에 쏴아쏴아 소리치며 비틀거리는 소나무들이 너무나 무섭고 쓸쓸해 보여 잠을 설치게 하더니, 언니가 수녀원으로 떠나던 이십대 초반에 아! 그 소리는 얼마나 또 나를 방황하게 했던가. 방황하는 황량한 내 가슴을 인정사정없이 쓸고 지나갔던가. 그것은 광야에서 만난 폭풍이었다. 마음이 찢기듯 아픈 바람이었고 상처는 컸으나, 이제와 돌이켜보면 그 태풍은 잡념과 망상까지도 쓸어가는 태풍일과(颱風一過)가 아니었나 싶기도 하다.

미풍이 불 때 소나무는 조용하다. 풀잎과 가랑잎을 살랑살랑 건드리는 바람에는 그저 묵묵부답. 산천초목이 춤을 추기 시작하면 맨 마지막으로 어울리는 솔바람. 솔잎이 송곳처럼 뾰족해서인지 솔바람은 심장을 파고들 듯 날카로운 데가 있다. 그래서 망연히 서 있는 나를 찔러 정신나게 한다.

요가에서 영적 몰입을 위해 바람소리에 귀 기울이며 무아의 경지로 들어가는 수련 방법이 있다 한다. 하고많은 소리 중에 물소리도 아니고 새소리도 아니고 왜 하필 바람소리일까. 하늘의 소리가 바람에 깃들여 있음일까. 바람이라도 타고 가야 무아경에 이를 수 있음일까.

바람은 삼라만상을 쓰다듬고 매질하고 춤추게 한다. 자연이 바람 타고 춤을 추고 바람 타고 포옹하고 바람 타다 꺾인다. 높은 산의 송림에서 바람에 귀 기울이면 평지에서보다 한층 더 경건하고 엄숙하고 거룩해 보이기까지 한다. 바람 솔바람 거룩해 보이는 바람. 형체가 없는 중에도 움직임을 느끼게 해주는 무소부재(無所不在)한 바람. 해발 7,800미터가 넘는 고산의 흙과 나무와 바위가 오랜 세월 비바람에 씻기고 닦여 이렇게 보기 좋은 모습과 색깔이 되었구나. 억겁(億劫)을 두고 햇빛, 달빛, 안개, 눈, 비를 섞어 신비로운 풍화작용으로 빚어낸 자연. 바람아, 너는 '있음'을 가장 직접적으로 전해 주는, 우주와 교감하는 모든 존재의 애인이며 생명을 키워내는 입김이다.

크리스마스트리 같은 예쁜 솔방울을 달고, 봄이면 노란 송화(松花)로 꽃가루를 날리는 소나무. 잔치나 제사 때는 물론이고 간식으로도 더러 입에서 살살 녹는 송화다식을 할머니는 내게 만들어주시더니.

루우하! 달착지근한 향내를 은은히 풍기면서 노란 송홧가루를 안개처럼 피워내는 솔바람아. 어디서 불어와 어디로 가는가, 힘에 부친 고비마다 쓰린 마음을 어루만져 주던 나의 영원한 벗 루우하!

2002년 10월

단식에 대하여

『사람을 살리는 단식』이라는 책이 있다. 제목 그대로 먹으면 살고 굶으면 죽는다는 우리의 통념을 뒤엎는 내용이다.

육십 평생을 살아오면서 나는 여러 차례 단식이라는 것을 해보았다. 대개 체중 조절이 주목적이긴 했지만 그것이 전부는 아니었다.

'정신과 육신은 하나'라고 한다. 물심일원론이다. 정신 따로 육체 따로가 아니라는 이 주장에 전적으로 동감한다. '단식' 하면 다분히 육신적인 절제를 떠올리지만 실제로 해보면 정신에 미치는 영향이 더 큰 것 같다. "단식은 인성 회복의 길이며, 인간의 잘못된 몸과 마음을 바로잡는 데 단식만큼 좋은 방법은 없다"고 이 책의 저자는 누누이 강조한다. "심신에 부조화가 생기거나 큰 부상을 입었을 때는 반드시 음식물을 끊어야 한다"는 말도 쓰여 있다.

천성이 엽렵치 못하고 우둔한 내가 어쩌다 보니 번족한 대종손 집 맏며느리가 되었다. 대가족을 건사해야 되는 주부의 가사노동은 해도 해도 끝이 없어 심란 중인데, 또 우연찮게 내게 와 꽂히는 가족이나 친척들의 섭섭한 말마디들. 사는 게 너무나 힘에 부치고 만사가 허망하다는 느낌이 들기 시작하면, 몸과 마음은 더욱더 무거워지고 이런 때 으레 따라오는 게으름과 어두움. 실컷 자도 찌뿌듯하고 실컷 먹어도 헛헛한 악순환의 와중에서, 나는 자구책으로 아무도 모르게 단식을 결행하는 일이 종종 있었다.

"단식은 왜 하는가? 심신정화(心身淨化), 비곗살 분해, 심신에 잔뜩 끼어 있는 때꼽쩨기를 삶아 빨아 널어 말리기."

오래전 내가 쓴 일기의 한 토막이다. 삶아 빨고 널어 말린다는 표현은 내가 일상적으로 찌든 빨래를 하는 행위에서 나온 비유만은 아니다.

어찌 보면 단식은 극약처방일 수도 있다. 백척간두(百尺竿頭)에 진일보라는 말이 연상되기도 한다. 처음 공복감이 몰려올 때는 신열이 나다 오한이 일다 기분이 이상스러운데, 그 고비가 지나면 찌든 때가 조금씩 벗겨지는 것 같은 시원함도 있고, 마지막에는 눅눅했던 몸과 마음이 보송보송 햇볕에 잘 마르는 듯 상쾌한 느낌이 들 때도 있어서다.

십수 년 전 의사의 권유로 효소단식이라는 것을 처음 했는데, 이것은 음식만 안 먹는다 뿐, 각종 효소를 먹으면서 지내는 이른바 절식(節食)이다. 내 경험에 의하면 절식이건 단식이건 마음만 독하게 먹으면 대개 실패는 안 하는데, 단식보다도 중요하다는 보식(補食)은 한 번도 제대로 하지 못했다. 미음이라도 입에 넣기 시작하면 그 양을 조절하기란 나의 경우 불가능하다. 애써 배고픔을 잘 참아 3, 4킬로그램 감량을 했는데 보식 기간 중의 과식으로 완전 도로아미

타불. 허나 체중 변동은 미미해도 단식에서 얻는 게 꽤 있다.

나는 대체로 7일 단식을 하는데 첫째, 둘째 날이 가장 힘들다. 허나 그 고비만 잘 넘기면 오히려 즐기면서 할 수도 있다. 힘이 없어 자꾸 눕기는 하지만 이상하게 머리가 맑아지는 것 같은 가벼운 느낌. 장 청소와 사람의 정신과는 무관하지가 않은 모양이다. 이렇게 단식 3일째가 되면 이상하게 후각이 예민해지는지 평상시에 못 맡던 각종 냄새를 맡게 되고, 안 하던 짓을 하기 시작한다.

취침 시간과 관계없이 첫새벽에 깨끗이 잠을 깬다. 유난히 새벽잠이 많아서 평생 크고 작은 실수를 허다히 저질러온 나의 전력이 무색해질 지경이다. 속이 비면 잠이 준다.

다음으로 잠만 주는 게 아니라 말수도 현저히 줄어든다. 이건 단순히 기운이 없어서가 아니라 왠지 자신에 대해서 이것저것 생각을 많이 하게 되어서다. "단식은 반성 재생 부활의 기회"라고 한다. 실제로 5, 6일 소금과 물만 마시고 나면 평상시의 나와는 조금 달라져 있다. 뭐랄까. 엄마와 떨어져 있게 된 애기처럼 기가 푹 죽는다. 그리고 제 주제를 조금씩 알게 된다. 마음을 비운다는 말을 많이 하는데 내 경우 창자를 비워야만 마음도 비워지는 것 같았다.

창자를 비운다니까 생각나는 일. 물만 먹는 데도 배변의 양이 단식 전보다도 더 많은 데 경악을 금치 못한다. 사람에 따라 다르다지만 장에 붙어 있는 숙변의 무게가 자그마치 5~10킬로그램 정도는 된다 하니 이 또한 끔찍한 사실이 아닌가. 한바탕 단식을 하고 나면 웬만한 소화불량이나 두통, 결리고 아픈 것 정도는 대체로 없어

거나 줄어든다.

이렇게 유익하고 또 내게 필요하다는 걸 잘 알면서도 나는 2년 넘게 단식을 안 하고 뭉깃뭉깃 1999년을 그냥 보내려다가, 지난 12월 28일부터 2000년 1월 3일까지 7일간 힘겹게 단식을 끝냈다. 떠들썩한 새 천년을 나 나름대로 조용히 반성하면서 맞이하자는 생각을 하다가 불현듯 결심을 하게 되었다.

오늘이 2000년 1월 10일이니까 보식 7일째인데 언제나처럼 4킬로그램 감량한 것을 야금야금 까먹고 있는 중이다. 허나 역시 보너스는 있다.

평소에 한다 한다 하면서 죽어도 못하던 일을 하게 되는 쏠쏠한 재미. 이 추운 겨울에 매일 풍욕과 냉온욕을 하고 6시 새벽 미사도 더러 간다. 얼마 동안이나 지속이 될지는 모를 일이지만. 평소 같으면 얼굴 찌푸리고 할 일(예컨대 어머님 대변 빨래)을 천연하게 해치우기도 한다. 십자가를 물리치면 더 큰 십자가가 닥친다지 않는가.

그래, 그냥 이대로 마음의 평화를 잃지 말고 헤쳐 나가다 보면 참내 길이 조금씩 보이겠지. 또한 틈나는 대로 마음에 떠오르는 상념들을 글로 옮기는 일에도 열중하면서. 나태의 늪, 사욕의 늪에 빠지지 않도록 늘 깨어 있게 되기를 새 천년 벽두에 염원해 본다.

2000년 2월

우기 연작(雨期連作)

1. 심금(心琴)이 울리다

우산을 갖고 나갈까 말까 망설이다 빗방울 듣는 것을 보고 우산을 들고 나오는 날, 아니면 달려가는 구름뭉치를 바라보며 내 예상 점괘에 따라 우산을 집에 두고 나오는 날, 대체로 이런 날씨를 나는 사랑한다. 순간의 판단 착오로 온종일 불편을 겪더라도 상관 안 한다. 그냥 기분이 좋기 때문이다. 쓸모없이 들고 나온 우산은 행방불명되기 쉬우므로 나는 차라리 비를 맞고자 하는 편이기도 하다. 겨울을 재촉하는 가을비나 폭우는 말고 한더위에 오락가락 굵어졌다 가늘어졌다 하는 그런 비가 마음에 든다.

물을 먹어 더욱 강한 기를 내뿜는 검푸른 초목과 짙은 회색 하늘이 기가 막히게 잘 어울리는 대지에 서면 나는 황홀했다. 빠른 걸음으로 숨차게 걸어도 두 시간이 꼬박 걸리던 학교 길에서의 어린 날의 체험이다. 매미나 벌레 소리조차 뚝 그친 깊은 정적에 쌓인 음습한 산골길을 혼자서 오갈 때, 쓸쓸하고 불안한 가운데 나름대로 내 마음을 다스리는 중에 찾아오던 이상스런 안도감에 힘입어 걸음을 멈추고 서서 바라보던 푸근한 대자연의 아름다움. 여기서 접하게 되는 설렘이랄까 황홀함이랄까 아무튼 용케 아직까지도 살아 있는 14, 5세 때의 기억이다.

이순(耳順)이 넘은 요즘도 창문을 통하여 이런 궂은 날의 한여름 풍경을 느긋하게 바라보고 있노라면, 왠지 어깨가 축 처지게 침체해 있던 기분이 조금씩 고양되는 듯싶어지기도 하면서 어릴 적처럼 앓이 난다. 왜 이런 일이 마음속에서 일어나는지 그 이유를 알 수는 없다. 햇빛을 싫어하는 습지식물이 있다더니 내가 습지식물 같은 인간인지도 모르겠다.

또 하나, 프랑스 화가 앙리 루소(1844~1910)가 그린 안개 속 으스름 달밤에 바람이 지나가고 있는 듯한 묘한 분위기의 원화(原畵)에 매료될 때 나를 사로잡던 깊고도 색다른 감동이 생각난다. 오지의 정글 아니면 저 세상 연옥 근처로 가는 길목 어디쯤에나 있을 법한 이상한 모양의 각종 식물과, 어두우면서도 강렬한 그 색채. 극사실화로 섬세하게 묘사된 잎사귀와 줄기들 틈새에 끼어 있는 생경한 표정의 사람이나 동물들의 모습, 그리고 밤하늘에 떠 있는 구름, 달, 별, 바람과 나무들의 침묵 앞에서 숨죽이게 되는 것과 어린 날의 숲 속 체험은 그 유형이 너무나 흡사하다. 아주 드문 일이지만 일생에 몇 번 이런 때가 있었다.

앙리 루소와 나와의 인연은 깊다.

뉴욕의 모던 아트 뮤지엄에서 본 〈잠자는 집시(The Sleeping

Gipsy)〉, 〈꿈(The Dream)〉, 필라델피아 뮤지엄에서 만난 이승이 아닌 저승 같던 그림 〈카니발 이브닝(A Carnival Evening)〉, 워싱턴에 살고 있는 친구의 안내로 내셔널 갤러리에서 만난 〈숲속의 랑데부(Rendezvous in the Forest)〉, 크고 작은 나무들이 신들린 듯 바람에 흔들리고 있는 숲 앞에서 멍하니 정신 놓고 서 있는 나를 잡아끌던 친구, 이렇게 나의 심금이 오래도록 울게 되는 황홀한 순간이 젊은 날에 더러 있었다.

며칠째 햇빛 구경을 못한 가운데 비구름이 뒷산 허리에 떠돌고 굵은 빗줄기가 돌연 가늘어지기도 하는 그런 삼복 중의 장마철이면, 내심 하고 싶었으나 왠지 손에 잡히지 않아 못하고 있던 일이 생각나면서 그것을 조금씩 하게 됐던 기억이 난다. 나라고 일기 청명한 날이 싫은 것은 아니지만 왠지 비 오는 날같이 안정감은 없다. 흐린 날만큼, 내 주위에서 일어나고 있는 모든 일을 거부하지 않고 받아들일 마음이 되지 못한다 할까. 좌우간 고통에든 기쁨에든 나 자신을 그냥 맡기고 싶어지지는 못 한다, 눈부시게 화창한 날에는.

애들 키우노라 한창 바쁘던 와중에도 어느 지루한 장마철에, 전에 심취해 있으나 아주 잊을 지경이 된 콘라드나 헤세의 소설을 찾아내어 날짜까지 적어 넣고 줄 쳐가며 읽기 시작한다든지, 벼루를 꺼내 닦고 천천히 먹을 갈아 한때는 매일 대여섯 시간씩 쓰던 당(唐)나라 안진경(顔眞卿)의 가묘비(家廟碑)나 한예(漢隷) 장천비(張遷碑)를 마음을 다스리며 임서(臨書)하든지, 먼지로 뒤덮인 피아노 뚜껑을 열고 슈베르트의 〈세레나데〉나 〈아베 마리아〉를 나직이 불러본다든지 그랬다.

올여름에는 비가 잦고 비교적 한가한 탓으로 이것저것 까맣게 잊고 있던 젊은 날을 회상하며 오랜만에 신명을 내어 장마철을 즐기고 있다.

2. 베토벤의 전원과 합창교향곡

여행이란 참으로 신비한 추억의 샘이다.

우중(雨中)에 우연히 라디오에서 흘러나오는 〈전원교향곡〉 2악장의 신선한 선율, 그중에도 플루트, 오보에, 클라리넷, 바순, 호른 등의 목관악기 소리에 접하자 별안간 20여 년 전 평화롭고 아름다운 독일의 시골 들판을 달리던 일이 생각나면서 여행지에 대한 그리움으로 가슴이 설렌다. 이것은 사십대 때의 그 시절에 대한 그리움도 섞여 있을 것이다.

집안에 흩어져 있는 CD들을 모아보니 베토벤 교향곡 6번과 9번으로는 토스카니니, 부르너 왈터, 에리히 클라이버 등이 지휘한 것이 눈에 띄어 돌려가며 듣기 시작한 게 벌써 며칠째인가. 끊임없이 내리는 빗소리에 잠이 깨자마자 새벽부터 〈전원〉을 실컷 듣다가 〈합창교향곡〉으로 바꿔서 계속 듣기 시작하고, 책을 읽거나 신문을 보면서도 다리미질을 하거나 마늘을 까면서도 습관처럼 듣고 또 듣노라, 한두 가지 보던 연속극마저 끊고 음악 소리 속에서 잠들기를 반복한다. 더구나 헐어빠진 손바닥만 한 〈전원교향곡〉 악보를 찾아내어 근처 단골 복사 집에서 확대 복사까지 하여 목관악기들의 다양한 음색을 구별해가며 듣는 그 정성과 열의는 내가 생각해봐도 대단하다. 평소의 나로서는 상상이 안 가는 얘기다. 이는 7, 8년 전부터 수필을 쓰기 시작한 것과 무관하지 않을 것이다. 무언가를 쓰기 시작한 후로는 음악을 듣거나 책을 읽거나 풍경을 대할 때 무심히 지나치던 전과는 달리 저절로 정신을 집중하여 유심히 바라보게 되는 것 같기도 하다. 16세기 영국의 수필가 프랜시스 베이컨의 "독서는 충실한 사람(full man)을 만들고 글쓰기는 정밀한 사람(exact man)을 만든다"라는 말이 생각난다.

하이델베르크 대학에서 물리학 공부하는 이종동생의 초청으로 1981년 여름에, 독일에서도 유명한 관광지라는 하이델베르크를 방문했던 적이 있다. 처음에는 그 과에 여학생이 몇 명 있었는데 중간에 다들 고만두고 중국 여학생과 자기 둘밖에 없다 했다. 유학 초창기에 고생이 막심할 때 많은 위로와 도움을 주었다는 클래스메이트 독일 청년 디트마의 안내로 그의 차를 타고 며칠 동안 고성(古城)과 여러 곳을 관광했다. 석양이 물든 평화스러워 보이는 농촌 들판을 달리면서 베토벤 〈전원교향곡〉이 들리는 듯하다고 한 나의 말을 동생이 디트마에게 통역하니까, 자기도 창밖 풍경을 생각에 잠긴 눈길로 바라보며 빙그레 웃던 이국 청년의 모습이 떠오른다.

영화 〈황태자의 첫사랑〉을 찍은 곳이라는 메카 강변의 풍광이 빼어난 곳을 둘러보고, 괴테가 다녀갔다는 말이 전해진다고 써 있다는 음식점에서 점심을 먹으며 담소하던 일, 두꺼운 원서와 천체의 별자리 대형 사진이 벽에 붙어 있던 동생의 검소한 공부방(양자역학인가를 전공한다 했다), 방금 구운 것을 줄 서서 사오던 검정 깨가 송송 얹혀 있는 기막히게 구수한 동그란 빵, 〈전원교향곡〉 1, 2, 3, 4 5악장을 연거푸 듣는 내내 이런 저런 회상으로 우중이지만 시간이 그야말로 '빛을 발하는 것' 같다. 고맙다.

어디 그뿐인가. 1963년 안익태 선생의 지휘로 베토벤 9번 〈합창〉알토 파트를 서울국제음악제 때 연합합창단의 일원으로 참가했던 적이 있다. 그때 소프라노 솔로는 외국 유학에서 갓 돌아온 황영금 씨, 테너는 얼굴 화상으로 고통을 받던 이인범 씨, 베이스 황병덕 씨, 숨가쁜 관현악이 잠시 멈춘 침묵의 바다에서 마치 천지창조 이래 처음으로 튀어나오는 듯싶은 사람의 목소리. 그래서 더욱 감동적인 첫 독창자 베이스가 부르는 첫 멜로디를 나는 특히 좋아해서 마음이 뒤숭숭할 때 가끔 혼자서 나직이 그 톤을 흉내 내듯 '오 후로인데 니히트 디이제 퇴에네(O Freunde, nicht diese Tö-ne)'를 불러보곤 했었지.

안익태 선생은 독창자들과 함께 한 마지막 리허설 한두 번과 연주 당일 지금의 세종문화회관인 시민회관에서 지휘했고, 우리의 파트별 연습은 곱슬머리 슈베르트처럼 생긴 분, 아! 그 이름이 이동훈 씨라 했던 분이 지도했다. 하도 계속하여 음악을 듣다 보니 연습할 때의 웅성웅성하던 분위기며, 3악장이 끝나고 나면 합창단이 일사불란하게 무대에 올라가 제자리에 서서, 천둥 치듯 팀파니까지 합세하여 포르테시모로 시작되는 4악장을, 볼을 한껏 부풀린 채 신들린 듯 지휘봉을 휘두르는 안익태 선생을 응시하며 집중하던 기억이 생생하다. 나인 심포니의 웅장한 숲 속에 서서 맛본 그 황홀함. 오케스트라 단원들의 연주를 한 무대에 서서 들으며 관객석을 향해 환희의 노래를 부를 때, 더구나 소프라노 솔로의 흐느낌 같은 클라이맥스에서 가슴에 북받치던 벅찬 감동. 가사를 외우노라 밤에도 노래를 해서 할머니께 꾸중 듣던 것까지 별별 일이 다 떠오르는 게 신기하다.

마치 무슨 특별한 날 〈전원교향곡〉이 잔잔히 흐르는, 분위기 좋은 장소에서 그윽한 다향(茶香)에 취하여 정다운 옛 친구와 긴긴 이야기를 나누고 있는 것처럼 감회가 새로우면서 글을 쓰는 일이 즐겁구나. 이 글을 읽는 독자들도 즐거워야 할 텐데……. 아니, 하나도 안 즐겁다고? 어쩐다?

사람의 무의식세계란 참으로 신비하고도 유현(幽玄)한 것. 그곳은 시간과 공간을 초월함은 물론이고 상상의 실마리를 연기처럼 피어오르게 하고, 소리의 연상이 추억을 일깨우는 정도는 다반사다. 이 긴 장마철 내내 나는 독일의 시골 들판을 달리던 사십대 때의 추억 속에서 6번 〈전원〉을 듣고, 안익태 선생과 함께 하던 베토벤의 환희의 노래를 이십대 때처럼 따라 부르며 〈합창교향곡〉과 함께 산다. 행복하다.

3. 비오는 날 교보에 가다

오늘도 나는 굵지도 가늘지도 않은 비가 내리는 하늘을 올려다보며 우산을 챙겨 들고 집을 나선다. 집 앞에서 버스 한 번으로 갈 수 있는 교보문고에 가기 위해서다. 마음에 둔 몇 가지 책도 골라 사고 음반 가게도 둘러보고 비싼 만년필이나 확대경 등 고급 문방구들도 구경하며 만지작거리는데 재미를 붙여 가끔 들르곤 한다.

금은방에 가서 일부러 보석을 구경해본 적은 없지만, 교보문고의 만년필 코너에 가서 수십 수백만 원 하는 만년필들은 차근차근 둘러보며 정가표의 동그라미를 세어보곤 한다. 뚜껑이 은은한 쪽빛 옥으로, 뭔지 정교하게 조각된 품위 있어 보이는 300만 원짜리 몽블랑 만년필은 점잖게 혼자서 놓여 있고, 대가 진짜 산호라서 색이 고운 데다 예쁜 금장(金裝) 뚜껑까지 끼어 있는 화려한 만년필은 쌍으로 맵시 있게 놓여 있는데(개당 850,000원), 그 세련된 모양과 은은한 조명, 진열 솜씨 등에 감탄하기도 한다. 그러고 보니 전에 해외여행에서 돌아올 때 더러 남편이 사다준 괜찮은 만년필도 꽤 되는데 다들 어디로 갔나.

볼펜이란 것이 없던 그 시절에 나는 잉크가 많이 드는 독일제 만년필 라미(Lamy)를 애용했는데, 대학 4년 동안 아마 열 개 이상은 썼을 것이다. 형편도 어려운 터에 어찌나 자주 만년필을 잃어버리고 애통해했던지 어느 때 나는 내 손에서 떠난 만년필이 눈에 밟혀 꿈을 다 꾸었다. 아! 나를 거쳐간 그 많은 만년필들이여! 알맞은 굵

기와 부드러운 감촉으로 오랜 기간 나와 정이 들었던 진회색 라미, 생일 선물로 받은 알록달록한 파카소넷, 담청색에 세련된 금장으로 글씨가 잘 써지던 워터만, 진자주색 몽블랑! …… 한이 없구나.

홍제천을 지나 무악재를 넘으며 버스 차창 밖으로 오락가락 하는 빗발과 우산을 받고 서둘러 걸음을 재촉하는 행인들을 바라본다. 후덥지근한 날씨지만 적당한 냉방과 몇 안 되는 승객으로 쾌적한 차내의 편안한 의자에 앉아 나는 왠지 아주 좋은 기억이라도 떠오를 것 같이 따스해지는 마음으로 지그시 눈을 감는다.

옛날에 나를 우기대감(雨氣大監)이라고 부른 남자가 있었다. 나와 만날 약속만 하면 꼭 날이 궂다나 하면서. 그래서 나는 한동안 그 남자한테 글을 띄울 때면 끝에 내 이름 대신 한자로 雨氣大監이라 썼다. 왜 그랬는지 '기운기 자' 하나를 멋대가리 없이 길쭉하게 썼다. 아주 완전히 잊고 있던 일이 별안간 생각나면서 괜히 도깨비방망이 휘두르듯 괴상하게 갈겨쓰던 글씨 모양까지 떠올라 눈을 감은 채 빙그레 웃는다. 그 우기대감 별명을 내가 이렇게 오랫동안 까맣게 잊고 있었던 것은 나도 모르는 사이에 우기가 내게서 걷힌 때문일까, 아니면 그동안 너무 바쁘게 사느라 우기를 느끼고 말고 할 여유도 없었기 때문일까.

옛날 덕수초등학교와 경기여고 들어가는 길 근처의 광화문 정류장에서 내려 또 후두둑 떨어지기 시작하는 비를 맞으며 반듯반듯한 보도블록의 줄을 되도록 밟지 않고, 어려서 사방치기를 하듯 네모 속으로 뛰면서 발걸음을 옮긴다. 우산을 꺼내기 싫어 그냥 후다

닥 지하도를 향해 달리는 발걸음이 내가 생각해도 왠지 가볍다.

굳은 날씨지만 교보문고는 사람들로 북적인다. 아주 좋은 음질의 첼로 소리가 꽤나 소란스러운 넓은 매장의 분위기를 가라앉히는 것 같다. 귀에 익은 바흐의 무반주 첼로 조곡이다. 시끄러운 유행가가 아니어서 반갑다.

수필 책들이 있는 쪽으로 먼저 발길이 간다. 한데 이 코너가 하루가 다르게 활기를 띠는 것 같은 인상이다. 한 달포 전보다 분위기가 바뀌었나 보다. 누구나 볼 수 있도록 약간 높은 위치에 '교보문고 권장도서 화제의 신간' 코너에 수필가들의 큼지막한 사진과 함께 굵은 글씨로 제목까지 써놓았다.

왜정 때부터 6·25 후에 돌아간 분들의 글모음 『모던수필』, 조선시대 명문장가들이 한문으로 쓴 산문 번역 『아름다운 우리 고전 수필』, 근래의 책으로 『삿포로에서 맥주를 마시다』 『멈춤』 『나는 잠깐 긴 꿈을 꾸었다』 『하늘 오르는 길』 『힐러리 로댐 클린턴』 『젖은 신발』……. 수도 없이 많은 수필집이 교보문고의 좋은 자리에서 꽤 조명을 받고 있는 것 같아 기쁘다.

오늘도 나는 그 고가품 만년필들을 삼백만, 일백이십구만 이렇게 중얼거리며 손가락으로 동그라미를 헤아려보고 나서, 20만 원이 넘는 일제 확대경을 구부렸다 폈다 요리조리 돌려가며 만지작거리다가 음반 코너에 가서 푸르트뱅글러의 〈베토벤 교향곡〉 아홉 개가 다섯 장에 들어 있는 CD를 발견하고는 눈이 번쩍하여 두말없이 샀다.

'영혼의 눈으로 스코어를 보는 마에스트로'라는 빌헬름 푸르트뱅글러! 20세기에 가장 뛰어난 즉흥적 영감의 지휘자인 그의 것으로 〈전원교향곡〉을 위시하여 교향곡 아홉 개 속에 푹 빠져서 이 여름을 나고 싶다. 방대한 산맥 같은 베토벤의 음악 세계여!
 바그너는 위대한 그를 존경한 나머지 긴 합창교향곡을 처음부터 끝까지 손수 필사도 했다는데, 더러 더러 악보나 들여다보며 듣기만 하는 것이야 너무나 쉬운 스터디지. 제각기 독특한 모습으로 나를 맞아주는 크고 작은 아홉 개의 산을 땀 흘리며 오르기도 하고, 장중한 슬픔의 강물에 몸을 적시기도 하고 때로는 새소리 들으며 흐르는 시냇가에 앉아 쉬기도 하면서 뒤늦게 들어선 수필의 세계를 보다 풍요롭게 가꾸어 볼까나.

2003년 8월

외할머니

나만 보면 소리 없이 우시던 외할머니.

할머니의 거친 손바닥에 내 작은 양손을 묻으시고 말없이 우시던 외할머니.

일찍 떠나려고 그랬는지 유난히 효녀였다는 큰따님 내 엄마를, 내 얼굴 어디에서 찾으시고 슬퍼하셔서, 오랜만에 시골에서 서울 나들이 오면 외가에 가기가 두려웠다.

"할머니, 엄마 어렸을 때 얘기해 줘."

평소에는 내가 엄마 없는 아이라는 걸 별로 의식하지 않고 있다가도, 외할머니만 만나면 나는 죽은 엄마가 궁금해진다.

"느이 엄마? 어려서도 지각 있고 예뻤지. 너 마냥 못나터졌는 줄 아니?"

할머니가 시작해 놓구선 날더러 울보라고 나무라셨다.

"몇 살에 엄마 낳았는데?"

"열여덟 나던 해 구월 보름날."

구한말 일본한테 나라 빼앗길 때, 충청도 어느 고을 벼슬자리를 박탈당하신 할머니의 시아버님은 시가무(詩歌舞)를 즐기셨다 한다. 하고한 날 사랑채에서는 장고 치고 북 치며 목청 돋운 시조가락이 끊일 새 없었다. 그 할아버지께서는 그냥 소리만 즐기신 것이 아니라 초창기의 각종 국악 악보를 심혈을 기울여 만드시고 정리하셨다 한다. 그분이 저 세상으로 떠나실 제 소복 입은 기생들이 인력거로 상여 뒤를 따라, 인근에 많은 화제가 됐었다는 말은 수십 차례 들은 바 있다.

"네 에미 낳고도 나는 네 할아버지가 손님 같었어."

아니 그럼 그 많은 애를 어떻게 낳았느냐고 놀리면,

"말두 마라. 늘 친정집에서 데리고 간 종녜허구 잤는데, 몇 달에 한 번씩 서방님 들어오신다고 밤중에 이부자리를 들여오고 법석대면, 쥐구멍에라도 들어가구 싶었다니께."

왜 그랬는지 새새댁 적에 할머니는 외할아버지를 늘 먼발치로만 보았다 한다.

열네 살에 시집 가신 큰 기와집 옆에는 색색 연꽃이 피는 아름다운 연못이 있었다. 어느 달 밝은 밤에 연못 쪽에서 들리는 퉁소 소리가 하도 구성져서 몰래 쪽문 열고 나가보니, 바위에 걸터앉아 피리 부는 남정네가 바로 당신 서방님이시더라나.

"그래서?"

"그래서는 뭘 그래서여. 한참 넋 놓고 듣다가 피리 소리가 그치길래 그냥 들어왔지."

원 세상에 그냥 들어오는 게 말이나 되느냐고, 여보 하고 할아버

지를 불렀어야 되지 않느냐고 푸념을 했더니, 잠자코 계시다가 혼잣말처럼,

"그 가락이 왜 그리 슬프던지 심란스러워 그날 밤 잠을 이룰 수가 없었다. 안 좋을라고 그랬는지 원."

가세가 점점 기울고 일본 사람들 등쌀에 민심마저 흉흉할 무렵 할머니는 마흔 살에 과부가 되셨단다. 8남매 고만고만한 자녀들을 남겨두고, 술 좋아하고 피리 잘 불던 동갑내기 서방님 외할아버지가 돌아가신 것이다. 망연자실해 있는 며느리더러 아들 앞세운 시어머니가 하는 말,

"바꿔 됐으면 어쩔 뻔했니. 밥 먹고 기운 차려 애들 건사해야지."

이 시어머니 때문에 할머니는 그때 맘 놓고 통곡도 못해서 가슴에 응어리가 지금까지 그대로 남아 있다고 하셨다.

맏따님인 내 어머니는 친정 엄마와 동생들 생각으로 편할 날이 없었겠지. 시집에서 해준 두툼한 금가락지를 외삼촌 학비에 보탠 게 시아버지인 내 할아버지한테 탄로 나서 새댁 적에 많은 불편을 겪으셨다는 말도 할머니께 전해 들었다. 그 많은 자녀들 중 단명한 아이가 자꾸 생겨서(8남매 중 네 명이나 열 살 전후해서 저세상으로 떠났다 한다) 할머니 가슴에 피멍이 들게 했다. 놋대야에 떠다놓은 물에 비친 햇살이 출렁거리는 것을 바라보시며 당신 가슴 같다던 할머니.

일제 시대 말기 때부터 을지로 6가에서 병원 하셨던 이모님께 들은 옛날 얘기 하나.

동네 가게집 사람더러 이 근방에 어디 밥집 없겠느냐고 묻는 추레한 영감님을, 잠깐 다니러 오시는 딸네 집에 데리고 들어와 밥을 지어주셨는데, 병원에서 안채로 들어오던 이모부가 처가쪽 친척어른인 줄 알고 정중하게 인사를 하셨다 한다.

할머니는 누구에게나 무얼 해 먹이기를 좋아하셨다. 인정이 좀 지나쳐 때로는 자손들한테 핀잔을 들으시면서도.

"미수타 리 왔니?"

선머슴 같다고 날더러 되련님이니 미수타 리니 해서 웃기셨다.

그랬다. 할머니가 지어준 처녀 때 내 별명 미수타 리. 대학 다닐 때 단벌 청바지에 윗도리만 바꿔 입고 봉두난발. 나는 거울도 안 보고 내 손으로 내 머리를 잘랐으니, 그것도 연필 깎는 자그마한 미제 면도칼로 말이다.

"머리로 아홉 숭(흉) 꾸린다는데 그 머리 꼴이 뭐냐."

영화 〈로마의 휴일〉에서의 오드리 헵번보다도 훨씬 짧게 쥐어뜯어 놓은 내 헤어스타일에 혀를 차시면서도, 누워 있으면 선머슴 같은 외손녀 머리를 말없이 오래도록 쓰다듬어 주시던 할머니.

첫아이 백일이 지날 무렵, 손바닥만 한 마당에 앵두꽃이 활짝 피었을 때 할머니가 처음이자 마지막으로 우리 집에 오셨다. 명환이가 첫아들 낳았다고 대견해 하셨다는 말은 친정 식구 편에 전해들은 지 오래다.

"성씨 댁 인심이 후해서 저렇게 아무것도 모르는 애를 받아주시고, 탈없이 지내도록 감싸주시니 고맙습니다."

외할머니

"사람이란 다 장단점이 있는 거지요."

팔순 할머니의 긴 인사말씀에 짧게 답하시던 육순의 시어머니. 그야말로 우문에 현답인가. 그날 뭔지 섭섭한 여운을 내 가슴에 남기시던 엽렵하고 대쪽 같으신 시어머님은 지금 95세 연세로 기동을 못하시고 병환 중에 누워 계시다.

왠지 이 가을, 한 번도 가본 적이 없는 외할머니 산소 생각이 난다. 추워지기 전에 하루 날 잡아, 갈대가 손짓하는 시골길을 달려 할머니 산소에 꽃 한 다발 안고 가 한나절 머물다 올까.

2000년 10월

탐매(探梅)

"이 봄엔 여기 저기 꽃구경 다니는 게 일과인데 잘 됐구먼."

모교 박물관에서 매화전(梅花展)을 한다기에 오랜만에 옛 은사이신 나 선생님께 전화를 드렸더니 흔쾌히 나오겠다며 덧붙이신 말씀이다.

"향기 나는 꽃은 아닐 테구요. 몇백 년이고 살아 있을 꽃. 영원히 지지 않는 꽃구경일 거예요."

벌써 십수 년 전의 일인가 보다. 선생님의 제부인 안 화백이 꽃봉오리가 앉은 분재 매화 몇 분을 선생님 서재에 가져다 놓았다. 헌데 꽃도 꽃이려니와 그 향이 하도 기가 막혀 혼자 보기가 아깝다고 하시는 말씀을 들은 적이 있다.

10년 만에 찾아온 모교의 교정은 각양각색의 꽃들로 샤갈의 화집같이 화려하다. 게다가 꽃보다도 더 예쁘고 생기발랄한 후배들의 틈에 잠시라도 섞여 걷고 있자니 10년은 젊어진 듯 기분이 상쾌하다. 내가 다닐 때는 없었던 박물관을 찾아 헤매느라 시간이 지체되는 바람에 선생님이 먼저 와 계시다. 전혀 고희에 접어든 노인으로는 보이지 않는 화사한 옷차림의 선생님은 예쁜 귀걸이까지 하고 밝게 웃으며 나를 맞아주신다. 고운 은행 색 바탕에 검정 색 큰 글씨로 '探梅… 매화를 찾아서'라 쓴 대형 현수막이 바람에 펄럭이는 게 보인다. 산뜻한 4월이다.

"이 세상 하직하기 전에 흐드러지게 피어 있는 꽃구름을 한 번이라도 더 보아두려고 혼자서 꽃구경을 다닌다네."

전에도 꽃 보기를 즐기지 않은 것은 아니나 올봄엔 유난히 꽃을 탐하여 여기저기 소문난 꽃마을을 찾아다니셨다 한다.

지금은 고인이 된 안 화백의 매화 분재 꽃 말씀을 드렸더니 선생님께서도 잊지 못하신다며 그때 이야기를 해주신다. 분무기를 손에 들고 하도 꽃 옆을 못 떠나는 나를 보고 안 서방은 옛 선비가 애첩을 저렇게 바쳤겠느냐는 말까지 했다시며 쓸쓸히 웃으신다. 매화 키우기를 좋아하던 안 화백은 수년 전에 홀연히 세상을 떠났다.

"꽃이야 다 신비하고 아름답지만 나는 기나긴 겨울 끝 무렵, 잎이 돋기도 전에 피는 이른 봄꽃들이 마음에 들어. 그중에서도 매화를 특히 좋아하지."

추위가 채 끝나기 전 눈발이 휘날리는 음력설 무렵부터 피는 매화. 죽은 것 같은 가느다란 가지에 가냘픈 다섯 개의 꽃잎으로 피어 있는 매화꽃. 그 고결한 모습과 신비한 향기를 찾아 옛 선비들처럼 그야말로 탐매 길에 나서셨다 한다. 통도사 극락전 뒤뜰에 핀 홍매, 북한산 중턱 양지바른 곳에 있는 야생 매화, 서울대 인문대 캠퍼스, 관악산 기슭, 일본의 국회도서관 앞 고목 매화 등등.

매화는 꽃이 희귀하고 수명이 짧은 게 특징이다. 그러므로 사람이 찾아 나서지 않으면 보기가 힘들어 예부터 탐매, 심매(尋梅)라는 말이 생겼다 한다.

평소에 꽃에 대해서 무심했던 나로서는 선생님의 이런저런 꽃 이야기들이 내게 없던 감각 하나를 열어주는 것 같은 일종의 개안이었다.

옛날 선비들에게는 눈도 채 녹지 않은 이른 봄에 매화를 찾아 탐매의 길에 나서는 전통이 있었다는데, 오늘 옛 스승과 나이 든 제자는 일기 화창한 4월에 전시장의 향기 없는 영생화(永生花)를 찾아 심매.

'사랑과 봄의 전령'이라는 표제가 붙은 제1실. 한복 입은 세 여인이 홍매를 바라보고 서 있는 남정 박노수의 〈상매도(賞梅圖)〉를 시작으로 탐매 여행에 들어가다. 우월(又月) 김활란 선생님의 회갑을 축하한다는 상매도의 화제(畫題)를 대하니 어느덧 환갑이 불원한 나로서 새삼 세월의 무상함에 젖게 되는구나.

월하에 피어 있는 홍매, 백매가 암향(暗香)을 풍기는 것 같은 최석환의 아담한 십곡(十曲)병풍 좌우로 반닫이 화각 4층장 반진고리, 빗접, 옥비녀, 각종 장신구, 그리고 경대에 이르기까지 매화는 진정 여인의 아름다움과 절개의 상징으로 규방의 생활 공간 곳곳에서 사랑받는 꽃이었다. 돌아서 나오려는데 궁중 유물이라는 설명이 붙은 홍매화 자수 대(大)병풍이 우리의 발걸음을 멈추게 한다. 큰 고목 한 그루에 수많은 매화꽃이 흐드러지게 피어 있는 신들린 나무. 견본자수(絹本刺繡)의 극도로 세련된 솜씨와 공력도 대단하지만 그보다 양기훈의 밑그림은 너무나 신묘하여 이승의 나무 같지가 않다.

"이 병풍 친 방, 매화꽃 자개 박힌 저 경대 앞에 앉아 머리 빗는 안방마님을 상상해 보렴."

"진주와 산호, 백옥 등으로 장식된 저 화려한 대삼작(大三作) 노리개를 달고 매화꽃 옥비녀로 얌전히 쪽을 찐 정장의 새댁은 또 얼마나 품위가 있었겠어요."

"노리개의 밀화(蜜花)에 조각된, 바람에 흩날리는 듯한 섬세한 저 매화 좀 봐라."

선생님 모시고 탄성을 연발하며 탐매의 기쁨에 젖다.

추운 겨울 눈 속에 홀로 피는 설중매. 불의에 굴하지 않고 고난을 견디는 선비정신의 표상으로 조촐한 선비의 방처럼 꾸며진 제2실.

필통, 연적, '暗香' 자가 양각으로 보이는 순백자 필세(筆洗) 등 문방구에 오밀조밀 피어 있는 신비한 꽃. 매화의 별칭 옥골빙혼(玉骨氷魂)이 딱 들어맞는구나. 백자 청화 매죽문 필통과 크고 작은 백자 청화 매문 연적(白子靑畵梅紋硯滴)들에서 보이는 청과 백의 절묘한 조화. 그런가 하면 백자 양각 매죽문 원형 필통, 매죽문 팔각(梅竹紋八角) 연적, 매문 선형(扇形) 필세 등 양각 매화문 순백자는 정말 눈 속에 핀 흰 매화의 분위기가 그대로 살아난다.

"바탕의 백색과 그 위에 피어난 백색의 아련한 꽃들은 옥골빙혼

(玉骨氷魂)의 설매와 같은 절제된 아름다움을 은유적으로 표현해 준다"고 안내 책자는 적고 있다.

퇴계 선생의 매화시 한 수,

천연한 옥색은 세속의 어두움 뛰어넘고
고고한 기질은 뭇 꽃의 소란스러움에 끼어들지 않네

는 매화의 운치를 더욱더 높은 경지로 끌어올린다.

도자기가 아닌 목재나 죽제 필통, 지통, 지판, 문갑, 연상(硯床) 등에 피어 있는 매화는 그 맛이 또 다르다. 도자기에서보다 따뜻하고 소박하다. 자연석 매화문 벼루. 만년장춘(萬年長春) 먹 등에 양각된 세한삼우(歲寒三友) 송죽매(松竹梅). 선비들이 시회(詩會)에서 사용했음직한 매화가 장식된 목기 술병과 잔과 소반 등 매화는 그 고결한 특성과 아름다움으로 하여 문인 묵객들의 사랑을 듬뿍 받았구나.

다음은 3실의 화매(畵梅).

자기 키만 한 지팡이를 짚고 눈 덮인 산길을 매화 찾아 떠나는 노인 허소치의 〈탐매도(探梅圖)〉. 고목의 등치를 대담하게 끊어 버리고 성글게 꽃을 피운 고담(枯淡)한 필치인 신사임당의 팔쪽 〈고매첩(枯梅帖)〉. 희원(希園)의 〈홍매도(紅梅圖)〉. 시서화로 이름난 신자하의 아들 신명연의 〈애춘화첩〉. 우봉(又峰)의 〈흑매도(黑梅圖)〉.

학과 사람이 함께 배를 타고 매화 구경 떠나는 의제(毅齊)의 〈관매도(觀梅圖)〉. 우청(又淸)의 〈학매도(鶴梅圖)〉. 청전의 〈송매도(松梅圖)〉. 여기 이렇게 독특한 매화들을 살려낸 이 많은 사람들은 지금 다 어디로 떠나갔는가? 백화가 난만한 꽃구름은 아니어도 은은한 암향에 취한 듯 나는 가슴 속 깊은 곳에 잔잔한 희열을 느낀다.

마지막 방 도자기에 핀 매화.

아! 청자 상감 매죽문 주전자여! 국화, 연꽃, 버드나무, 운학 등은 흔히 보았어도 청자 상감 매화는 금시 초면이구나. 고아(古雅)하면서도 맵시 있는 가녀린 매화가지. 그 위에 꿈결처럼 하얗게 피어 있는 피안의 꽃. 팔백 풍상을 어찌 그리 조신하게 견디어 한 군데 흠집도 없는고.

국보급 청화, 철화 백자 항아리들의 위풍당당하면서도 매화향을 그대로 풍기는 자연스러움이여! 백자 청화 매죽문 병들과 팔각 병들에 천년이고 만년이고 그대로 살아 있을 꽃. 심산 유곡에 남몰래 피었다 지는 꽃은 아닐지라도 집중하여 탐매하지 않으면 자기의 참모습을 감추는 옥골빙혼의 설매. 손은 익고 마음은 비운 이름 모를 도공과 화공들의 그 절묘한 솜씨에 저절로 머리 숙이다. 찰나에 자기의 심혼을 다 불살라 빚어 넣은 그 신기(神技). 그 탈혼(脫魂)의 경지. 이 속인은 너무나 아득하여 숙연할 따름이구나.

마지막으로 청자에 핀 아련한 매화를 한 번 더 찬찬히 바라보고 전시장을 나오다. 나는 옛사람들의 탐매와 고희를 바라보는 선생님의 탐화 그리고 나의 심(尋) 피안매(彼岸梅) 등 이런저런 상념에 젖어 있는데 선생님께서도 무슨 생각을 하시는지 영 말이 없으시다.

1999년 5월

설원여록(雪原餘錄)

"짙은 안개로 충돌 위험이 있으니 각별히 조심하세요."

스키장 측의 경고방송이 연속적으로 나오는 바람에 놀란 나는 오후 내내 가다 서다만 반복하느라 제대로 스키를 탈 수가 없었다.

잔뜩 찌푸린 하늘에 눈발마저 날려 오후 리프트권을 살까 말까 한참 망설이다 용단을 내어 스키장에 나왔는데 말이다. 모처럼 함께 온 남편은 내일부터나 타겠다며 콘도미니엄의 따뜻한 방에 길게 눕는 걸 보고 혼자 나왔다. 아닌 게 아니라 가시거리는 겨우 10미터 안팎이다.

하나 슬로프 중턱에까지 내려와 몰려다니는 구름과 흩날리는 눈발과 짙은 안개가 새하얀 눈 세상을 온통 별천지로 만들고 있으므로 리프트를 타고 올라가는 맛은 각별하다. 붉은 기 도는 내 고글 탓인지 약간 황혼 색을 띤 안개 속의 눈 내리는 풍경은 가히 천상적이다.

어제 서울은 온종일 가랑비가 내렸는데 강원도에는 물기 섞인 묘한 봄눈이 아직 겨울잠에서 못 깨어나고 있는 3월의 대지에 온

통 흰옷을 입혀놓았다. 길가의 미세한 풀잎도 아주 가느다란 꽃나무 줄기도 모두 하얗게 되어 있으니 높은 산의 큰 나무들은 더 말해 무엇하랴.

스키를 타기 시작하면서 설경의 절경을 무수히 보아왔지만 오늘처럼 작고 가는 풀잎 하나하나뿐만 아니라 큰 나무의 줄기까지 온통 하얀 모습은 처음이다. 보통 눈이라면 그런 곳에 그렇게 남아 있을 수가 없겠지. 딱 알맞은 습도와 온도로 떡가루 같은 봄눈을 가지고 그런 절묘한 옷을 지어 입힌 이는 누구인가. 삼라만상을 속속들이 잡색 하나 안 섞인 완전 순백(純白)으로 만들어 놓은 손은 어디 있는가.

나뭇가지와 몸통 그리고 잎사귀의 뒷면까지 골고루 순백인 나목림(裸木林)이, 이리저리 몰려다니는 짙은 안개에 가려 전혀 안 보이다가 리프트 하차 지점이 가까워지면서 조금씩 윤곽을 드러내는 그 과정이 하도 신묘하여 이 세상 풍경이 아닌 듯하다.

"인생의 나그네길 반 고비에서 눈 떠보니 나는 바른 길을 벗어나 캄캄한 숲 속을 헤매고 있었다"로 시작되는 단테의 『신곡』이 생각난다.

몇 번이고 반복하여 오르내릴 때마다 어둠침침하면서도 매번 조금씩 색다른 풍경으로 흥미를 더해주는 원근 풍경에 매료되어, 인적이 드문 안개의 숲 속인 슬로프를 유영(遊泳)하듯 조심조심 흘러 내려오고 리프트에 앉아서는 유심히 전후좌우를 살피며 올라가곤 했다.

드러내 보이고자 하는 속성을 지닌 사물의 감춰진 본모습에 대해서도 많은 생각을 하게 된다. 하늘과 땅이 맞닿아 보이는 안개 속 눈 산의 하얀 나무들이 왠지 이웃같이 친근하게 느껴지고, 순간 이 영원과 닿아 있을 뿐 아니라 시공도 하나임을 깨닫게 되는 투명한 의식. 내게는 단테를 안내한 '베리길리우스' 같은 사람은 없지만 리프트와 스키가 나를 인도한다. "여기에 들어가는 자들이여, 모든 희망을 버려라."『신곡』의 「지옥편」 문 입구에 새겨져 있다는 이 문구가 별안간 떠오른다. 그때 자질구레한 망념(妄念)에 사로잡혀 있던 나는 떠나보내고 그냥 큰 흐름에 맡기고자 하는 빈 마음이 된다.

마지막 리프트가 다닐 때까지, 오늘의 파장을 알리는 아리랑 가락이 10여 분 동안이나 울려 퍼지고 그 소리의 여운이 짙은 안개 속으로 완전히 잦아들 때까지 중상급자 코스인 골드 슬로프 정상에 우두커니 서 있었다. 내 곁에서 웅성거리던 몇몇 스키어들도 모두 사라졌다. 인적이 완전히 끊긴 하얀 산의 적막에 나의 심신이 빨려든다. 해발 1,127 미터라 쓰여 있는 팻말 옆 나목림 속을 스키를 풀고 부츠만 신은 채 산책하듯 서성인다. 온종일 사람들을 실어 나르던 리프트 의자도 접힌 채로 쓸쓸히 공중에 매달려 있다. 바람 잔 뿌우연 안개 속을 가는 눈발이 조용히 날고 있다.

영원히 이어질 것 같은 깊은 정적이, 오후 내내 드리워 있던 불안감을 조금씩 밀어내고 차츰 나를 안정시킨다. 날씨 탓인지 아까 혼자서 스키장에 들어설 때부터, 몸을 잔뜩 구부린 채 억지로 빡빡한 스키화 속에 발을 밀어 넣고 조일 때부터 묵직한 느낌이 뒷덜미에 내려와 앉아 있는 듯싶은 편치 않은 마음이었다.

무얼까. 눈발 흩날리는 영하의 뿌우연 대기에서 내게로 전해지는 이 심란스런 고적감은. 하얀 설원에 서 있는데 난데없이 뱃멀미가 나는 것같이 울렁거리는 이 어지럼증은.

유년 시절에 가끔 충청도 서해안 끝 작은 항구 오섬에서 할머니와 함께 배를 타고 인천으로 해서 서울 필운동 집에 다닌 기억이 있다. 어느 때는 물때 맞춰 달밤에 간난이 등에 업혀 10여 리 길 오섬에 배 타러 가던 기억도. 네 살에 죽었다는 나보다 한 살 위 용실이(고모님 딸)와 함께 배를 타고 가다 인천 어느 여관방에서 놀던 아주 희미한 옛 그림은 나의 가장 오래된 기억일 것이다. 어릴 때 나는 망망대해를 바라보며, 움직이는 것은 배가 아니라 멀리 보이는 섬이나 산인 줄 알았다. 속이 메스껍고 출렁거리는 바다가 무서워 울면 얘가 또 뱃멀미한다고 흙을 꺼내 내 코앞에 바싹 대주시며 사탕을 입에 물려주시던 할머니. 할머니는 흙을 한 움큼 싸 가지고 오시다가 멀미가 나면 그것을 펴 냄새를 맡으시곤 했다.

오늘 오후 리프트권을 사서 스키복 고리에 달고 서서 각종 슬로프들과 높은 정상을 바라보며 어느 곳에서 탈까 하고 생각하다가, 왠지 몸 상태가 안 좋고 불안한데도 막바로 산 너머에 뚝 떨어져 있는 중상급 코스인 골드로 넘어왔다. 딴 때 같으면 처음에는 몸 풀 듯 낮은 곳에서 몇 번 지치다 넘어가는데.

남편은 언제나 시작한 곳에서 계속 타는 편이고 나는 지루해서 한 곳에 그렇게 오래 있지를 못한다. 꿈쩍하지 않을 줄 번히 알면서

설원여록(雪原餘錄)

도 나는 가끔 그에게로 가서 실버 차도의 설질이 좋다느니 곤돌라 정상의 경치가 기가 막히다느니 하며 유혹을 해보지만 "오늘은 여기서 연습을 하겠다" 하면 요지부동이다. 양발 스키 연습, 아예 한쪽은 벗어놓고 한 발로만 타는 연습 연습. 만 번 주의, 그는 만 번 주의자다. 나는 죽었다가 깨어나도 절대 못 하는 만 번 주의. 그러니까 그는 보통 작은 쇠톱으로 1미터가량의 자동차 부속 강철 실린더도 몇 달 걸려 자르고 헌 재봉틀을 사거나 주워다가 나무 켜듯 쇠를 켜 뭔지 이상한 것을 만들고는 감탄도 하고 그런다.

"당신은 누구 따라다니기를 잘해서 탈이라구. 침착하게 혼자서 생각하면서 타요."

리프트 옆자리에 앉아 있는 사람이 가자는 대로 쫓아갔다가 어깨를 호되게 다친 적이 있기는 하다.

"한 식구가 같이 왔으면 더러 같이 다니기도 해야지 자기 좋다고 꼭 한 군데서만 타긴가. 그것도 맨날 혼자 연습만 하겠다니 원……"

나는 혼자 중얼거리기는 할지언정 이런 말을 건네지는 않는다. 정말 그는 일생에 한 번도 누구를 쫓아다닌 적은 없을 것이다. 아니 그럼 내가 그를 따라다녔나? 암만 생각해봐도 그건 아닌데. 그렇다면 아마 그로서는 단 한 번의 예외겠지? 하하하.

어느새 눈은 멎고 안개도 많이 걷혀 오리무중이던 아래쪽이 꽤 보인다. 뱃멀미 비슷한 현기증 섞인 고적감도 제풀에 사그라지고 나는 산의 정상으로만 연결되어 있는 길 '파라다이스'를 따라(약

3.5 킬로미터) 묵고 있는 콘도 쪽으로 가기 위해서 다시 스키를 신는다. 양쪽 손에 든 폴로 눈을 꽉꽉 찍으며 걸음마를 해보다가, 눈의 천국에 나 있는 하얀 길을 먼 산과 마을과 그림 같은 집들을 바라보며 슬슬 미끄러져 내려온다. 내 스키가 눈과의 마찰로 내는 소리 외에는 절대 고요, 절대 침묵, 절대 고독.

이번에는 안개 때문이 아니라 설경에 취하여 가다 서다를 반복하며 능선을 잇는 조용한 눈길 '순백 천국'을 혼자서 달려간다.

옛날에는 스키가 설원의 유일한 교통수단이었다지. 하긴 지금 나도 보통 신발을 신고 있다면 어떻게 해발 1,000 미터가 넘는 이 험한 설산 꼭대기에서 우리가 묵고 있는 저 아랫동네를 이렇게 가벼운 마음으로 찾아가겠나.

꾸물거리고 있는 동안 거짓말처럼 구름 사이로 햇빛이 쏟아진다.

지옥에서 연옥이다. 『신곡』의 연옥은 속죄해야 할 일곱 가지 죄(오만 · 질투 · 분노 · 태만 · 탐욕 · 과식 · 사음)가 문을 통과할 적마다 하나씩 씻기는데…….

서쪽 산너머로 기우는 해가 긴 나무 그림자를 흰 눈 위에 드리운다. 나는 고글을 벗고 맨 눈으로 눈부신 세상을 한참 바라보다가 어느덧 여섯 시가 다 돼가는 것을 발견하고 놀라 서둘러 속력을 낸다. 오만 · 질투 · 분노 · 태만 · 탐욕 · 과식 · 사음 중에 태만과 폭식 둘만이라도 털어버리기를 바라며.

2003년 3월

2

일락서산

유럽 여행기

여행의 시작은 떠남이다.

이제까지 내가 머물던 장소를 훌쩍 떠남이다. 새가 둥지를 떠나듯 내 집을 떠난다. 비록 왕복표를 가지고 떠나는 경우이긴 하지만 일단은 내 보금자리를, 내 나라를 떠난다는 일에 마음이 설레어 밤잠을 설치며 준비를 한다.

그동안 일주일 안에 끝나는 단체 여행은 몇 번 해보았지만 20일도 넘는 장기 여행은 이번이 처음이다. 그것도 안내자 없이 가족끼리 하는 유럽 여행. 로마에서 수업 중인 남동생과 우리 부부 이렇게 셋이서 이탈리아, 오스트리아, 스위스 등지를 비교적 자유스럽게 돌아보기로 했다. 도중에 알프스 스키장에서 스키도 타면서.

우리 세 사람은 10여 년 전에 강원도에 있는 한국의 알프스에서 우연히 함께 스키를 시작한 스키 동기생들이다. 가톨릭 수도자인 동생은 스키를 가리켜 설원에서의 관상기도라 하며 정말 기도하듯 거기에 열중했고, 남편과 나 또한 한겨울에 높고 험한 명산의 백설과 함께하는 스키에서 스포츠 이상의 묘미와 보람을 느끼고 있는 터이다.

2000년 12월 18일 자정이 임박한 시간에 로마 다빈치 공항에 내렸다. 성탄절이 가까운 때문인지 화려한 조명등이 명멸하며 우리를 반기는 듯 로마의 밤은 활기에 넘쳤다. 고국을 떠난 지 거의 하루 만에 이국에 무사히 도착했다는 사실이 나를 잠시 숙연하게 했다. 마치 속세를 떠나 어디 낯선 곳에 심신수련 하러 온 듯한 느낌이라 할까. 이것은 우리를 마중 나온 동생의 치렁치렁한 갈색 수도복에서 오는 연상 작용인지도 모른다. 동아줄 같은 하얀 띠를 허리에 동여맨 차림으로 서서 우리를 기다리는 동생을 헤어진 지 5년 만에 먼발치로 바라보노라니, 문득 우리 모두가 '지상의 나그네'라는 느낌이 들었다. 이는 미사 드릴 때 사제가 바치는 기도문 중에 나오는 말이다.

오랜 기간 틀에 박히듯 몸에 밴 일상생활을 훌훌 털고 떠나 왔다는 것은 적지 않은 사건이다. 불과 두 달 전 95세 되신 시어머님이 병환 중에 계시던 때만 해도 이것은 꿈도 못 꿀 일이 아니었던가? 내가 육십 평생을 두고 힘들게 겪어 온 크고 작은 일들은 망각의 장막 저 너머로 흘려보내자. 인생 노년기의 새로운 장을 열기 위해서라도 나는 마음을 깨끗이 비우는 법을 배워야 한다. 그리고 비우기만 할 것이 아니라 온통 하늘에 맡기는 법까지.

로마의 야경은 아름다웠다. 가로수 사이사이로 길게 매달아놓은 작은 등불들이 밤하늘의 유성처럼 줄줄이 흐르는 곳곳에 크리스마스트리의 세련된 장식등이 고색창연한 건물들과 어울려 동양의 나

그네를 신비감에 젖어들게 한다. 우리가 묵을 메룰라나 가(街)의 여자 수도원은 대로변에 있었다.

안내자에게 끌려 다니지 않아도 되는 여행이야말로 진짜 여행이구나. 나는 틈틈이 혼자서 숙소를 빠져나와 몇 시간씩 낯선 거리에서 서성이기를 즐겼다. 삶이라는 게 어차피 떠남의 연속이고 나는 이 세상에 나그네로 왔다가 얼마 뒤 떠나야 하는 존재임을 이국의 거리에서 새삼 깨닫는다. 또한 말이 전혀 통하지 않는 사람들 가운데 홀로 돌아다니는 것도 특별한 체험이었다.

말이란 무엇인가? 오직 인간만이 사용하는 언어. 맨 처음 어떻게 해서 인간들이 말이라는 것을 생각해 냈고 또 각기 다른 말을 쓰기 시작했을까. 내가 말 그 자체에 내재되어 있는 신비에 대해서 골똘히 생각하게 되는 것도 낯선 로마 거리를 배회하는 이방인으로서다. 하이데거는 『휴머니즘에 관한 편지』에서 "언어는 존재의 집"이라고 했다 한다. 이것은 물론 철학적으로 심오한 뜻을 담은 정의이겠으나 이 방면에 문외한인 내가 느끼기에도 이는 언어의 본질에 대한 예리한 직관이 담겨 있는 것으로 보여지면서, '언어란 결국 초월자가 피조물인 인간에게 베푼 은총 가운데 하나가 아닐까' 하는 생각까지 하게 한다. 한국의 구상 시인도 「시어(詩語)」라는 제목의 시에서

말은 단순한 부호가 아니다.
'하늘' 하면 저 하늘이 지닌

모든 신비를 그 말이 담고 있고
'땅' 하면 이 땅이 거느리고 있는
모든 사물을 그 말이 담고 있느니
그래서 낱말 하나하나가 小宇宙다.

라 읊었다.

  아주 오랜 옛날에 말씀은 개념이 아닌 사건이었다고 한다. 특히 히브리인들은 언어를 가리켜 '다바알'이라 한다는데 이는 '사건'이라는 의미와도 통한다 한다. 여기서 나는 말이라는 게 처음에는 단순한 의미전달에 그치지 않고 어떤 사건의 전달을 위해서 쓰이기 시작한 것은 아닐까 하는 상상도 해본다. 또 어느 철학자는 인간의 말을 가리켜 "침묵의 눈(雪)으로 덮여 있는 곳에 세워진 이정표 같다"고도 했다. 하얀 눈 덮인 침묵의 허허벌판에 드문드문 서서 길을 안내해주는, 눈꽃을 달고 있는 이정표. 언어란 그만큼 영험한 것이라는 뜻으로도 들린다.

  20여 일간 한마디도 못 알아듣는 이탈리아 말과 독일 말로 진행하는 미사에 자주 참례하다 보니 그야말로 강요된 외적 침묵에서 차츰 내적 침묵에 관한 묵상을 많이 하게 되었다. 가톨릭의 미사 전례(典禮)는 세계 공통이므로 신부님의 강론 말고는, 대충 그 내용과 순서를 알고 제각기 자기 모국어로 응답할 수 있긴 하다. 나는 여행 기간 동안 조금씩 침묵의 바다에서 노니는 데 맛을 들이기 시작하여 틈만 나면 눈 감고 우두커니 앉아 있기를 즐겼다.

나날이 새롭게 펼쳐지는 신기한 볼거리들의 홍수 속에서 비교적 차분하게 일정을 소화해내며 거의 매일 일기까지 쓸 수 있었던 것도 침묵과 친하게 된 덕분이 아니었나 싶다. 여기서 나는 폼페이, 피렌체, 비엔나를 거쳐 인스부르크, 스위스 등지에서 스키를 타고 다시 이탈리아 북쪽 베니스를 통해서 로마로 되돌아온 일정 중 폼페이의 일기를 옮겨볼까 한다.

12월 20일 수요일 폼페이

전날 약속한 대로 동생이 새벽 6시 30분에 숙소 문 앞에서 우리를 기다리고 있었다. 나폴리와 폼페이 가는 날. 가까운 정류장에서 로마에 하나밖에 없다는 기차역 '떼르미니'로 가는 714번 버스를 탔다. 올라타기 편하게 생긴 널찍한 버스에 느긋해 보이는 운전기사와 몇 안 되는 승객들. 먼동이 터오는 거리의 문 닫힌 상점들에는 크리스마스트리의 탐스런 별들만이 연신 반짝거리고 있다.

동생이 준비해 온 빵과 커피로 간단히 아침 요기를 하고 나폴리행 기차에 올랐다. 한겨울이라 텅 빈 들판에 잎을 떨군 나무들이 아침 햇빛을 받아 회색으로 빛나고 있다. 날씨도 따뜻하고 로마의 가로수인 소나무 때문인지 한국의 겨울 풍경과는 전혀 다르다. 남쪽으로 내려갈수록 커다란 잎이 너울거리는 이상한 상록수 틈에 에덴동산 그림에서 본 듯한 노란 열매가 매달린 나무들이 보인다. 영상의 날씨로 하여 한국에서 가져온 겨울 내복이나 스웨터 대신 얇은 옷을 사서 잠바 밑에 입었다. 차창 밖으로 심심찮게 보이는 허술한 아파트들. 꽤 유명한 관광지인 나폴리와 폼페이로 가는 철로변인데 영세민들이 빨아 넌 옷가지들이 바람에 날려 춤을 추고 있다.

로마에서 두 시간 남짓 걸려 나폴리에 도착해보니 이곳은 명성에 비해 그다지 산뜻한 인상이 아닌 도시다. 헌데 중학교 때 음악시간에 부르던 나폴리 노래들이 저절로 나온다. "이별의 슬픔이여 잘 있으라 잘 있어 나폴리 정든 곳을 나는 떠나네. 차마 잊을 수 없는 정드으른 이 하앙구 -" 웬일인지 가사 하나 안 틀리고 끝까지 흥얼거려진다. 배를 타고 더 나가보면 아름다운 도시이겠지만 우리의 목적은 폼페이이므로 지저분한 나폴리 기차역에서 폼페이 행 전농차로 옮겨 탔다.

'폼페이 최후의 날'로 하여 세계적으로 유명한 관광도시인 마련으로는, 나폴리에서도 폼페이 가는 안내가 허술하고 도무지 관광객에게 신경을 쓴 흔적이 안 보인다. 구석에 겨우 자리를 잡은 우리는 폼페이에 대한 기대로 정신없이 이야기를 나누다가, 작은 폼페이 역을 그냥 지나쳐 소렌토 방향으로 대여섯 정거장이나 더 갔다가 되돌아왔다.

남편은 오래전부터 폼페이 관광을 별러왔다.

'기원전 8세기 이탈리아 남부 베수비우스 산록에 고대 이탈리아 민족 가운데 하나인 오스크 족이 건설한 도시 폼페이. 이탈리아의 북쪽과 남쪽, 내륙과 바다 사이에 반드시 거쳐야 하는 길목인 폼페이는 특수한 지리적 조건으로 하여 주변국들의 끊임없는 공격을 받았다. 그래서 800여 년간 쿠마 족, 에투르스쿠 족, 산니타 족 등에게 정복당하는 격렬한 정치적 변천을 겪어야 했음에도 불구하고 폼페이는 처음 보잘것없는 농업 중심지에서 산업과 상업의 요지가 되었다. 기원전 80년에는 최강국인 로마의 식민지로 예속되면서 안정을 잡아간 폼페이. 그 폼페이의 첫 번째 재앙은 서기 62년에 일어난 무서운 지진인데 그때는 생존자들의 불굴의 강인한 정신으로 재빨리 재건할 수 있었다. 그러나 지진이 난 지 17년 후 서기 79년 8월 24일 정오 무렵 대단한 파괴력으로 폭발하기 시작한 베수비오 화산으로 하여 폼페이는 돌이킬 수 없는 최후의 날을 맞았다'는 정도의 사전 지식을 갖고 우리는 관광길에 올랐다.

  그날의 끔찍한 현장을 가까이서 관찰하려고 달려갔다가 죽은 과학자 플리니오의 조카가 기술했다는 증언을 더 들어보자.

  높이 치솟은 불길과 순식간에 태양을 가린 어마어마한 검은 연기가 하늘을 메운다. 작열하는 화산석 알갱이와 재가 폼페이를 덮친다. 벽과 지붕이 무너지고 물 섞인 재의 파도가 모든 생명을 삼켜버렸다. 칠흑 같은 어둠 속에서 요한 묵시록의 장면 같은 번개, 지진, 해일이 이어지고 빠져나오려는 소수의 생존자들은 도처에서 퍼지는 독가스로 살해당하고 만다. 이 지옥은 3일간 계속되다가 드디어 잠잠해졌다. 두께 5~6미터 이상의 죽음의 층이 에르콜라노에서 스타비아에까지 깔려 있었다.

지도를 보니 베수비오 산 주위에 있는 마을로, 서쪽부터 에르콜
라노 그 옆에 오플론토 그 다음이 폼페이 해안, 그리고 스타비아에
소렌토가 동쪽으로 보인다.

휴가철이 아니라 그런지 폼페이는 비교적 한산하였다. 베수비오
산 주위의 다른 마을들은 그동안 재건을 거듭하며 도시의 모습을
되찾았으나 폼페이만은 1800년 동안이나 그대로 방치된 채 묻혀
있었다고 한다. 이탈리아인의 느긋한 기질 탓도 있겠지만 그 자리
에 내린 무서운 저주가 두려워 접근할 엄두도 내지 못했던 게 아닐
까 싶다.

현지에 가보니 공포의 베수비오 산은 폼페이와 꽤 거리가 있는
곳에 한가로운 모습으로 서 있는, 별로 높지도 험하지도 않아 보이
는 평범한 산이었다. 3일 동안이나 집중적으로 불길과 유황과 뜨거
운 회우(灰雨)를 쏟아 부었다는데 마치 요즘 미사일로 요격을 하듯
그렇게 힘차게 날아가지 않고는 불길이 닿을 수 없을 것 같은 만만
찮은 거리였다.

포르타 마리나라는 아치형 성문을 통과하니 작지 않은 도시 폼
페이가 눈앞에 펼쳐진다. 폐허화하기는 했지만 육중한 보루와 집
들의 모습이 생각보다 잘 보존되어 있었다. 아폴로, 제우스, 아우구
스타 등 여러 신전들의 섬세한 장식이 붙은 늘씬한 석주들, 지붕은
날아가고 없으나 탄탄해 보이는 벽과 아름다운 자연석으로 포장된
보도, 옛날 사람들이 걸어다녔을 길과 집 앞 층계와 샘물, 무수한
사람들이 드나들던 닳아빠진 문턱 등 폼페이 사람들의 자취와 흔

적이 확 느껴진다. 폼페이의 수호여신이었다는 비너스 신전의 무참하게 파괴된 모습을 바라보던 남편이 입을 열었다.

"저것은 '영원히 정지된 시간'의 한 형태라고 볼 수 있을 것 같네."

"저쪽은 서기 79년이고 이쪽은 2000년인데 그 긴 시간의 간격을 뛰어넘어 그때를 한눈에 바라보고 있으려니 오히려 지금 이 순간이 먼 미래같이 느껴집니다."

동생의 말.

우리는 여기 오는 동안 내내 시간과 영원에 대해서 이야기를 나누고 있었다. 시간이란 무엇인가? 영원이란 무엇인가?

시간은 우리가 육안으로 볼 수 있는 것이 아닌데 1900년 동안 잠자던 도시 폼페이는 너무나 생생하게 당시의 삶의 현장과 사람들의 모습을 보여주므로 해서 마치 그 옛날 1900년 전의 현장에 내가 서 있는 것 같은 착각을 하게 되는 세계 유일의 장소 폼페이. 경치 구경을 하는 것이 아니라 시간의 편차를, 우리가 따라가기 힘든 그 시간의 편차를 극복하고 거기에 그냥 설 수 있는 특이한 곳. 순간의 정지가 영원과 닿아 있는 모습은 우리에게 하나의 '영원의 상징'으로 다가온다. 역사적 유물이나 유적에 접할 때 그것은 유물 유적으로서의 가치를 보여주는데 그칠 뿐 폼페이처럼 정지된 시간까지 느끼게 하지는 못한다.

오늘날 보아도 손색이 없을 공공건물들의 돌기둥, 반듯반듯하게 도시계획이 잘된 골목길, 육중한 돌로 쌓아올린 제단, 아름답게 복원

된 개선문, 공회당, 대형경기장, 원형극장 등의 규모는 폼페이 사람들의 생활 수준과 예술적인 안목이 상당하였음을 짐작케 한다. 안내 책자를 들고 몇 시간 돌아다니다 보니 1900년 전 사람들이 살던 곳이 아닌 현재의 로마 뒷골목을 거니는 것 같은 착각이 들 지경이다.

식품시장, 방앗간, 빵 제조소, 세탁소, 염색소, 열·온·냉탕을 갖춘 공중 목욕탕, 판사의 집, 외과의사의 집, 공동묘지 길, 신비의 별장, 여관, 탑, 마리안나의 집, 으리으리한 부자 상인 베티의 집, 네로 황제 둘째 부인의 혈통인 아무개의 집, 연인들의 집, 그 집 벽에 '사랑하는 연인들은 꿀벌과 같아 꿀과 같은 달콤한 삶을 만든다'는 글귀가 적혀 있다 하여 붙여진 이름이란다. 이 외에 과수원 집, 도덕자의 집, 그리고 도망자의 밭, 이 도망자의 밭은 지금도 당시에 재배하던 형태대로 포도밭을 가꾸고 있었는데, 79년 화산 폭발 당시 밭에서 일하던 자와 이곳으로 도망 왔다 죽은 자들이 꽤 많았던 모양이다. 그 사람들 중 7, 8명이 석회액으로 응고된 채 밭 귀퉁이 유리 진열장 속에 누워 있었다. 이렇게 영원히 잠든 남녀 어른들 곁에 1900년 전의 어린아이 하나가 무심히 앉아 있는 모습은 차라리 자연스러워 보이기까지 한다.

침묵에 싸인 묘지와도 같은 폼페이에 석양빛이 내리기 시작한다. 우리는 어느 부서진 신전의 큼직한 돌 위에 나란히 앉아 지친 다리를 쉰다. 멀리 베수비오 산봉우리가 우리를 내려다보고 있다. 베수비오 산의 부드러운 능선 위에 펼쳐진 맑은 하늘은 엷은 오렌지 색으로 물들어 있었다.

시간이란 우리의 삶의 양식을 규정하는 가장 핵심적인 요건인지도 모른다. '우리가 살고 있는 장소는 시간이다'라고까지 말한 사람도 있다. 엄밀한 의미에서 현재란 없다. 그러나 영원은 있다. 영원은 긴 시간의 축적이 아니라 살아 있는 어느 한 순간이다. 시간은 존재가 아니고 지속이라 한다. 시간이 표현하고자 하는 것은 영원을 보여주려는 것. 시간에 매이면 영원을 볼 수 없다. 이 세상에서 이미 영원을 살다 간 사람들을 성인(聖人)이라 하는가.

1900년 동안 깊은 잠에 빠져 있다 깨어난 폼페이는 이곳을 찾는 이들에게 시간과 영원에 대해 시사해주는 바가 크다. 오! 시간이여. 영원의 그림자여! 오늘 나는 영원(永遠)에의 사모(思慕)의 정을 안고 폼페이를 떠나노라.

우리 세 사람은 마감을 알리는 종소리에 일어나, 서기 79년의 폼페이에 작별을 고하고 서기 2000년의 '지상의 나그네'로 돌아와 다시 로마로 향한다.

2001년 5월

이역에서 들은 종소리

로마에 도착한 다음 날 아침 나는 혼자서 숙소를 빠져나와 세 시간쯤 거리를 돌아다녔다. 우리가 묵고 있는 수오레 디 크리스도 수녀원 인근 광장에 사진으로만 보던 대형 오벨리스크가 눈에 띄어, 처음으로 로마 땅을 밟은 나와 첫 인사를 나누었다. 로마 제국이 이집트에서 빼앗아 온 오벨리스크. 측면으로 독특한 문양(상형문자)이 새겨져 있고, 30 미터가 넘어 보이는 돌을 네모나게 깎아 세운 세련된 모양이 주위의 몇백 년 된 건물들과 어울려 묘한 신비감에 젖어들게 된다.

> 로마 제국의 폐허에 이집트의 영화(榮華)가
> 꽂혀 있는 모습은 슬펐다.
> 삶의 나그네가 다시 나그네 되어
> 멀리 이곳까지 날아왔구나 …….

고향 땅 이집트를 떠나 강대국 로마로 끌려와 광장에 서 있게 된 오벨리스크의 운명을 다룬 어느 시인의 시 한 구절이 떠오른다.

　허물어진 옛 성터와 석상, 잘 다듬어진 로마의 소나무, 네모난 색색 돌 박힌 도로와 유서 깊은 건물들의 조화가 나그네의 마음을 다양한 상념으로 설레게 한다. 손짓 발짓 천신만고 끝에 가게를 찾아 샴푸 하나 사 들고 서둘러 숙소로 향하는 길에, '데에엥 데에엥' 낮 12시를 알리는 대성당의 종소리가 이방인의 마음을 어루만져준다. 약간 목쉰 노인네 음성 같기도 한 종소리. 내 옆의 할머니를 따라 나도 성호를 긋고 서서 삼종기도를 바치며, 긴 세월의 무게가 느껴지는 그 종소리가 끝나기를 기다렸다.

　20여 일간의 유럽 순회 중 무수히 들어본 다양한 종소리 가운데 맨 먼저 만난 소리. 첫날 정오에 내게로 날아온 묵중한 로마의 종소리는 앞으로 긴 여행의 시작을 알리는 팡파르인 양 기억에 남는 기분 좋은 소리였다.

　가는 곳마다 첫새벽이고 낮이고 밤이고 가릴 것 없이 울리던 교회의 종소리는 우리를 반기고 깨우고 고무해 주었다. 2000년 12월 18일부터 2001년 1월 9일 귀국할 때까지 만난 소리 중 특별히 인상적이었던 종소리를 중심으로 여행기를 써볼까 한다.

12월 22일 금요일 피렌체 피에졸레

　피렌체 동북부 무젤로 지역 피에졸레 높은 언덕 위에 있는 프란치스코 수도원에서 하룻밤을 보내다. 이곳은 13세기경에 창립되었다는 유서 깊은 수도원으로 피렌체 기차역에서 30분가량 꼬불꼬불한 마을길을 버스로 올라온 후 또 20여 분을 등산하듯 힘들여 올라왔다. 고색이 창연한 허술한 문 앞에 서서 땀을 들이노라니 아름다운 예술의 도시 피렌체가 한눈에 보이는, 전망이 기가 막힌 곳이었다.

로마에서부터 동생은, 피에졸레 언덕에서의 피렌체 시내를 조망하고 더구나 수도원의 방에서 내려다보는 그곳의 야경에 대해 감탄사를 아끼지 않더니 과연 그럴 만하구나. 이곳 수도자들과 검소한 저녁식사를 한 후 우리 세 사람은 창밖에 펼쳐진 밤하늘과 고도(古都) 피렌체의 야경을 바라보며 긴 이야기를 나누었다.

피렌체를 찾은 목적인 아카데미아 갤러리와 우피치 박물관에 있는 유명한 명화와 조각들, 피렌체 출신 단테와는 불과 50여 년 동향(同鄕) 후배인 『데카메론』의 저자 보카치오에 대해서도 흥미진진한 많은 이야기를 나는 들었다. 학교에서 수년간 영어교본으로 『신곡』을 강의한 바 있는 남편은 내일 방문할 단테의 집에 대해서도 큰 흥미가 있어 보였다.

한데 밤이 깊어갈수록 바깥 기온이 떨어지는지 실내에 냉기가 돌고 바람 소리가 을씨년스럽다. 로마는 따뜻하여 한국에서 준비해온 겨울옷을 그냥 두고 왔는데 걱정이다. 작은 나라에서 일기 차이가 이렇게 클 줄은 몰랐다.

몹시 피곤했지만 밤새 하도 추워서 잠을 자는 둥 마는 둥 캄캄한 새벽에 눈이 떠졌다. 복도 끝에 있는 화장실에 다녀오는데 가까운 하늘에 손에 잡힐 듯이 걸려 있는 새벽달. 이탈리아 여행 중 가장 추운 날씨 영하 7도. 추위와 정적으로 얼어붙은 수도원. 적막강산. 물론 보완이야 했겠지만 13세기에 지은 수도원이라니 난방시설이 부실할밖에. 얼마나 많은 프란치스칸들이 추위를 견디며 경건하게 기도 드리던 장소일까. 그 당시에 사용하던 해시계 우물, 크고 작은 질그릇 항아리, 올리브나무 그리고 이름을 알 수 없는 헐벗은 고목들. 2층 숙소의 문밖에 서서 7, 800년 된 수도원 풍경을 만감이 교차하는 가운데 바라보고 있는데 별안간 적막을 깨치는 종소리, 기도시간을 알리는 소리인가?

여운이 별로 없는 엄정한 소리. 다소 굳어 있으나 영원을 알리는 소리. 단화된 한 길만을 침묵과 더불어 걸어가는 곳답게 침묵이 묻어 있는 소리. 가장 중요한 것 하나만 알려주는 소리. 그래서 다소 차게 느껴지는 소리. 누구나 혼자서 가야 되기 때문에 어쩔 수 없이 불안과 쓸쓸함이 배어 있는 소리. 금 대팻밥 같은 새벽달이, 추위에 떨고 있는 별들 곁에서 미소 짓는 가운데 울리는 소박한 소리. 맨발의 수도승들에게 이승의 덧없음을 깨닫고 이를 극복하는 단순한 길을 가르쳐주는 파적(跛寂)의 소리. 새벽 5시. 성당인 듯싶은 곳에서 새어나오는 연기. 장작 난로의 구수한 냄새.

방에 들어와 침대에 엎드려 장갑을 낀 채로 휘갈겨 쓴 것을 그대로 옮겨봤다.

　7시에 백발이 성성한 이탈리아 노인 신부님의 주례로 20여 명의 프란치스칸들과 함께 드린 새벽 미사, 묵상 중에 나는 흐르는 맑은 물을 생각했다. 산골짜기로 실개천으로 강으로 대양으로 자연스레 흘러가는 물 같은 인생. 낭랑한 음성으로 성가와 응송을 하는 갈색 수도복 차림의 젊은이들 틈에 여자라고는 오직 나 혼자인데 성스러운 장소에서 이런 시간을 갖게 된 행운에 대해 오직 감사 감사할 따름이다.

　아카데미아와 우피치 박물관에서 미켈란젤로의 〈다비드상〉, 보티첼리의 〈봄〉, 〈비너스의 탄생〉 등을 화집이나 사진에서는 도저히 느낄 수 없었던 깊은 감명으로 바라보며 우리는 몇 시간이고 그 주위에 머물러 있었다. 특히 미켈란젤로의 29세 때의 작품이라는 〈다비드〉는 자그마한 방 한가운데에 알맞은 조명을 받으며 혼자 서 있었으므로 다리도 쉴 겸 그 뒤쪽에 있는 의자에 앉아 어깨에 걸쳐진 끈에 묶은 돌을 쥐고 있는 손등과 팔뚝에 솟은 살아 숨 쉬는 듯한 혈관과 근육 그리고 등에서부터 허리, 궁둥이를 거쳐 허벅지와 종아리로 흐르는 부드러운 선, 아직 십대의 정결한 남성미와 솟구치는 힘의 조화에 매료되어 넋을 잃고 마냥 바라봤다.

　남편은 이십대 때 화집에 있는 보티첼리의 〈봄〉을 몇 날 며칠 심혈을 기울여 모사(模寫)하고 색칠까지 한 적이 있다 한다. 꽃을 뿌리는 여인 외 여섯 명의 선녀들이 맨몸이 환히 비치는 박사(薄紗)를 걸치고 춤추는 곁에 오직 한 청년이 오렌지 같아 보이는 열매를 따려 하고 있는 그 그림을 유심히 관찰했다. 만물이 소생하는 봄 동산에 아기 천사까지 날고 있는 참으로 아름다운 색상의 명화를 모사하면서 소년 적 그는 무슨 생각을 했을까.

12월 24일 베드로 대성전

　천사의 노래로 들리던 대 시스틴 남성합창단의 맑고도 고운 정결한 소리의 화음으로 바쳐진, 요한 바오로 2세 교황님이 집전하신 성탄 전야 미사. 평화의 상징인 황금빛 비둘기가 거룩한 제대 위 예수 고상 앞에서 춤을 추는데 천당이란 이런 곳이 아닐까 하는 생각이 들었다. 미사의 은혜에 감사드리며 대성당에서 베드로 광장으로 막 나오는데, 내 영혼을 뒤흔드는 기쁨에 넘친 성탄 축하의 종소리에 접하고 새삼 북받치는 감동으로 목이 메었다. 크고 작은 수십 종의 맑고도 깊은 음색으로 일제히 울리던 신비스런 하모니! 남녀노소 희로애락, 전 인류가 겪게 되는 모든 아픔과 기쁨과 희망과 좌절이 다 담긴 듯 제각각 독특한 자기 소리이면서도 또한 함께 어우러져 나를 감격에 울게 하던 거룩한 밤의 소리. 인류가 낳은 최고의 예술가들이 천년에 걸쳐 정성으로 빚어놓은 성인상과 성전. 게다가 수백 명이 넘어 보이는 성직자 수도자들의 행렬.
　거의 무아지경으로 교황님 미사에 참여하고 나오는 길이어서 모처럼 내 의식이 투명해진 탓일까, 심신이 가벼운 깃털처럼 하늘로 비상하는 듯 경이롭고도 풍요로운 종소리에 실려 나도 흔적 없이 사라지고 싶을 지경이었다. 그 복된 자리에 잠시라도 더 머물고자 했으나 세계 각국에서 모여든 수천 명의 신자들에 떠밀리다시피 걸어나오며 나 자신의 특이한 성탄 체험을 하고 있었다. 슬픔이든 아픔이든 묵은 것은 다 흘려보내고 새 아기 예수와 단순한 기쁨 속에서 함께 생활하게 되기를 빌었다. 삶이 곧 행복이라는 가난한 마음으로.

Ring out, the old, ring in the new,

Ring, happy bells, across the snow:

The year is going, let him go;

Ring out the false, ring in the true.

종이여 울려라, 낡은 것은 떠나보내고 새것을 불러들여라,

행복한 종이여, 눈밭 건너 저 멀리 울려 퍼져라.

한 해가 간다, 가는 해는 가야지.

거짓은 떠나보내고, 참은 불러들여라.

—테니슨의 장시, 「인 메모리엄」 가운데

이역에서 들은 종소리

2001년 1월 1일 자정

오스트리아 서북쪽 조용한 산간 마을 로이테에 있는 프란치스코 수도원.

요란한 종소리에 놀라 잠이 깨었다. 둔탁한 듯하면서도 우렁찬 그 소리는 종류가 전혀 다른 여러 개의 종이 한꺼번에 울려 '새날, 2001년을 다 함께 기쁨으로 맞이하자!'고 온 세상에 외쳐대는 것 같은 느낌이었다. 마을 교회에 있는 모든 종이 일제히 울림과 동시에 여기저기서 폭죽도 터지고 사람들의 환호성이 거리를 휩쓴다. 서기 2000년은 거대한 역사의 흐름 속으로 영원히 사라지고 2001년 새날이 시작되는 순간이었다.

마치 요란한 팝송의 배경음악을 연상시키던 종소리의 화음도 클라이맥스가 지나자 점점 가늘어지다가 어느 틈엔지 사그라졌는데 거리의 흥겨운 축제는 여전하여 2층인 숙소의 창문을 열고 내다봤다.

집집마다 옥상에서 애들이 터뜨리는 폭죽은 밤하늘에 아름다운 색색 무늬를 그렸고 어른들은 파티를 하는지 크리스마스트리의 반짝이는 불빛 아래 술잔을 들고 유쾌하게 담소하며 서성이는 모습이 보인다.

로마에서 여덟 시간 이상 기차를 타고 오면서 보니 오스트리아의 집들은 대개 2, 3층인데다 지붕이나 창틀의 배색이 세련되어서인지 멀리 보이는 마을 풍경은 영락없는 클레의 그림이다. '유럽의 기차 여행은 클레 화집 속을 달리는 것 같았다' 하면 지나친 찬사가 될까.

그날 고달픈 나그네의 단잠을 깨우던 제야의 종소리는 서울에서 해마다 듣던 소리와는 전혀 딴판. 소리 자체로 치면야 보신각의 푸근한 종소리에 비길까만 난생 처음 타국에서의 제야에, 그것도 잠결에 들어본 밝고 고무적인 그 소리는 내 무의식의 음반에 그대로 새겨졌는지 가끔 되살아난다. 하긴 잊혀지지 않고 되살아나는 것이 어찌 섣달 그믐날 자정에 나를 깨우던 로이테의 힘찬 종소리뿐이랴.

1월 1일이 큰아들 기완이 생일이기도 하여 오랜만에 한국에 전화했더니 뜻밖의 기쁜 소식, 우리의 첫 손녀 탄생! 예정일보다 10여 일 앞당겨 1월 2일 제 아빠 생일 다음 날에 서둘러 나왔구나. 남편은 식탁에서 그곳 신부님들에게 자랑했다. 마침 우리가 묵고 있는 곳이 '앤 기념성당'이라면서 손녀의 이름에 앤을 넣으라 했다. 술잔을 높이 들어 새 생명 앤을 보내주신 하느님께 다 같이 감사와 축복을 드렸다. 이 이후의 종소리는 저절로 새 아기를 환영하고 축하하는 것으로 바뀌었다. 아기는 이 세상을 살맛 나게 해주는 보배 중의 보배, 은총 중의 은총. 우리는 가는 곳에서마다 아기 장난감을 샀다.

여행 막바지에 며칠간 스키를 타고 온 스위스의 네휄!

주위의 경관이 특별히 아름다운 해발 2,900 미터의 글라니쉬 산 중턱에 수도원이 있었고 숙소가 4층인데다 마침 달이 밝아 눈 덮인 알프스의 달밤 풍경까지 즐길 수 있어서 더욱 못 잊는다. 마치 피리 소리 같은 기적을 울리는 작은 기차를 타고 다닌 엘름 스키장. 철로변의 아름다운 호수와 아기자기한 집들과 깊은 산. 해발 2,500이 넘는 고지대의 한없이 넓은 스키장의 산장에서 스키를 벗고 잠시 커피를 마시며 바라본 눈부신 알프스의 위용.

"이 절경을 혼자 보기가 너무 아까웠는데 누나와 매부께 보여드리게 되어 대단히 기쁩니다."

"이건 금강산과 또 다른 맛이 나는 장관일세. 스케일 크기로는 유럽의 알프스가 단연 압권이네. 완당의 굴기(屈起)한 신필(神筆) 계산무진(谿山無盡)이 생각나는구먼."

금강산과 추사 김정희 선생 예찬자인 남편은, 멀리 하늘 가득 만년설을 안고 굽이치는 웅장한 유럽의 척추 알프스 산맥에 감탄해 마지않으며 개골산과 완당을 거론한다.

네휄의 수도원은 수도자 지망생들이 수련하는 곳이기도 하여 아직 수도복을 입지 않은 청바지 차림의 청년들이 있었는데 그중 한 명이 종을 치는 모습을 수도자들과 함께 성무일도를 바치는 중에 종종 볼 수 있었다. 정확히 1분 동안 양손으로 긴 줄을 잡고 위아래 고른 박자로 움직였는데, 종을 치기 전 1분 정도 시계를 바라보며 꼿꼿이 서 있던 그 진지한 표정과 종을 다 치고 나서도 잠시 정자세로 서서 뭔가를 기다리는 듯 유순한 얼굴로 정면을 지켜보던 모습이 인상적이었다. 청년의 일사불란한 팔운동으로 울리던 종의 모양은 보이지 않았으나 그 소리만은 그동안에 듣던 많은 종소리 중 제일 성능이 좋은 우렁찬 종소리로, 맑고도 투명하며 여운이 유난히 길어 그 소리가 그친 후에도 얼마 동안 눈을 감은 채 귀 기울이고 있었다.

여행 막바지 매서운 바람 속에 스키를 메고, 별이 총총한 하늘을 바라보며 스위스의 네휄을 떠나던 그날도 청년이 치는 수도원의 청량한 새벽 종소리는 멀리까지 우리를 따라오며 따뜻이 배웅해주었다.

2001년 3월

무량사를 찾아서
서천과 보령 일대 문화유산 답사기

 소설 『매월당 김시습』(이문구)을 감명 깊게 읽은 적이 있는 나는 충남 보령과 부여에 걸쳐 있다는 만수산(해발 575 미터) 기슭의 무량사를 기억하고 있다.
 두툼한 장편소설 마지막 부분을 간추려보면, 매월당은 겨우내 시난고난하면서도 시나브로 몸이 깨어나서 그럭저럭 설악산에서의 겨우살이를 끝냈는데 정초부터 자꾸 그곳을 떠나려는 생각을 도스르곤 하였다 한다. 금년 춘추가 얼마시온데 이 겨울에 원행을 작정하십니까. 조섭하시려면 아직 멀었사옵니다. 하면서 문도들이 극구 반대하였으나 매월당은 뜻을 꺾지 아니하였다. 그렇다면 스승의 행선지가 평소에 자주 춘향제를 지내러 다니던 동학사려니 하고, 예서 동학사가 어디오니까. 환후 미쾌하신지라 모험이십니다. 이에 매월당은 고개를 저었다. 동학사가 있는 계룡산은 잡인의 교통이 성가시어서 쉴 데가 없느니라. 하오면 달리 마음 두신 절이라도 있삽더이까? 예? 무량사랍시니, 게는 대개 어떤 절이오니까? 동학사에 머물 적에 한번 돌아봤느니라. 계룡 갑사며, 마곡사며 신원사며 성주사며 다들 군색한 고찰일러니, 다만 무량사는 외산에 터한 고로 길이 심히 장구목져서 아마 100년이 가도 관행(官行) 하나는 없을지니라. 얼마 남지 않은 여생일랑은 게서 저물리리라.

장구목졌다 함은 장구처럼 허리가 잘록 들어간 좁은 길을 뜻하는 게 아닐까 짐작해본다. 즉 사람들의 발길이 잘 닿지 않을 후미진 곳이라서 마음에 든다는 말 같다. 해서 나도 무량사 가기를 벼르던 터에 여학사협회에서 보내온 답사 코스에 무량사가 끼어 있어 즉시 회비를 송금했다.

잘 알다시피 5세 신동 김시습(1435~1498)은 생육신의 한 사람으로 평생을 벼슬은 고사하고 대 이을 자식 하나 없이 떠돌다 59세로 무량사에서 생을 마감한 천재 시인이고 예술가이면서 기인이었다.

무량사는 그의 사리가 묻혀 있다는 부도와 산신각에 모셔놓은 초상화로도 유명하다. 아니 이문구 씨의 불후의 명작『매월당 김시습』을 읽지 않았더라면 무량사는 고사하고 김시습도 내 심중에는 없었을 것이다. 언어란 참으로 살아 있는 것이어서 이문구 씨가 살려낸 당대의 어투는 김시습의 섬세한 면모뿐 아니라 그 시대의 분위기까지 너무도 생생하게 재생시켜 주어서 밑줄을 쳐가며 재독 삼독하고 나니 매월당은 거의 육친처럼 나와 가깝게 되었다. 그 후 매월당에 관한 책은 눈에 뜨이는 대로, 두꺼운『김시습 평전』(심경호)까지도 간직하게 되었다.

우리 일행은 모두 뜰 아래 서서 산신각 분합문을 열어놓고 바라다만 보기에 나는 이문구 씨 소설 '서문'이 생각나서 용기를 내어

신을 벗고 올라가 분향재배 하였다.

　나는 절에 가면 산신각을 찾는 보통 중생과 다름없이 예를 갖추었다. 그러나 선생의 화상을 봉심(奉審)하는 자세는 더욱 곡진한 것이었다. 나는 참배를 마친 뒤에 선생의 화상 앞에 곡좌하고 화상을 자세히 살펴볼 작정이었다. 절을 하고 고개를 드는 순간 현기증도 아니면서 눈앞이 아뜩한 다음에는 눈을 둘 곳이 없었다. 아니 몸둘 곳도 없는 것 같았다. 그 경황 중에도 밖으로 나오는 것이 상수라는 느낌이 들었지만 이번에는 또 돌아서지지가 않는 것이었다. 가만가만 뒷걸음질을 하여 댓돌에 내려서고, 조심조심 문을 닫고, 신발을 꿰고, 토방에 놔두었던 가방을 집어들 때까지도 선뜻 돌아설 수가 없었다. …… 선선한 가을철인데도 등에 흘린 식은땀으로 옷이 물말이가 되어 있었다.

　매월당의 예리한 시선을 연기 사이로 받으며 무릎을 꿇고 앉아 있노라니 나도 괜히 등골이 오싹하는 긴장감이 들어 잠시 눈을 감고 심호흡을 하였다. 비운의 천재 예술가로서의 인간적인 고뇌와 갈등, 새롭고 파격적인 그의 삶의 방식을 생각하며 주옥 같은 수천 편의 시를 짓고 평생을 올곧게 살다 간 그분께 잠시 의문 나는 점을 묻고 은밀히 가슴에 묻어둔 청까지 드렸다.
　단종애사는 말고, 생시에 당신을 가장 아프게 한 것이 무엇이오니까. 혼신의 힘을 기울여 완성품을 만들고 그 작품을 감상하며 회심의 미소를 짓고는 어느 순간 아궁이에 처넣어 태워버렸다는 당신은 정녕 누구십니까.

　야들야들한 녹음이 에워싸고 있는 아담한 사찰인데도 왠지 황량해 보이는 마당에 석양빛을 담뿍 받고 서 있는 5층 석탑. 이 석탑 둘레를 생각에 잠겨 거닐었을 매월당의 쓸쓸한 자취를 가늠하며 이른 봄꽃은 다 지고, 만개하여 낙화 직전인 자목련의 깊은 맛에 잠시 취하다. 수령이 100년 넘어 보이는 희귀한 이 목련과의 만남만으로도 오늘 답사는 큰 보람이었다는 어느 회원의 찬사에 새삼 목련을 눈여겨 다시 보니 정말 나무 모양이나 연보라빛 꽃색깔이 예사롭지가 않다.

　그 다음 행선지 대천 바닷가의 당산에는 수령 300년이 넘는 동백나무 100여 그루(천연 기념물 169호)가 아담한 동산에 군락을 이루고 있었고, 그 숲에서 청정해협이 굽어보이는 서해안의 절경도 기대 이상의 아름다운 풍광이었다. 동백꽃은 거의 졌으나 아직 반질반질한 잎사귀 사이에 진홍 꽃이 심심찮게 매달렸는데 나무 밑에 즐비하게 깔려 있는 낙화를 한 움큼 모아 안고 거기에 코를 박고 꽃향을 맡으며 걷는 일행도 눈에 뜨인다. 동백꽃의 낙화는 꽃잎으로가 아니라 송이째 떨어져 있었다.

　대천 일대에 주꾸미가 많이 나는지 어제까지 20일간이나 주꾸미 축제가 열렸다 한다. 바닷가 모래톱에 천막을 치고 바닷바람 맞으며 산 주꾸미와 꽃게를 함께 끓여서 다디단 찌개 국물과 얼큰한 겉절이로 입맛을 돋운 푸짐한 점심도 일미였는데, 여기에 시금털털한 동동주도 한몫을 하였다.

마지막으로 허허벌판에 우람한 주춧돌만 산재해 있는 성주사(백제를 거쳐 통일신라시대에 대대적으로 중창했다는 대사찰) 옛터를 둘러보고 모두 귀경길에 오르는데 임진왜란 전후하여 소실된 사찰 이야기가 나올 적마다, 못된 이웃을 둔 탓에 대대손손 시달림을 당한 우리의 어진 조상들의 고통을 생각하면 새삼스레 분노가 치민다.
　녹비홍수(綠肥紅瘦)의 계절, 녹음은 짙어지고 꽃은 시드는 계절. 차창 밖 넓은 성주사 터를 아쉬운 듯 내다보는 초로의 여학사협회 회원들의 무리 속에 끼어 앉은 나는 막걸리 기운에 꾸벅꾸벅 졸면서, 아! 이 봄도 또 이렇게 흘러가는구나 하는 감회에 젖어 있는데 어느 좌석에서인가 나직이 읊조리듯 고운 음성으로 '연분홍 치마가 봄바람에 휘날리드라 오늘도 옷고름 씹어가며~ 보옴나알은 가아안다~' 구성지게 뽑아내는 유행가 가락을 비몽사몽간에 들었다.

1999년 4월

일락서산(日落西山)

　1977년에 출판된 이문구 작 『관촌수필』이 20년이 지난 1997년 9월에 한국여학사협회 독서회의 선정 도서로 채택되어, 세로쓰기로 된 작은 글씨가 아닌 가로쓰기의 최신판으로 단체 주문하여 읽은 적이 있다. 그때 독서회의 관례대로 작가와의 만남이 있었는데 마침 내가 주선하게 되어 이분과 몇 번 통화도 하고 독서회 저널에 글도 쓰게 되었다. 중앙청 옆에 있는 출판문화회관에서 그를 만나던 날 내 책에 '讀書千里香 李文求'라 거의 초서에 가까운 달필로 써준 소설집 『관촌수필』을 『매월당 김시습』 『이 풍진 세상』 『산너머 남촌』 『우리동네』 외 그의 산문집 등과 함께 잘 간직하고 있다. 1997년 11월에 독서회 저널에 실렸던 나의 글을 찾아 여기에 옮긴다.

　'讀書千里香 李文求'라 종(縱)으로 휘갈겨 써준 그의 책 서명을 한동안 바라본다. 천리향(香)이라! 아무튼 그의 소설에는 독특한 냄새가 있다. 응크지근한 울분이 있다. 비애가 있다.

200여 명 회원인 이 독시모임에서 김화영, 이문열, 박완서, 오정희, 류시화 등과도 그들의 최근작을 읽고 만남의 자리를 마련한 바 있었으나 이번처럼 20여 년 전의 작품이 선정된 것은 극히 드문 일이었다.

예상했던 대로 이문구씨는 털터름한 옷매무새와 약간 개구쟁이 기가 보이는 듯싶은 웃음 띤 얼굴로 뚜벅뚜벅 걸어 들어와 강단에 자리 잡고 앉는다.

"하루에 원고지 열 장 쓰기가 월마나 힘이 드는디, 한 장에 오천 원백기 안 주니 이런 후진국이 워디 있대유?"

40년 동안 글만 쓰고 사는 전문가 글쟁이의 일당 5만 원은 너무 박한 품삯이 아니냐고, 재야문인답게 비판적인 발언으로 서두를 뗀다. 나도 내포 지방 출신으로 평소에 사투리를 많이 쓴다고 흉잡히는 처지인데 이문구 씨는 나보다 한 술 더 뜬다.

까마득한 옛날, 그러니까 내 나이 삼십대 초반일 적에 『현대문학』(72년 5월호)에서 「日落西山」(『관촌수필 1』)을 흥미 있게 읽었던 기억이 생생하고, 또 어떤 글에선지 남자 형제들끼리 언니라는 호칭을 쓰는 게 반가워서(우리 집에서도 그렇게 하니까) 이분의 글에 대해 친근감마저 느끼고 있던 터였다. 헌데 이번에 다시 정독을 하면서 살펴보니, 충청도 사투리 중에서도 흔히 안 쓰는 속어들이 너무 많아서 어떤 때는 이곳 토박이인 나도 약간 저항감 같은 게 느껴질 정도였다. 그러나 뛰어난 묘사력과 그 숱한 등장인물들 하나하나

일락서산(日落西山)

에 쏟는 따뜻한 애정과, 그 저변에 일관되게 깔려 있는 심각한 테마에도 불구하고 우선에 재미가 있어서 나는 웃다가 한숨 쉬다가 눈물이 핑 돌다가 해가며 손에서 책을 놓지 못했다.

오십대 마지막 고개에 이르고 보니 시력도 나쁘고 집중력도 떨어지고 해서 복잡하고 골치 아픈 얘기는 기피하는 편인데, 무엇에 이끌려서인지 그렇게 복잡하고 시시콜콜한 이야기들을 눕지도 않고 앉아서 끈질기게 끝까지, 나도 그중의 한 사람인 양 푹 빠져서 읽었다.

책제목을 『冠村隨筆』(초판은 한자)이라고 한 것은 어떤 틀에 맞추어 쓴 소설이 아니라, '나'가 주체가 되어 갈머리 부락 사람들이 살아가는 이야기를, 자유롭게 수필 쓰듯이 쓴 소설이라는 암시를 주기 위해서라 한다. 그리고 문장을 다소 난삽하고 매끄럽지 않게 쓴 것은 군사정권 시절 검열이 극심할 때, 검열관이 진력 나서 쉽게 읽을 수 없게 하려는 의도도 깔려 있었다고, 농담인지 진담인지 잘 모를 말을 해서 청중을 웃겼다. 이문구 씨 부친이 상당한 지위의 남로당원이었기 때문에 6·25전쟁을 겪으면서 유서 깊은 강릉댁(고조부가 강릉부사)은 쑥대밭이 되었고, 강릉댁 넷째 도령인 본인만이 유일한 남자 생존자(당시 10세)였다 한다.

어느덧 하루의 피곤이 짙게 물든 해는 용마루 위 서산마루로 드러눕는 중이었고, 굴뚝마다 쏟아져 나와 황혼을 드리웠던 저녁 연기들은, 젖어드는 땅거미와 어울려 처마 끝으로만 맴돌고 있었다. …… 잘 있어라 옛집, 마지막으로 그렇게 중얼거리며 다시 한 번 옛집을 되돌아보았을 때, 그 너머 서산마루에는 해가 지고 있었다. 지는 해가 있었다.

—일락서산 끝 부분

별로 새로울 것도 없는 눈에 선한 풍경인데 왠지 가슴속 깊이 한숨을 쉬면서 "그 너머 서산마루에는 해가 지고 있었다. 지는 해가 있었다." 나도 모르게 혼잣말로 복창을 하게 된다.

나는 이문구 씨의 파란만장한 가족사와 8편의 '관촌수필' 하나하나마다에 주인공으로 박혀 있는 불쌍한 인물들 - 옹점이, 대복이, 순심이, 석공, 정희 엄마, 유천만, 복산이, 신용모 등 - 에 관한 이야기를 그분 특유의 구수한 입담으로 정신 팔려 듣고 있었다. 그러자 나도 거의 잊고 있었던 내 유년의 갖가지 기억들이 아련한 아픔과 그리움으로 되살아나, 출판문화회관 강당 창밖의 가을 나무에 드리워 있는 낙조를 넋 놓고 바라보고 있었다.

8년 전에 있었던 얘기다. 그가 고인이 된 때문인지 『관촌수필』에 나오는 사람들에 대해서 작가와 이런저런 이야기를 나누던 그날이 실제로 있었나, 꿈을 꾼 건가 하는 엉뚱한 느낌마저 든다. 성실한 삶을 살았고 진지한 자세로 소설을 쓴 양심적인 글쟁이로 내 기억 속에 남아 있는 그분의 명복을 빈다.

2005년 5월

일락서산(日落西山)

신춘삼제(新春三題)

　一. 기적춘신(汽笛春信)

기적소리가 흐른다.
암흑 밀림의
암수 맹수의 짖음처럼

기적소리가 흐른다.
우리는 잠시
망각했던 시간의 정거장을 둘러본다.
……

기적소리가 흐른다.
준비는 되었느냐
영원을 향해 오늘 뚝딱 떠나버릴 준비는
……

기적소리가 꿈을 싣고 멀어진다.

긴 기적소리에 실려

봄이 스며오고 있다.

—성찬경,「기적춘신」

    깊은 겨울밤에 가끔 생각나는 성 시인의 시다. 정상에 아직 잔설이 남아 있는 먼 산 색깔, 옷깃을 스치는 바람, 추위를 견디고 있는 나목에서 언뜻언뜻 봄기운이 느껴지는 시기. 긴 겨울 끄트머리 잠 안 오는 밤에는 잊고 있던 '시간의 정거장'을 문득 둘러보게 된다. 이미 영원 속으로 뚝딱 떠나버린 사람, 어디에서 무얼 하고 있는지 알 수 없는 사람 등으로 쓸쓸해진 나의 시간의 정거장을.
    괴테는 "우리가 살고 있는 장소는 시간"이라고 말했다. 공간보다는 오히려 시간이 우리의 삶의 내용을 채워나가는 데 결정적인 구실을 한다는 뜻이겠지.
    결혼 초(1966년경) 날씨가 흐리고 유난히 조용한 겨울밤에 우리는 가끔 수색역 화물차의 기적소리를 들었다. 하긴 35년이 지난 지금도 수색역과 근거리에 있는 그때 그곳 응암동에 살고 있지만 이제 그 기적소리는 들을 길이 없다.
    첫아이 백일 때쯤이었을까? 남편(성 시인)은 고단한 영어교사를 하는 틈틈이 시를 썼는데, 어느 문예지의 청탁 마감에 쫓겨 원고지 앞에 멍하니 앉아 있을 때, 마침 뿌우우 하는 기적소리가 들리자 '汽笛春信'이라는 네 자를 써서 내게 보여주었다. 아이에게 젖을 물린 채 졸고 있던 내 귀에는 아득하게만 들려오던 기적소리였는데.

오랜 세월이 흐른 지금까지도 왠지 '시간의 정거장'과 '春信'이 내 뇌리에 남아, 겨울 끝자락 잠 안 오는 긴 밤에는 비몽사몽간에 기적춘신을 듣는다.

二. 남지춘신(南枝春信)

남지춘신, 남쪽 가지에 봄소식이 깃들어 있다. 아마 어느 분의 한시(漢詩)에 나오는 구절인 모양인데 이것을 인용한 법정 스님은 "매화는 봄에 햇볕을 많이 받는 남쪽 가지에서부터 꽃을 피운다고 해서 이런 말이 생긴 것 같다"는 해설만 곁들이고 있다.

매화, 산수유, 벚꽃, 목련, 복사꽃 등 잎이 피기 전에 죽은 것 같은 가지에서 단번에 꽃이 피어나는 이른 봄꽃들 중에서도 가장 먼저 피는 꽃 매화. 여북하면 설화(雪花)니 옥골빙혼(玉骨氷魂)이니 하는 별칭으로 매화를 불렀을까.

백설이 응달에 그대로 남아 있는 이른 봄, 산천초목이 아직도 웅크리고 있는 때에 보기에도 안쓰러운 다섯 개의 작은 꽃잎으로 매서운 바람 속에 맨 먼저 얼굴을 드러내는 꽃. 그래서 우리나라 선비들에게 매화가 각별한 사랑을 받았나 보다. 고결한 절개를 말할 때에도 꽃으로는 유일하게 매화가 뽑혀 송죽매(松竹梅)라 하지 않는가.

몇 해 전 1박으로 경북 거창 고령 쪽을 여행한 적이 있다. 2월 중

순경으로 서울엔 아직 눈발이 날릴 때였는데, 성산(星山) 이씨 집성촌에 갔다가 뜻밖에도 청매가 몇 송이 꽃망울을 터뜨리고 있는 모습과 맞닥뜨렸다.

그것은 퇴계 선생이 읊은 매화시 "천연한 옥색은 세속의 어두움 뛰어넘고 고고한 기질은 뭇 꽃의 소란스러움에 끼어들지 않네"라 한 바로 그 분위기였다.

크고 작은 한옥이 100가호 정도 모여 살았다는 '한개 마을'은 작은 행랑채에서부터 큰 기와집들까지 모두 다 잘 복원되어 있었다. 그중에 정남향 솟을대문집 사랑채 앞 연못가에 고목 매화 한 그루, 잘 생긴 그 큰 나무에는 꽃망울만 무성한데 그야말로 남지춘신, 남쪽 가지에 매화 몇 송이가 살며시 피어 있었다. 우리 일행은 감탄 삼탄으로 그 곁에 머물며 다음 행선지로 떠나기를 아쉬워했다. 맑은 연못물에도 비치는 조운헌도재(組雲憲陶齋)라는 운치 있는 누각의 현판을 보고 옛날 이곳을 거닐며 글 읽던 선비들의 자취를 느끼고 무상감에 젖기도 했다.

한때는 사람들로 붐볐을 이 마을의 텅 빈 정적 속에, 일지춘신(一枝春信)의 속삭임을 듣고 기운을 얻어, 맑은 하늘에 구름 가듯 유유자적 살고 지고.

참으로 신선한 남지춘신 문화유적 답사였다.

三. 진달래 멀미

아지랑이가 산모롱이에 아른거릴 때쯤이면 나는 왠지 몸살을 자주 앓았다. 지게 지고 나무하러 가는 작은 일꾼 태산이를 따라 산에 가서, 그 아이가 캐주는 칡뿌리니 시엉이니를 먹어가며 나무 밑에서 혼자 놀기를 즐겼다. 서울말 한다고 동네 아이들한테 놀림받는 일도 성가셨지만, 일꾼 애가 나무할 동안 산 중턱에 앉아 새소리도 듣고 진달래 꽃잎도 뜯어 먹고 그러는 게 좋았다. 게다가 집 뒤 산등성이에서부터 멀리 개펄이 보이기 시작하는데, 숨을 헐떡이며 태산이를 좇아 봉화산 중턱으로 치닫다 보면 어느 순간 넓은 바다가 탁 트인 시야에 들어오는 게 너무도 신기했다.

일곱 살 나던 해 초봄 서울 필운동 집에서 갑자기 엄마를 잃고 할머니 따라 시골로 내려온 그 첫 해의 봄 이야기다.

낙조가 유난히 붉은 서해, 충남 당진군 송산면(松山面) 삼월리(三月里). 지명의 뜻 그대로 소나무가 울창한 산에 달이 밝은 마을. 조금만 높이 산에 오르면 어느 곳에서나 바다가 보이고 그 바다 너머로 먼 산이 그림처럼 겹겹으로 떠 있는 풍경에 넋을 잃곤 하였다. 이 세상이 아닌 저 세상 같은 오묘한 산 색깔, 그 신묘한 농담(濃淡)이 그대로 나와의 거리를 느끼게 해주는 겹겹의 산 중에서도, 가장 흐린 색의 제일 먼 산 어디에 돌아가신 나의 어머니가 살고 있을 것 같은 생각이었다.

태산이가 유난히 꿈지럭댄 때문인지 그 날 나는 진달래꽃을 너무 많이 먹고 속이 메스꺼워 정신없이 내려오는데, 산모롱이에 아른거리던 아지랑이 때문에 더욱 어지러워 쓰러질 지경이었다. 집에 도착하자 심상찮은 내 기색을 보고 놀란 할머니가 달려나와 내 이마를 짚어보시더니 불덩이 같다며 깜짝 놀라시던 그 착잡한 표정이 지금도 눈에 선하다.

그날 이후 2, 3일간 나는 고열로 헛소리까지 하며 심하게 몸살을 앓았다. 매년 그맘때 먼 산에 진달래가 아지랑이와 함께 불그레해질 무렵이면 이상스레 메스껍고 어지러운 가운데 엄마 생각까지 겹쳐 울면서 앓곤 하여 할머니를 상심케 해드렸다.

"진달래 많이 먹지 마라. 진달래머리 앓을라."

내가 봄 동산에 오르려 하면 으레 할머니가 내게 하시던 말.

아지랑이가 산모롱이에 아른거리고 뒷동산에 할미꽃이 고개 숙이고 피어 있을 무렵이면, 안개처럼 피어오르는 아련한 슬픔에 목이 메곤 하였다.

2000년 1월

새벽의 저 끝에는 피아노가 있었네

숨을 참고 있던 물속에서 수면 밖으로 슬쩍 코를 내밀며 숨을 몰아쉬듯, 그렇게 잠의 바다에서 유영하다가 해면 밖 새벽으로 나오면서 심호흡을 함과 동시에 눈을 뜬다. 꿈속의 깊은 밤바다에서 노닐다 이승의 새벽으로 진입하는 순간이 오늘은 좀 색다르다. 어슴푸레한 여명 가운데의 방 안 풍경이 낯설다. 사방 벽 책꽂이들에 책, 걸려 있는 옷, 십자고상, 가구, 모니터, 피아노 등 늘상 거기 있던 그대로인데…….

의식적으로라도 잠에서 깨어날 때 미소를 지으라고, 찡그리지 말고 웃으면서 일어나라고 어린애에게 하듯 환갑 넘은 동생한테 타이르던 언니수녀님 말이 떠오른다. 방금 전 잠에서 깰 때 내 표정이 어땠을까. 모르겠다. 방긋 웃지는 못하더라도 찡그리지는 말아야지 하는 생각이다.

조용하다. 새벽미사에 가려고 머리맡 야광시계를 더듬다가 엊저녁 자기 전에 읽다 놔둔 큰아들의 산문집이 손에 걸려 집어든다. 불을 켠다.

'시인, 대중음악 평론가, 록 뮤지션'인 장남의 첫 산문집 『장밋빛 도살장 풍경』에는 '대중 속에 살기 대중문화 읽기'라는 부제가 붙어 있다. 왜 하필 도살장인가? 제목이 마땅찮아서 밀어놨다가 달포 만인 어젯밤에 처음으로, 고깃간 불빛처럼 칙칙한 색깔의 겉장을 열고 도살장과는 거리가 먼 이야기들을 자정이 넘도록 읽었다. 아들의 이야기는 괜히 나를 깊은 생각에 잠기게 하다가 혀를 끌끌 차게도 하고, 어렸을 적 그 아이의 어설픈 표정이 떠올라 혼자서 미소를 짓게도 한다.

나는 개발 중이던 서울 변두리에서 자랐다. 학교가 파하면 공사판에서 시멘트를 개는 인부들의 모습을 보며 골목을 돌아 집에 오곤 했다. 아직도 가끔씩, 뙤약볕 아래에서 인부가 모래와 시멘트를 섞어 만든 조그만 산꼭대기에 분화구를 만들어 놓고 거기에 바께스로 물을 부은 다음 삽으로 열심히 개어 시멘트 떡을 만드는 장면을 물끄러미 쳐다보고 있는 내가 등장하는 꿈을 꾼다. 그때나 지금이나 거리는 회색이다. …… 나는 푸른 나뭇잎과 물컹한 흙과 조용한 벌레들의 숲이 아니라 광고문구와 쓰레기 봉지와 간판들로 이루어진 숲에 산다. 보고 지나다니며 내 눈과 귓속에 들어온 그것들에 반응한 결과가 이 산문집이다.

이번 사순절 동안만이라도 매일 미사를 하기로 마음 먹었으므로 읽던 책을 덮고 일어나 성당으로 향한다. 쓰레기 봉지와 광고지가 널려 있는 어두운 골목길을 더듬어 내려가면서 얇은 금 대팻밥 같은 새벽달이 공중에 가볍게 떠 있는 하늘을 바라본다. 거기에는 별도 있고 구름도 있다.

오늘의 독서는 이사야서다.

"보아라, 나 이제 새 하늘과 새 땅을 창조한다. 지난 일은 기억에서 사라져 생각나지도 아니하리라. …… 다시는 울음소리가 나지 않겠고 부르짖는 소리도 들리지 아니하리라."

3,000년 전 예언자 이사야가 오늘 새벽 내게 들려주는 말.

그 땅은 인간의 새로운 삶을 위한 땅, 회색의 땅이 아닌 새 숨을 쉬는 땅일 것이다. 고독과 고통을 힘들여 통과한 사람들이 비로소 밟을 수 있는 그런 새 땅을 일컬을 것이다.

미사가 끝나고 텅 빈 성당에 잠시 앉아 있다가 밖으로 나온다. 한 시간도 못 되는 그 사이에 어둠은 꽤 걷히고 사람들의 왕래로 거리는 붐비기 시작한다. 이른 새벽 무거운 책가방을 메고 바삐 걸어가는 학생들이 많이 눈에 뜨인다. 옛날 1950년대에, 네 시간이 꼬박 걸리는 왕복 40리 길을 매일 도보로 통학하던 시절이 내게는 있었다. 중학생 때다.

칠흑 같은 어둠 속으로 도시락과 책가방을 들고 나서면, 초롱초롱한 별빛 아래 무거운 정적으로 해서 언니와 나의 발자국 소리만이 유난히 크다. 반 이상을 걸어가노라면 그제야 부여한 여명이 대지를 깨우고 그 여명에 보랏빛이 물드는 찰나, 먼동이 터오는 불그레한 동녘 하늘을 향해 줄져 날아가는 새 떼들과 부지런한 농부 한둘을 바라보며 학교를 향해 걸음을 재촉하던 10대의 어린 시절. 신작로라 할지라도 시멘트는커녕 흙도 다듬어지지 않았을 뿐만 아니라 울퉁불퉁한 논두렁 밭두렁 길에 장마 지면 으레 떠내려가는 외나무다리도 있었지. 우리는 춘하추동 여일하게 새벽길과 밤길을 3년 동안이나 걸어다녔다. 그냥 학교 수업만 하기에도 벅찬데, 군(郡) 통틀어 중학교에 하나밖에 없는 피아노를 치느라 남보다 일찍 등교하고 늦게 하교했으니 그 고생을 어찌 필설로 다하랴! 14, 5세 어린 나이에 너무 힘에 겨워 울고불고하면서까지 왜 피아노에 매달렸던가, 요즘도 언니수녀님을 만나면 그때의 이야기를 한다.

피아노! 건반을 누르기만 하면 소리가 나는 신기한 악기! 초등학교에서 더러 쳐보던 풍금과는 비교가 안 되는 그 물건 앞에서 우리는 얼마나 가슴 설레었던가. 아니 그때 우리에게 그것은 물건이 아닌 살아 있는 연인이었다.

수녀원에 가서도 언니는 성당 구석에 놓여 있는 낡은 피아노를 먼발치로 바라보노라면 두고 온 가족, 특히 동생인 내 생각에 혼자 눈시울을 적셨다고 한다.

"피아노 소리는 내 소녀 시절의 행복이었는데…… 특히 동생과 함께 20리 통학한 그 시절이 일생 잊혀지지 않는 아름다운 추억으로 남아 있다네."

내 인생에서 첫 번째의 실패, 마치 실연의 상처와도 같이 아픈 기억으로 남아 있는 것은 음악, 즉 피아노. 열악한 환경에서 소리에 매료된 우물 안 개구리 시골 소녀가 겪은 일들은 하나의 충격으로 남아 있다. 요즘도 명연주가의 피아노 음악 특히 바흐의 평균율이

나 쇼팽의 에튜드, 베토벤의 후기 소나타 등을 들으면 깊이 참회하고 싶어진다. 회개가 된다. 인생을 너무 안이하게 건성으로 살아온 것은 아닐까. 무기력증과 패배의식에 사로잡혀 서둘러 단념해버리는 안 좋은 기질 등. 아름다움에 대한 집착으로 눈이 가리워 마음이 가난하지 못했던 것 같은 자책이 일어, 누워서 음악을 듣다가 일어나 앉아 정좌하고 귀 기울일 때도 있다.

초등학교 선생님을 오래 하다가 중학교 음악 담당으로 오신 김 선생님은 언니와 나 두 자매에게 피아노를 열성적으로 가르쳐주셨다. 항상 둘이서 함께 다니다 언니가 졸업하여 서울로 떠나고 혼자가 되자, 나는 부쩍 더 열심히 피아노에 매달렸다.

첫새벽 텅 빈 교정에 백양나무 새순이 아침의 햇살을 받아 눈부시게 빛날 때, 땀에 젖은 몸으로 달려가 서둘러 피아노 뚜껑을 열면서 느끼는 설렘을 어떻게 설명해야 하나. 초보 단계의 체르니 연습곡이나 간단한 소나타를 치면서도 그 신비스런 화음에서 내가 받은 위로와 감명은 각별하여 완전히 그 소리에 빠져들었다. 수업 시작하기 전 새벽의 정적 속에서 맑은 피아노 소리와 함께한 그 투명한 기쁨을 잊지 못한다.

내가 너무 늦게 학교에서 나오다가 우연히 교문 앞에서 음악선생님과 마주쳤을 때, 우리 집 근처 왕소나무백이까지 바래다주신 적이 몇 번 있었다. 아무리 고만 돌아가시라 해도 막무가내로 따라오셨다. 매일 혼자 다니는 너도 있는데 하루 못 바래다줄 게 뭐냐는 말씀. 음악 얘기 언니 얘기로 두런두런 긴장감 없이 느긋하게 걷던 밤. 두 시간이 족히 걸리는 거리를 풀벌레와 밤새 울음소리밖에 없는 그 길을 다시 되돌아가면서 선생님은 무슨 생각을 하셨을까.

어느 집이고 피난민 친척이 몇 명씩은 기식하던 6·25전쟁 말기 충청도 두메산골, 한밤중에 집에 들어가 한숨 자고는, 새벽밥 먹고 또 어둠 속 이슬 젖은 풀숲을 헤치며 오로지 피아노를 향해 달려가던 그 열정을, 그 후 내 인생 어디에서도 평생 가져보지 못했다. 방학도 일요일도 내게는 없었다.

지금 내 방에는 고물 피아노가 있다. 먼지 쌓인 뚜껑을 열고 가끔 슈베르트의 연가곡과 구노 루치 등의 아베마리아를 나직이 흥얼거리면서 고인이 되신 그 음악선생님을 생각한다.

그 옛날 밤하늘에 유난히 밝게 빛나는 별들 사이로 흐르던 별똥별이 가슴 한복판으로 쏟아진다.

2001년 3월

은총(恩寵)을 사모(思慕)하라

아주 오래전 어느 수녀님께 성경 강의를 듣는 도중에 그분이 무심히 던진 "은총을 사모하시오" 하는 말이 순간적으로 내 뇌리에 강하게 입력된 적이 있다. 그 후부터 나는 개정판 신약 성서나 그 밖에 다른 명상 서적을 살 적마다 맨 앞장에 '은총을 사모하라'를 쓰고 구입한 날짜를 적는 습관이 생겼다. 그리고 아이들이 내 곁을 떠나 멀리 있을 때 성탄 카드에도 종종 이 말을 써서 보내곤 하였다.

지금 생각해보면 그 때 나는 '은총'이라는 말보다 '사모'라는 말에 더 애착을 느껴 그 구절을 잊지 못한 게 아닌가 싶기도 하다.

은총을 사모하라.

나는 왜 이 말을 마음에 묻어두고 즐겨 쓰고 있을까?

천주교 신자인 나는 '은총' 하면 우선 '은총이 가득하신 마리아여!'가 자동적으로 입에서 흘러나온다. "은총이 가득하신 마리아여 기뻐하소서"로 시작되는 성모송을 우리는 정말 매일 수도 없이 되뇌기 때문이리라. 그리고 그분이야말로 은총을 받으실 자격이 있는 모든 이의 어머니로 여겨지기 때문이리라.

'은총'에 '사모하다'라는 동사가 붙기 이전에 내가 알고 있던 은총은 저쪽, 그러니까 초자연적인 초월자의 소관으로 인식되어왔다. 은총입니다, 은총을 많이 받으세요, 하는 말은 신자들 간에 흔히 쓰이는 덕담이고 인사다. 은총 받기를 원하고 은총 안에 살기를 바라는 것은 비록 신자들뿐만이 아니라 전 인류의 소망일 것이다. 이렇게 보편적일 수도 있으면서 또 한편으로는 까마득히 높은 차원의 것으로 보이는 '은총'이라는 것이 내가 사모할 수도 있는 대상이라는 데에 마음이 끌렸던 것 같다. 그렇다면 내가 사모하고자 하는 은총에 대해서 생각해보고 싶어진다.

  은총 자체는 아무래도 초자연적인 차원에 속하는 큰사랑인 것 같다. 이 세상에서 만들 수 있는 것은 아니다. 당장 우리의 오관으로 느낄 수 있는 것도 아니다. 그러나 대신학자 토마스 아퀴나스는 "은총은 자연을 거스르지 않는다"고 하였다 한다. 여기서 자연을 거스르지 않는다 함은 우선 물 흐르듯 순리대로라는 뜻으로 이해된다. 좀 더 깊이 생각해보면 은총이란 특별한 것이 아니고, 한 그루의 나무처럼 자연스럽게 생명의 흐름을 타고, 물과 바람과 햇빛 등을 얻어 열매를 맺고 또 때가 되면 잎을 떨구고 혹독한 겨울을 견디며, 또 때가 되면 새잎을 틔우는 그런 현상이라는 뜻도 있어 보인다. 허나 인간이 어찌 나무처럼 살아갈 수 있는가.

  사람은 누구에게나 무엇이든지 이루고자 하는 욕구가 있다. 자기 힘으로 해내려는 의지도 있다. 그래서 있는 힘을 다하여 목적 달성을 위해 매진해보지만 뜻을 이룬 사람이나 이루지 못한 사람이나 종국에는 일말의 허망감에 빠지지 않을 수가 없는 것 같다.

아마도 인간은 근본적으로 아무리 노력해도 이 세상 것으로는 다 채워질 수 없는 그 무엇을 갖고 태어난 때문이 아닌가 싶다. 그래서 영원한 생명이니 구원이니 하는 말이 있나 보다. 이런 의미에서 사람은 운명적으로 허점을 많이 갖고 태어난 영원한 미숙아인지도 모른다.

아오스딩 같은 성인조차도 하느님께 "당신을 알기 위하여 나를 알고 싶나이다" 하고 부르짖지 않았는가. 이미 성체로 오셨으나 형체가 없는 면형(麵形)인 연고로 인간은 그분을 알아뵙지 못하고 다만 애타게 그리워만 하는가.

나는 다행히 천주교에 인연이 닿아 젊은 날에 신자가 되었다. 신앙은 이미 은총이라니까 한 가지 은총은 받은 셈이다. 믿음은 깨달음으로 가는 출발점이라고 한다. 되돌아보면 믿는 마음도 내가 지어낸 건 아니다. 어떤 큰 흐름에 한없이 초라한 나를 그냥 맡기고 싶어졌을 뿐이었다. 아니 한없이 초라한 내 몸과 마음을 움직이는 그 무엇이 있었다는 편이 옳을 것이다.

하느님도 인간의 도움 없이는 인간을 구원하지 않으신다고 들었다. 허면 나의 구원을 위해 나는 그분 앞에 어떻게 있어야 하나. 가난한 마음으로 늘 그분을 사모하면 될까. 침묵은 하느님의 언어라 하니 침묵 중에 고요히 자신의 내면을 응시하면서 기다리고 있을까.

눈꽃 무릉도원

처음 보는 풍경인데 언젠가 아주 어릴 적에, 아니 또 먼 훗날에 본 적이 있는 듯도 싶은 이상스런 체험을 하고 있었습니다. 미래 얘기라면 당연히 예상이어야 할 텐데 다시 차분히 생각해봐도 그게 아니었습니다. 사람한테 미래의 기정사실이라는 게 있을 수 있더라구요. 심정적이기는 하지만 확신에 찬 느낌이었습니다. 만약 이승에서가 아니라면 저세상에서라도 꼭 한 번은 만나게 될 것 같은 그런 깊은 인상의 경관이었습니다.

그것은 강원도 용평 스키장, 곤돌라 타고 해발 1,458 미터 발왕산 정상에 거의 다다르려 할 즈음에 일어난 일입니다. 탑승 시간이 15분 정도이고 일명 레인보우 파라다이스라 불리는 차도(사실은 雪道)의 거리가 5.7 킬로미터, 그러니까 15 리가 다 되는 지상에서 꽤 먼 지점입니다.

침묵에 싸인 아름다운 설경은 언제나 내게 과거의 시간들 특히 지난해의 일들을 돌아보게 합니다. 큰 산을 뒤덮고 있는 눈의 흰색과, 잎을 떨구고 고요히 서 있는 나목들 사이로 리프트를 타고 천지를 둘러보며 올라가는 행위의 반복 때문인 것도 같습니다. 작은 점 하나라도 두드러지는 백지 위의 그림처럼, 그리고 온갖 무성했던 나뭇잎과 잡풀들이 다 사라져 본모습이 드러나는 나무처럼, 즐거웠던 값진 순간들이나 깊은 상처의 아픔, 게다가 낯 뜨거운 허물까지 생각지 않게 떠오르곤 합니다.

발아래 수크령 풀이 한 줌도 안 되는 눈을 이고 힘겨워 허리가 땅 가까이 휘어 있는 모습이 안쓰럽습니다. 깊은 골짜기 흰 눈 위에 작은 짐승의 발자국이 조르르 찍혀 있는 것을 눈으로 좇기도 합니다. 소나무 같은 상록수가 제법 많은 양의 눈을 후두둑 소리 나게 털어내고는 잔뜩 짓눌려 휘어져 있던 허리를 펴면서 산중의 적막을 깨치기도 합니다.

오늘 눈의 천국인 곤돌라 하차 지점 정상 부근에 시야 가득 온 산을 덮고 있는 저 눈부신 눈꽃나무 군락이 과거, 현재, 미래를 다 아우르는 초자연적 분위기로 나를 데려가는 것입니다. 순간 숨이 멎을 것 같았어요.

하도 특이한 체험이므로 시야 가득 설화(雪花)로 뒤덮인 꿈 같은 풍경에 넋을 잃다가 돌연 10여 년 전 안견(安堅)의 〈몽유도원도(夢遊桃源圖)〉 진본을 접하던 날의 충격이 떠올랐습니다. 그것은 예상보다 작은 크기였는데 진열장 안 은밀한 곳에서 특수 조명을 받고 있는 그 풍경화는 시공을 초월한 비경(秘境)의 진경(珍景)이면서 동시에 뭔지 있음의 본모습 같았다고나 할까요. 게다가 절세의 명필 안평대군의 화제(畵題), 초서에 가까운 행서로 멋들어지게 갈겨 쓴 '夢遊桃源圖' 진적(眞蹟)과 그림과의 신비한 조화! (지금 내 책상 앞에는 가표구한 원촌대의 복사품이 걸려 있다. 이 명필의 휘호(揮毫)는 나로 하여금 때때로 깊은 사색의 숲 속을 거닐게 한다.)

탈속한 중에 호방하면서 영감적으로 난초 치듯 가늘게 일필휘지(一筆揮之)한 걸작품은 그 날 안견의 진본과 나란히 있으면서 보는 이의 마음을 한없이 뜨겁고도 아픈 경외감에서 헤어날 수 없게 했습니다. 참 예술의 경지에는 다소 섬뜩한 기운도 있음을 새삼 느꼈습니다. 안견의 〈몽유도원도〉는 좌측으로 평범한 이승의 복사꽃 핀 마을을 거쳐 암산(巖山)의 기암괴석과 폭포를 한참 지난 곳 아주 깊은 동굴 안쪽에 저승인 듯 안개 자욱한, 연분홍 꽃이 드문드문 피어 있는 도원과 집 한 채가 있었습니다.

헌데 나는 지금 그림으로가 아니라 실물의 눈꽃 도원 위를 곤돌라 타고 몽유(夢遊)하는 것입니다. 배나 사과밭 과수들처럼 키가 자그마한 수백 수천 그루의 나무들이 일제히 꽃을, 그것도 눈이 얼어 약간 탁해 보이는 반투명의 눈꽃을 피우고 있는 것입니다. 옛날에 선비들이 설중매를 찾아 깊은 산중으로 탐매(探梅)하러 다녔다더니 매화뿐만 아니라 저런 설화(雪花)의 도원을 찾고 있었던 것은 아닌지.

안평대군이 꿈속에서 거닌 도원은,

사산벽립(四山壁立) 사방이 산으로 둘러싸여

운무암애(雲霧掩靄) 구름과 안개가 자욱이 서려 있고

　원근도림(遠近桃林) 멀고 가까운 복숭아나무 숲에는

　조영증하(照暎蒸霞) 햇빛이 비쳐 연기 같은 노을이 일고 있었다

했는데 이곳은 석양이 아니라 밝은 아침 햇살이 온 천지를 더욱더 기막힌 신비경으로 만들고 있었습니다. 보석보다도 훨씬 찬란한 갖가지 색채를 뿜어내고 있는 설원의 눈꽃. 그 빛이 하도 강렬하여 나는 눈을 뜨고 있을 수가 없어서 지그시 감았습니다. 이때 어디서 울려오는지 알 수 없는 아련한 메아리의 여운이 뇌리에 퍼지는 것 같기도 하고, 가슴에서는 살얼음이 조금씩 녹기 시작하는 듯도 싶더군요.

　눈꽃 무릉도원과 상봉한 것은 힘에 부치는 다양한 슬로프를 돌며 고독한 순례를 펼치던, 용평 스키장에서의 3박 4일 체류 기간 중 마지막 날이었습니다. 백색의 냉엄한 대자연 앞에서 육십이 넘은 작고 초라한 내가 스키라는 도구와 더불어 눈 덮인 산과 씨름하는 것이 주위 사람들에게는 왠지 안쓰러우면서도 무모한 도전으로까지 보이는 모양입니다. 특히 내 아이들이, 혼자서도 스키장에 머물기를 마다 않는 어미에게 욕심내지 말고 조심하라며 꽤 염려들을 합니다. 변덕스런 겨울 날씨와 싸우면서 뒤늦게 스키에 몰입하는 나의 행위가 혹시 저희들 5남매를 키우는 동안에 쌓인 스트레스 때문이 아닐까 지레짐작을 하고 있는 건지.

아닙니다. 이것은 결코 욕심 섞인 도전이나 스트레스 해소가 아닙니다. 혹한의 설산과 하나됨. 온전한 마음으로 한없이 차가우면서도 부드러운 그 품에 안기기 위하여 나를 닦는 것입니다. 냉염(冷艶)한 백설로 치장한 대자연의 품 안에서 숭고한 자유와 평화를 누리기 위하여 매서운 눈보라로 나를 닦아내는 것입니다. 잘 닦이기만 하면 이 스키 타는 수련에서 깨달음 비슷한 색다른 기쁨을 맛볼 수 있을 것임을 나는 알고 있기 때문입니다.

10여 년 전 내 생애에서 가장 힘든 세월을 보내고 있던 스키 초보 시절에도, 새하얀 대지의 칼바람 속에 숨어 있는 따뜻한 위로의 손길에 감지덕지하던 눈물겨운 기억을 소중히 간직하고 있으니까요. 그것은 지상의 나그네로서 누릴 수 있는, 차원이 조금 다른 신선한 행복감이었고 나약한 내게 과분한 생기를 불어넣어 주는 인생의 활력소였습니다.

어느 날 해발 1,500미터 정도의 겨울 산에 올라갔다가 우연히 무릉도원을 만나 감격하기도 하면서 하얀 산허리 15리 길을 스키 신고 훨훨 보기 좋게 내려가려는 게 무슨 욕심이겠습니까. 이것은 은총입니다. 육십 평생 동안의 내 작은 수고에 대해서 주신 큰 선물이라고 생각합니다. 그러니까 나는 더욱더 좌절하지 말고 꾸준히 성실하게 갈고 닦아 자세가 바르고 충실한 스키 수련생이 돼야 하는 것입니다.

며칠 전 내 개인 코치랄 수 있는 친정 동생을 스키장에서 만났더니 '스키의 방향을 임의대로 조작하려 들지 말라'고 뒤를 바짝 따

라오며 소리쳐대더군요. 그냥 적당한 타이밍에 무릎만 깊이 넣고 기다리면 플레이트가 알아서 제 길 찾아 흘러갈 텐데, 누나는 지상에서 걷던 습관대로 잠시라도 바로 서보려고 기를 쓴다나요. 이곳은 평면이 아닌 사면이니까 몸과 마음이 평지에서와는 전혀 다른 자세를 취해야 한다는 거죠.

슬로프의 경사가 급할수록 내 힘으로 하려 들지 말고 스키의 흐름을 타는 고난도 기술이 필요함을 모르는 바는 아닌데……. 아아, 상급자 코스에서도 자연스레, 긴장하지 않고 즐기며 춤추듯 리드미컬하게 내려올 수 있는 날이 진정 내게 차례 올 것인가?

잠시 후면 이 설원을 떠나 꼬불꼬불 15리나 되는 '무지개 낙원(Rainbow Paradise)' 길을 내려가야 할 나는, 동생의 말을 상기하며 심호흡을 합니다. 평지에서와는 180도 다른 균형감각을 심신 공히 익히는 일. 자칫 방심하면 나가떨어져 심하게 다칠 수도 있는 가파른 설도(雪道)를 달려야 하는 마당에 말입니다.

신비한 설화도원(雪花桃源)을 두고 가기가 아쉬워 전에 없이 한 시간 넘어 찻집 창가에 앉아 눈 세상을 내려다보며 따끈한 커피를 마십니다. 이 꼭대기 상상봉에 어떻게 이리도 번듯한 집을 지었을까요. 천장에 울긋불긋 '드래곤 피크(Dragon Peak)'라 쓴 끝이 뾰족한 헝겊 기가 펄럭이고 사골우거지탕, 곰탕, 김치찌개, 어묵, 우동, 커피 등등 없는 게 없습니다.

이곳은 아래쪽 산에 눈이 많아 내심 잔뜩 기대하고 올라와 보면 웬일로 강풍이 쌩쌩 몰아닥쳐 나무에는 눈도 별로 없고, 정상 평지에 가만히 서 있기도 힘들어 곧바로 서둘러 내려가게 되는 날이 많습니다. 비바람에 두들겨 맞아서 그런지 밑동만 남고 가지는 다 꺾여 보기 흉한 고목, 한쪽으로 일그러진 비정상적인 나무들도 심심찮게 보입니다. 앞을 분간할 수 없을 정도의 짙은 안개가 갑자기 나를 둘러싸고 있는 가운데, 바람이 보이고 구름이 만져지는 듯한 느낌이 들 때도 있으니까요.

한데 오늘은 정반대였습니다. 아래쪽 나무에 앉은 눈은 따뜻해진 기온과 미풍에 날려 거의 사라졌는데 뜻밖에도 반투명 눈꽃으로 치장한 천상의 설화도원(雪花桃源)이 나를 초차원의 세계로 이끄는 것입니다. 이 아니 고맙고 즐겁겠습니까. 이 아니 신명이 나지 않겠습니까.

원숭이 해 갑신년도 어느새 두 달이 훌쩍 가버렸습니다. 때늦은 폭설이 내리는 틈틈이 눈 녹는 소리에 섞여, 한겨울에는 못 듣던 작은 새소리가 어디서 들려옵니다. 경칩이 얼마 남지 않은 2월말. 이제는 스키철도 한물 가 썰렁하니 쓸쓸하네요. 드문드문 차를 마시는 사람, 이른 점심을 먹는 사람. 음료수 자판기 옆에 일회용 카메라 무인 판매대가 보여 만 원 한 장을 넣고 장난감 같은 사진기를 손에 쥡니다. 낯선 사람들 틈에 판매대 두서넛이 우두커니 서서 나를 상대해 줍니다.

멀리 반투명 눈꽃으로 뒤덮인 설화도원을 몇 장 사진기에 담아 봅니다. 밖은 바람이 매섭군요. 한 고목 옆에 서서 지나가는 사람한테 부탁하여 나도 한 장 찍습니다. 그리고 하늘과 구름과 땅의 기운을 마시듯 천천히 심호흡을 합니다. 발왕산 정상에 서서 겹겹으로 굽이굽이 물결치듯 흘러가는 산맥의 굵은 능선들을 훑어봅니다. 곁의 산 하얀 바탕에다가 나목 가지들이, 마치 붓 털 하나하나인 듯 총총히 모여 서서 그려내는 독특한 선입니다. 창조주의 솜씨인 이 웅장한 동양화는 아무리 오래 보아도 질리지 않지만, 나는 고글과 모자를 고쳐 쓰고 스키복에 달린 후드의 끈을 조인 다음 스키를 장착하고 떠날 준비를 합니다. 떠나야 할 시간이 된 것입니다. 곧 통과해야 할 초입의 험한 눈길 위에 내 스키가 긋고 내려갈 그림을 미리 눈으로 그려봅니다. 15리 길이라지만 하늘과 구름과 설경에 취하여 이 생각 저 생각하면서 쉬엄쉬엄 내려가도 10여 분이면 족할 겁니다.

잘 있거라 무릉도원이여! 오늘 나는 운 좋게도 꿈 같은 신비경을 만나 호연지기를 얻어 편안한 자세와 유쾌한 마음으로 춤추듯이 훨훨 내려가련다. 이 순수한 기쁨이 부디 오랫동안 간직되기를 바라면서…….

2004년 3월

태풍 지나는 장터목에서

국립공원 제1호 지리산.

이 산을 종주하기 위한 징검다리로 장터목 대피소가 있다. 지리산 등반이라는 공통의 목표를 가진 100여 명의 사람들이 함께 하룻밤 쉴 수 있는 곳. 여기 많은 젊은이들 가운데 이색적인 그룹인 이순(耳順)의 여인네들 틈에 내가 낀 것이다. 지난 9월 초의 일이다.

남해안의 태풍 예보가 아주 없었던 것은 아니나 대수롭지 않을 것으로 보도되어 큰맘 먹고 떠난 '심미회(尋味會)'의 산행이다. 더구나 리더의 휴가에 맞춰 어렵사리 장터목과 연하천 두 곳 대피소의 숙박 예약을 마친 터라 일정을 변경한다는 것이 그리 쉬운 일도 아니다.

초저녁부터 안개비 섞어 자욱이 휘감아 도는 기류가 심상치 않더니 밤이 깊어갈수록 산장의 작은 창을 두드리는 바람 소리는 괴이쩍었다. 그야말로 귀신이 우는 소리라 해도, 아니면 큰 산 산신령이 노해서 호령호령하는 소리라 해도 아니라고 우길 도리가 없을 지경. 높고 깊은 산을 휩쓸고 다니는 태풍은 바람치고는 그 차원과 스케일이 전혀 다름을 처음 알았다.

　마침 통나무 다락방 맨 귀퉁이 창가 자리에 여장을 풀게 된 나는 태초의 카오스 한복판에 던져진 듯 어지러웠다. 허나 아무리 천지개벽하듯 비바람이 아우성쳐도 새벽에 서울을 떠나 6시간이나 험한 산을 올라온 나의 심신은 곧 수마(睡魔)의 유혹에 빠져들었다. 꿈도 없는 깊은 잠이었다.

　젊은 시절에 나는 등산이라는 것을 생각해본 적이 없다. 지천명(知天命)하라는 나이가 되자 비로소 산이 내 시야에 들어왔다 할까 나와 인연이 닿았다 할까.

　그때 마침 고향 사람들이 만든 산악회에 끼게 되어 한 달에 한 번이지만 여러 해 동안에 밟아본 산이 제법 많다. 그 중 1년에 한두 번, 힘은 들었지만 무박으로 꽤 멀리 있는 큰 산을 난생 처음 가보기도 했다. 새벽 서너 시경 잠에서 깨어 낯선 산등성이에 여럿이 웅성웅성 내려서면 하늘 가득 별이 박혀 있고 새벽달이 잠든 대지를 조용히 내려다보고 있을 때도 있었지. 14, 5세 무렵 홀로 밤길을 많이 걸어본 경험이 있는 나는 먼동이 트기 직전의 산골 풍경, 그 깊은 정적의 냄새랄까 숨죽인 듯한 적막한 분위기에 남다른 감회를 간직하고 있다.

　심미회는 취향이 비슷한 친구들끼리 황혼기로 접어든 우리의 삶을 재미있고 뜻 있게 보내보자는 생각으로 모인 8인 그룹. 이름을 지으라는 친구들 성화에 대한한사전(大漢韓辭典)까지 꺼내들고 여러 날 고심 끝에 내가 붙인 이름이다. '尋昧'에는 '깊은 뜻을 찾아 구함. 文章의 뜻이 깊음.' 이런 풀이도 있었지만, 나는 아름다울 '美'가 아닌 맛 '味(taste)' 자에 더 끌렸다.

아무튼 이 나이에 전원이 등산할 수 있는 몸과 마음이라는 것도 고맙고 신기한 일 아닌가. 재작년 봄 심미회의 성공적인 설악산 대청봉 등반을 거울삼아 어느 정도 자신감을 가지고 2박 3일의 지리산 종주를 계획했다.

몇 시쯤이나 되었을까. 바람이 잦아들었는지 사방이 고요한 가운데 잠이 깨었다. 아래층에서 얼기설기 배낭을 벤 채 잠에 곯아떨어진 70여 명의 젊은이들과, 나무계단 위로 누마루처럼 설계된 위층 여자들의 자는 모습이 희미하게 보인다. 순수한 열정으로 산을 찾은 나와 한 배를 탄 소중한 사람들. 한 공간에서 이렇게 많은 인원과 함께 잠을 잘 일이 내 평생에 또 있을까. 노아의 방주는 아니지만 태풍으로부터 안전하게 보호를 받고 있는 건장한 젊은이들이 대견하면서 가슴이 쩡할 정도로 정이 간다.

조심조심 층계를 밟고 내려와 밖으로 나온다. 어둠 속에서 가랑비가 바람에 쏠려 확 얼굴에 닿는다. 차갑다. 별 하나 구경할 수 없는 하늘을 우러르며 심호흡을 하는데 다시 태풍이 이는지 나무들의 수런대는 소리가 높아진다. 달덩이만 한 가로등 몇이 등대인 듯 짙은 안개와 폭풍 속에서 뿌우연 빛을 발하고 있다. 덩치가 큰 나무들이 몸을 흔들며 잉잉 울어대는 한밤중의 지리산이 왠지 사문(沙門)들이 머무는 성림(聖林)이나 되는 것처럼 경건하게 느껴진다. 긴 세월 이 산이 견디었을 풍우한설과 무수한 인간들이 밟고 지나간 그 사연 많은 여정을 헤아려본다.

 별천지 같은 이 광활한 적막강산, 비바람과 안개로 뒤덮여 있는 깊은 침묵의 바다 한복판에 티끌인 듯 작은 내가 서 있다. 나는 누구인가? 태풍으로 울부짖는 한밤중의 해발 1,800 미터 송림 속에서 마음의 평정을 누리고 있는 이 사람은 누구인가? 선과 악, 슬픔과 기쁨, 고뇌와 행복, 사랑과 증오 이 모든 것을 가슴에 끌어안은 채 자기 모순에 허덕이고 있는 이 사람은 정녕 누구란 말인가? 흘러가는 삼라만상에 둥지를 틀지 말자. 우리는 잠시 머물다 떠나야 하는 지상의 나그네인 것을.

 날이 밝자 간밤의 거센 비바람은 가고 조금씩 내리는 실비도 곧 멎을 듯한데 하산 명령이 떨어졌다. 더 큰 태풍이 먼바다에서 북상하고 있으니 지정해준 세 군데 코스로 오전 8시 이전에 떠나란다. 모두들 한마디 불평도 없이 짐을 꾸리며 서로 다정하게 인사를 나누는 모습이 딴 세상 사람들 같다. 이 광경을 보면서 목자를 믿고 따르는 순한 양 떼를 떠올렸다면 나의 연상이 조금 지나친 것일까.

 가랑비는 멎고 골짜기에 자욱한 운해(雲海)와 검푸른 준령에 걸쳐 있는 보랏빛 구름이 한 폭의 선경화(仙境畵)다. 지리산 종주의 꿈은 무산되었어도 이번 산행은 내 삶에 풍미(豊味)를 더해준 뜻밖의 활력소였다.

 우리는 전라도 백무동 쪽으로 입산했으므로 이번에는 경상도 진주 방향의 중산리를 향해 하산을 서둘렀다. 이 장터목은 예부터 전라도와 경상도, 충청도 상인들의 상거래로 장이 서던 곳이라 한다. 내 배낭에 뭔지 귀중한 것을 담아 가지고 이곳을 떠나는 것 같은 느낌이다.

 잘 있거라 장터목이여! 태풍 속 들뜬 객심을 잠재워준 마음의 쉼터로 너를 길이 기억하리라.

2004년 12월 31일

추억의 개츠비와 베토벤

음악은 시간을 잊게 한다. 먼 과거나 미래를 현재에 담아낸다.

음악은 자유자재로 의식의 바다 위를 떠돌며 어두운 기억의 골짜기 골짜기에 생기를 불어넣는다.

나는 지금 빌헬름 켐프의 연주로 베토벤의 〈피아노 협주곡 3번 C단조〉를 듣고 있다. 베토벤 전문가라 할 수 있는 켐프의 엄정하면서도 명상적인 연주를 나는 좋아한다.

설렘과 자신감이 넘치는 당당한 1악장이 끝나고 잠시 정적 속에 머물다가, 아주 느리게 전개되는 2악장의 맑고 신선한 풍경 속에서 어느 날의 소중한 기억 하나를 건져 올린다.

어쩌다 모교의 캠퍼스를 생각할 때면 왠지 음대 쪽 중강당이 떠오른다. 그곳에서는 가끔 과 채플을 한 기억과, 우리 학년 음악회 '리틀 콘서트'를 할 때 독창 반주자로 참여했던 적이 있기는 하지만 그보다도 중강당이 내가 각별한 일을 겪었던 추억의 장소이기 때문이리라.

수업이 끝나고 별 일이 없는 오후에 언제부터였는지 더러 중강당 구석 의자에 누워서 책도 읽고 낮잠도 자고 그랬다. 1960년대 초의 중강당은 그 시간에 비어 있는 때가 많았고, 팔걸이가 양쪽 끝에만 있는 널찍하고 긴 나무의자는 나를 편히 쉬게 해주었다. 오래된 돌집이라 시원했고 고색창연한 유리창에 석양빛이 곱게 비치면 너무 밝지도 어둡지도 않은 알맞은 조명에 책을 읽기도 편했고 엎드려 글을 쓰기도 괜찮았다. 강당 근처를 오가는 학생들의 부산한 기척이 뚝 끊기고 갑자기 조용해지면 천장을 바라보고 누워 있다가 스르르 잠이 들 때도 있었다. 이 소리 저 소리가 끊임없이 들리기 때문인지 낯선 곳을 헤매는 이상한 꿈을 꿀 때도 있지만 대개는 잠깐 동안만이라도 아주 달게 눈을 붙이곤 했다.

땅거미가 질 무렵 보라색으로 변한 노을이 유리창 밖에 내리는 것을 강당 안에 누워 바라보노라면 내 안의 쓸쓸함이 사랑스러워지는 것 같은 야릇한 느낌에 젖어 미동도 안하고 웅크리고 있다가, 어느 틈에 밀려든 어둠에 놀라 서둘러 그곳을 나오게 되는 날도 있었다. 강당 밖 교정에서 삼삼오오 예쁘게 단장하고 외출하는 기숙사생들과 마주치면 이들을 딴 세상 사람인 양 바라보게 되고, 이때 아는 친구가 보이면 왜 그랬는지 슬그머니 피했다.

그 무렵 나는 방이 딱 둘뿐인 서대문 영천 꼭대기 작은 집에서 동생과 삼촌 그리고 할머니와 어렵게 지내노라 심신이 늘 피곤했고, 책상 놓을 자리도 변변히 없었으므로 해지기 전에 귀가하기를 꺼려했었지.

"때에 들어와 밥도 먹고 그래라." 아침에 집을 나설 때면 할머니가 늘 내게 하시던 말씀.

　몇 학년 때였는지 피츠제럴드의 『위대한 개츠비』를 나영균 선생님 시간에 공부할 때, 열악한 환경 탓인지 대저택에서 화려한 파티를 자주 열고 있는 개츠비 얘기가 흥미로웠다. 아름다운 강가의 넓고 푸른 정원에서 별이 빛나는 밤하늘 아래 젊은 남녀들이 샴페인을 터뜨리며 담소하는 정경이 눈에 선했다. 귀가하는 이슥한 밤에는 언덕 위 영천 집 대문 앞에 서서 현란한 서울의 야경을 바라보는 습관이 내게 있었다. 평소와 달리 밤안개가 자욱한 날은 멀리 남산을 비롯한 서울 시내 고층건물의 물 머금은 불빛들을 바라보노라면, 개츠비가 넋 놓고 강 건너 첫사랑 데이지네 집 파란 불빛을 바라보고 서 있는 모습이 떠오르곤 하였다. 까다롭고 어려운 콘라드나 조이스나 버지니아 울프가 아닌 비교적 부드러운 미국 소설 『위대한 개츠비』를 들고 다니며 즐겨 읽었던 생각이 난다.

　아무튼 그날도 강당 창가 의자에 누워 개츠비를 보다가 잠이 들었던지 웬 피아노 소리에 놀라 눈을 뜬 내가, 바닥에 떨어져 있는 펭귄북 회색 겉장 『위대한 개츠비』를 바라보며 그냥 누운 채로 심금을 울리는 선율에 귀 기울이던 기억이 난다. 그것은 두 대의 피아노였다. 둘이 서로 번갈아 피아노 파트와 오케스트라 파트를 치면서 호흡을 맞추는데, 악장 사이사이 두런두런 몇 마디 하고는 다시 열중해서 콘체르토에 빠져들곤 했다.

　피아노! 나도 한때 음대 기악과를 지망했던 적이 있었지, 힘이 달려 포기하긴 했지만. 이래저래 나는 미련을 가지고 가끔 음대 연습실 복도를 기웃거렸다. 문이 꽉 닫힌 방 안에서 성악과 학생들의 기를 쓰는 듯한 발성 연습 소리, 피아노를 정신없이 두드리는 사이사이 어디선가 바이올린, 비올라, 첼로, 목관악기 등으로 시끄러운 난장판 같은 곳에서, 넘쳐나는 음악의 활기를 느끼고 미소 지으며 서성였다.

나중에 확인한 바로는 그날 두 학생이 밤이 깊도록 연습하던 곡은 베토벤 〈피아노 콘체르토 3번〉과 〈4번〉, 아니 〈3번〉과 〈2번〉이었던가? 좌우간 그날 이후 얼마 동안은 인사동에서 종로 1가로 옮겨온 르네쌍스에 가기만 하면 베토벤 〈피아노 협주곡 3번〉이 나의 단골 신청곡이었다.

많은 추억이 서린 르네쌍스! 그 당시에는 오디오 기기가 있는 집이 드물어 르네쌍스나 가야 클래식 음악을 실컷 들었는데, 용돈이 궁하던 나는 한번 들어가면 통금 전 마지막 곡 브람스의 〈자장가〉가 나올 때까지 앉아 있기도 했다. 한 남자 친구는 내게 '르네'에서 만나자는 엽서를 가끔 학교로 띄웠고, 노상 슈베르트 〈겨울 나그네〉 가사를 독일어로 외우고 다니던 영문과 친구는 '쌍스'에서 만나자고 했다. 아마 4·19 무렵 음악을 즐기던 사람치고 르네쌍스에 얽힌 추억이 없는 이는 없으리.

초여름 밤 가난한 내게 그토록 황홀한 시간을 갖게 해준 그 학생들은 지금 어떤 모습으로 어디에 살고 있을까. 아, 그해 가을 낙엽이 교정을 휩쓸던 학년 말에, 나는 음대의 마지막 음악회에서 키는 자그마하고 총명해 보이던 그 학생이 음대 오케스트라와 바로 그

곡 〈3번〉을 대강당에서 협연하는 걸 또 감명 깊게 들었다. 두 번이나 무료로 내게 베토벤의 진수를 맛보게 해준 그 순수한 노고가 인연이 되어서인지 40년이 지난 지금까지도 베토벤을, 특히 〈피아노 콘체르토 3번 C단조〉를 사랑하며 잊지 못한다.

 오늘도 나는 이 곡의 전 악장을 되풀이 듣는다. 아주 느린 2악장의 단순한 듯하면서도 슬픔이 배어 있는 피아노 선율을 따라, 멀리 무지개가 보이는 신비의 땅을 향해 천천히 그러나 쉬지 않고 걸어가려 한다. 마지막 3악장의 목관악기들, 살아 있는 자연의 소리를 닮은 플루트, 오보에, 클라리넷, 바순, 호른 등은 제각기 다른 독특한 음색으로 나를 은밀한 행복감에 젖어들게 한다. 조용히 흐르는 시냇물에 비친 아침 햇살과도 같이 끊임없이 생기를 실어 나르는 뭇 악기들의 소리의 향연. 여기서 나는 북을 치듯 둥둥둥 울리는 피아노의 독특한 리듬에 발을 맞추며 순진한 어린아이가 되어 영원과 닿아 있는 저 언덕 너머로 즐겁게 달려가게 되기를 기원한다.

 지난 5월 둘째 며느리가 학위를 받는다 하여 뉴욕에 갔다 돌아오는 길에, 미국에 거주하는 옛날 친구들 몇을 만났고 그중 몇 집에서는 2, 3일씩 묵었다. 초창기에는 고생을 많이 했다지만 지금은 다들 넓은 정원에 번듯한 집을 지니고 안정된 생활을 하고 있었다. 바람에 춤을 추는 울창한 정원수와 푸른 잔디를 바라보며 우리는 옛날 학창 시절로부터 현재의 종교적인 문제, 외국인과 더 가깝게 지내는 자녀들의 혼사에 관한 일 등 다양한 이야기를 깊이 있게 나누었다. 이들도 한국의 나처럼 30년 넘게 한 집에 살고 있었고, 그들이 손수 심은 묘목들도 잘 자라 지금은 훌륭한 울타리가 되고 있었다.

문학을 지망하는 많은 학생들에게 영미소설의 묘미를 맛들이게 해주신 나영균 선생님. 그들 대부분이 나 선생님 안부를 궁금해 했고, 내가 닷새나 묵은 시애틀 친구는 선생님 강의가 가장 기억에 남아 있다면서 소설의 주인공이 마치 자기인 양 스토리에 마음을 빼앗기며 책에 심취하던 그 시절이 참으로 그립다고 했다. 자기가 처음 이민 온 1965년경 롱아일랜드 쪽 대로변에서 소설 『위대한 개츠비』에 나오는 푸른빛을 띤 '에클버그' 박사의 눈 간판을 보았다는 것이다.

"그것은 낡은 대형 간판으로 노란 테 안경 너머 푸른 눈을 분명히 보았는데, 나중에 개츠비네 집 진입로 부근의 입간판 생각이 나서, 다시 찾아보려고 무진 애를 썼지만 끝내 못 찾고 말았어."

"너 혹시 꿈에서 본 것 아냐?"

"천만에! 그날 파란 눈이 분명 나를 보고 있었어."

밴쿠버에서 열리고 있는 졸업 38년 만의 동창회와 우연히 날짜가 맞아서 뒤늦게나마 참석하려고 나를 싣고 달리는 시애틀 친구는, 40여 년간 백인사회에 살다 보니 피츠제럴드나 콘라드, 조이스 소설에서 본 것과 흡사한 인물들이 많이 눈에 띄더란다. 소름끼치게 비겁한 이, 의협심이 강하고 착한 이, 섬세한 기질의 천재적인 어린아이, 너무 로맨틱해서 비극적인 청년……, 소설 같은 인생. 하기야 사람 사는 이야기의 정수를 뽑아 담은, 한 특수한 형식이 소설 아니겠나.

밴쿠버는 5월 말인데도 눈 덮인 바위산들이 저 멀리 구름 너머로 보이는 이색적인 도시였다. 친구 몇 명이 호텔 로비에 나와 우리를 기다리고 있다. 이십대 초반 활기 넘치는 아름다운 캠퍼스에서 4년 동안을 함께 지냈다는 이유만으로 40년 가까운 세월을 그냥 훌쩍 뛰어넘는다.

"야! 너 선숙이지? 명환아! 계자야!"

서로 서로 번갈아 껴안곤 빙글빙글 돈다. 저녁을 먹고 차를 마시며 밤이 깊은지 날이 새는지도 모른 채 그동안 살아온 이야기들을 나누노라니, 시간은 이미 시계에 의해서 측정되는 세계 공통의 그런 시간이 아니었다. 그것은 우리의 마음 안에 언제까지고 남아 있을 색다른 순간들의 집합, 과거, 현재, 미래를 두루 담고 있는 침묵의 바다와도 같은 신비한 시간의 밤이었다.

이승에서의 인연의 끈을 매개로 그 밤은 나 자신의 삶 저 너머로까지 뻗어나가는 듯한 묘한 느낌의 한때, 어쩌면 시간의 구애를 받지 않는 그 순간들이 영원한 현재로 나에게 남게 되었는지도 모르겠다. 지금도 나는 신선한 감동을 주며 끊임없이 흐르는 베토벤 〈피아노 콘체르트 3번〉의 선율에 실려 많은 추억이 서린 의식의 바다 위를 조용히 떠다니고 있다.

2002년 8월

설원(雪原)의 아리랑

 석양이 곱게 물든 설원에 아리랑이 울려 퍼진다. 스키장 마감 시간이 임박했음을 알리는 신호 음악이다. 용평 스키장은 딴 곳과는 달리 요란스런 음악이 온종일 전혀 없어서 아주 좋다. 이른 아침 리프트가 작동하기 전부터 피아노나 바이올린의 아름다운 선율이 한동안 스키장을 어루만지다가 어느 틈엔지 슬그머니 끝나고 나면 한낮에는 조용하다. 그러다가 오후 4시 반이 가까워지면 아리랑의 구성진 멜로디로 긴 하루의 마감을 알려온다.
 리프트에 오르며 해발 600에서 1,000 미터가 넘는 다양한 슬로프들을 돌아보노라면 언제나 전율과도 같은 짜릿한 긴장감이 온몸을 감싼다. 아무리 오래 보아도 싫증 나지 않는 끝 간 데 없이 펼쳐진 설경과, 스키를 타면서 내려오는 각양각색의 사람들을 바라본다. 축복 받은 시간이다. 고요한 가운데 주의 기도와 성모송으로 이어지는 묵주기도를 바치며 감사하는 마음으로 리프트에 앉아 있을 때가 많다.
 오늘은 아침부터 기분 좋은 출발이었다. 투명한 쪽빛 하늘에 떠 있는 눈덩이 같은 구름 사이로 눈부신 햇살이 쏟아지는데 밤새 내린 눈으로 설질(雪質)은 최상. 3월 중순인데 눈이 푸짐하게 내려서 스키어들을 즐겁게 했다. 겪어보니 3월에 한두 차례 눈이 꼭 내리는데 방학이 끝난 시점이라 사람이 많지 않아, 나 같은 사람이 연습하기에는 안성맞춤이다. 그리고 꽃샘추위로 영하의 기온이지만 겨우내 움츠리고 있던 대지에 봄기운이 감돌아 맨살에 와 닿는 쌀쌀한 바람이 상쾌하다. 이것은 눈 속에 숨어 있는 봄의 전령(傳令)과 노니는 것 같기도 한 신선한 감촉이다. 기분 좋을 때면 저절로 흥얼거려지는 슈베르트의 〈세레나데〉를 나직이 불러본다. '라이제 훌레에엔 마이네 리이데 두우르디 나아흐트 주디일.' 유일하게 외우고 있는 원어 가사로 슈베르트를 생각하며 마지막 '베 글뤼이 케 미히'까지 부르고 나면 끝에 닿는다.

혼자서, 설원에서, 하늘을 바라볼 수 있는 대자연 속에서, 휴식하면서 운동을 하는 스키의 매력. 과격한 운동 과정 속에 휴식이 필수적으로 포함되어 있는 스포츠가 이것 말고 또 있는가? 리프트가 없던 일제 시대 때에는 초저녁부터 밤새 무거운 짐들을 제각각 메고 올라가서 쉬다가, 이튿날 한차례 스키를 신고 하산했다 한다. 리프트의 출현은 스키의 혁명이다. 딴 운동과 달리 파트너 없이 혼자서도 연습하고, 즐길 수 있다는 점이 무엇보다 나를 여기에 몰두하게 하는 요건이다.

나는 나이 50이 넘어 남편의 권유로 스키를 시작했다. 처음엔 너무 두렵고 힘들어 몇 번이나 포기하려 했었는데 그런 고비 때마다 주위 사람들의 도움 덕분에 어찌어찌 예까지 온 것이다. 불과 4년 전 처음 스키를 신고 걸음마를 배울 때 리프트 타고 올라가는 사람들의 뒷모습이 퍽 인상적이었다. 그리고 보면 나는 스키 타는 것보다 리프트 타기를 더 즐기는지 모르겠다. 허나 리프트를 높이, 멀리, 신나게 타려면 올라간 거기서부터 어쨌든 혼자의 힘으로 내려와야 된다. 그러니 리프트를 즐기기 위해서도 불가불 스키 타는 기술을 익히는 도리밖에 없다.

스키는 나에게 많은 것을 가르쳐준다. 겉보기에는 두 발 나란히 딛고 있지만 막상 가는 것은 한 발씩 홀로. 옆의 것은 언제나 보조다. 욕심내고 자기 의지대로 스키를 조정하려 하면 다치거나 넘어지기 십상. 어디까지나 스키 자체의 흐름에 몸을 실어 스키와 하나가 되는 연습을. 여기에도 겸손, 인내, 집중, 완급조절 그리고 끊임없는 연습 또 연습 등 인생에서 필요한 모든 것이 다 들어 있다.

3월의 스키장은 한산하다.

입구에 수문장들처럼 주욱 늘어서 있던 초대형 얼음 조각들도 모두 간 곳이 없고 활기 넘치며 북적대던, 운동장처럼 넓은 음식점 '눈마을'도 문을 닫았다. 어쩌면 올 시즌의 마지막이 될지도 모르는 오늘의 이 스키 여행에 한 가닥 아쉬움을 간직한 채 아리랑의 잔잔한 멜로디를 허밍으로 나직이 따라 해본다. 종일 수십 번을 타고 내린 리프트지만, 전자음악으로 여러 악기 소리가 뒤섞인 이 묘한 음색의 아리랑을 들으며 올라가는 느낌은 조금 색다르다. 뭐랄까. 퇴장하는 주인공의 뒷모습에서 풍기는 애감(哀感) 같은 것. 원래 이

멜로디 자체가 약간 청승조인 때문이기도 하겠지. 아무튼 어렵사리 마련한 2박 3일의 일정이 끝나고 내일은 오전 중에 이곳을 떠나 집으로 돌아가야 한다. 뜻밖에 풍성한 강설량으로 하여 한겨울보다 더 좋은 눈을 두고 떠나기가 정말 아쉽다.

산과 나무 그림자가 하얀 눈 위에 길게 놓이고 스키를 타고 내려오는 사람들의 수도 훨씬 줄었다. 나는 반사적으로 손목시계를 들여다보며 마지막 리프트를 탈 수 있도록 시간 조절을 하려고 평소보다 약간 스피드를 낸다. 업업업 다운다운다운 어업 - 다아운 - .

운 좋게도 간발의 차로 마지막 리프트에 올랐다. 저 높은 상급자 코스에서 아주 안정된 자세로 알맞은 리듬을 타고 부드럽게 내려오는 몇 사람을 바라본다. 보기 좋은 간격으로 서둘 것도, 게으름을 부릴 것도 없는 적당한 속도다. 아름답다. 저쯤 되면 내가 보기에는 스키의 달인들이다. 나는 언제쯤 저 코스에서 저렇게 자유로울 수 있을까. 오는 시즌부터는 나도 안정되고 보기 좋은 자세로 리듬을 타는 스키어가 될 수 있도록 노력해보자.

어느 틈에 아리랑의 여운도 다 사라지고 이 리프트에는 내 앞에 몇 명이 드문드문 있을 뿐 내 뒤에는 아무도 없다.

'여기는 해발 1,049 미터입니다.' 이렇게 쓰여 있는 나무 팻말 앞에 잠시 혼자 서본다. 마지막까지 남아 있던 두 사람마저 내려가고 나니 삽시간에 시간이 정지된 듯한 절대 정적 속에 휩싸인다. 석양의 잔광이 먼 산 뒤에 남아 있을 뿐 인근의 첩첩 산에는 흰 눈과 부우연 안개로 어스름하다. 다만 나목들의 가지런한 끝가지들이 능선 따라 백색 화선지에 그려진 아름다운 한 폭의 동양화처럼 자연스런 선으로 부각되어 온다.

  1,049 미터 정상에 홀로 섰습니다.

  세상에서의 잡다한 번뇌는 다 티끌이겠지요?

  깊은 침묵 속에 묻혀 있는 장엄하고도 아득한 설경을 한동안 넋놓고 내려다보다가 나는 심호흡을 몇 번 하고는 속세를 향하여 출발한다.

1996년 3월

서울 사직공원

나는 종로구에 있는 사직공원 근처 필운동에서 유년기를 보냈다. 만 다섯 살에 8·15 해방이 되었으므로 일제 시대 말기의 음습한 분위기를 다소나마 짐작한다. 식량이나 생필품을 배급에만 의존하여 궁핍하기 짝이 없던 시기. 등화관제 때문인지 어두운 색 방장(房帳)이 늘 창문에 드리워 있고, 공습경보 사이렌이 울리면 방공 연습으로 온 가족이 불안감에 젖던 희미한 기억. 당시 경복중학교 5학년에 다니던 삼촌이 왜경에게 잡혀가던 날의 절망적인 집안 분위기까지 겹쳐 내 맘속 깊은 곳에는 일제에 대한 강렬한 반감 같은 게 제2의 천성처럼 깔려 있다.

일본 천황이 항복하고, 후줄구레한 흰옷 차림으로 바싹 여윈 삼촌이 돌아오던 날 언니 손 잡고 밖으로 나온 나는 미친 듯이 만세 부르며 아무나 얼싸안고 춤추는 거리의 인파에 깜짝 놀랐다. 얼마 후 이상하게 생긴 서양 병사들이 총독부(중앙청) 담에 긴 다리를 늘어뜨리고 죽 걸터앉아 웃으며 질겅질겅 껌을 씹는 모습에는 또 얼마나 기겁을 했던지. 요즘도 중앙청 앞을 지날 때면 60여 년 전 혼란기의 그 시절이 아련히 떠오른다.

해방되던 다음 해 초봄 막내 동생 출산 후 갑자기 어머니가 돌아가시어 충청도 산골 할머니 계신 곳으로 내려갈 때까지 살았던 서울은 암울하고 슬픈 곳으로 뇌리에 남아 있다. 학교에 다니던 형제들은 서울에 남고 나부터 아래로 3남매만 시골로 내려갔다. 일제시대 말기의 학정과 궁핍이 내 어머니의 죽음과 무관하지 않을 것이라는 실감에 찬 심증 때문인지, 내 인생 초반에 결정적인 악역으로 끼어든 일본에 대해서 지울 수 없는 적개심 같은 것도 있다.

그래 그런지 아직도 일본 땅은 밟아볼 마음이 영 없고 일본 문자 읽는 것조차 의식적으로 익히지 않았을 뿐만 아니라 개천용지개(芥川龍之介)니 태재치(太宰治)니 소림수웅(小林秀雄)이니 이등방문(伊藤博文)이니 하는 식으로 무식하게 한국 발음으로 그들을 호명한다. 일본 발음을 입에 올리기가 싫다. 그냥 무조건 싫다.

입학 적령기가 닥쳐 시골에 오자 얼마 안 있어 초등학교 생활이 시작된 그 시절부터, 언니 오빠가 있는 서울은 나에게 그리움의 장소요 애절한 꿈의 도시였다. 시골 초등학교에서 겪은 갖가지 낭패와 슬픔을 어찌 다 말로 하랴. 아주 어렸을 때는 꽤 밝고 총명한 아이였다는데 나는 차츰 우울하고 말수 적은 애늙은이로 바뀌었던 모양이다.

"얘, 너 선생님이 오래."

"내가 돼지냐? 오래오래 하게."

서울말 한다고 트집 잡고 놀려대는 아이들한테 정이 떨어지고 말도 하기 싫어지면서, 산으로 들로 혼자서 돌아다니다가 늦게 귀가하여 할머니께도 자주 꾸중 듣는 아이가 되었다.

정월 대보름도 지나고 봄바람이 지푸라기와 낙엽을 쓸고 다닐 무렵 양지쪽 담 밑에 냉이나 쑥 등 봄나물이 돋고, 겨우내 주렁주렁 매달렸던 처마의 고드름이 다 사라지고 난 한낮에 나는 가끔 서울의 사직공원을 생각했다. 집에서 과히 멀지 않은 그 공원은 동네 아이들이 떼 지어 놀러 다니던 곳으로 큰 아이들 쫓아갔다가 길을 잃었던 일도 있었다. 어느 초여름 날 버찌를 따러 나무에 올라갔던 아이를 발견한 수위 아저씨가 소리치는 바람에 아이들이 모두 풍비박산 도망치는 과정에서 제일 어린 내가 뒤처졌던 모양. 큰 나무 밑에 혼자 남아 아뜩한 두려움으로 엄마를 부르며 울던 일이 가끔 어렴풋이 떠올라 시골의 좁은 산길을 걷다가도 문득 할머니가 계신 곳이 어딘지 몰라 하며 당황하는 버릇이 내게 있었다.

중학교는 당연히 서울로 가려니 기대하고 있던 내게 6·25전쟁은 내 인생에서 또 한차례 큰 좌절을 안겨주었다. 당시 집에서 이십 리가 넘는 읍내에 남자 중학교 하나밖에 없던 두메산골에서, 여자 한 반을 뽑는 정도의 학교를 도보 통학하는 고난이 시작된 것이다. 내 인생의 고비마다 이상스레 가운(家運)까지 나빴다 하여 할머니는 형제들 중에 나를 특히 안쓰러워하셨다.

전쟁의 상처로 만신창이가 된 살벌한 서울일지라도 시골 사람들에게 그곳은 약속의 땅, 그야말로 '럭키 서울'이었고 나 또한 예외가 아니었다.

필운동을 떠난 지 10여 년 만인 어느 겨울방학 서울에 와보니 지저분한 대로변에 양초를 한 무더기씩 쌓아놓고 소리치며 파는 사람이 많던 게 생각난다. 자정만 되면 전기가 나가니까 초는 그 당시 서울시민에게 필수품이었나 보다. 집들이 밀집해 있어 너무나 가깝게 들리는 옆집 사람들의 인기척이 곤혹스러워 잠 못 이루던 일, 시간제 급수로 깊은 밤에 물을 받느라 곤욕을 치르는 모습을 목격하고도 나는 서울을 그리워했다. 어딘지 자신만만해 보이는 서울 사람들, 특히 나의 가장 큰 약점이라 할 수 있는 그 자신감이 넘쳐 보이는 서울의 내 또래 여학생들이 부러웠다. 나는 종종 한강철교를 요란하게 건너 서울역에 내리는 꿈을 꾸었다.
 상실감의 늪으로 여겨지던 시골과 약속의 땅 서울을 잇는 한 많은 한강 다리. 꿈 많은 여고 시절 학교에 정을 못 붙이고 왜 그리 서울을 선망했는지 알 수 없다. 아마도 거역할 수 없는 운명의 힘에 떠밀려 살게 된 그곳이 내게는 스산한 적거지(謫居地)처럼 느껴졌던 것은 아닐까 싶기도 하다. 어찌어찌 대학에 입학할 때까지 나는 한강 다리를 건너지 못했다. 게다가 변변한 레슨 선생님도 없이 학교에 한 대뿐인 피아노에 매달려 고난을 자초하던 우물 안 개구리였으니. 나는 혹독한 좌절과 낙담 속에서 만사를 안 되는 쪽으로만 생각하는 이상한 패배주의자, 비관주의자가 돼갔다.
 이십 대의 끝없는 방황의 무대였던 서울. 향방 없이 천방지축으로 달리던 나를 용케 안정시켜준 서울. 망망대해를 떠돌듯 배회했으나 다양한 얼굴의 서울은 거센 풍랑으로 심술부리지 않고 나를 품어주었다. 젊은 날의 애환이 서려 있는 서울을 나는 사랑한다.

곱게 늙은 세계적인 바리톤 게르하르트 휫쉬가 국립극장에서 열창한 슈베르트 연가곡 〈겨울 나그네〉, 명동의 어느 다방에서 헤르만 헤세 기념 강연을 하던 검정 마후라의 전혜린, 창경궁이나 덕수궁 고궁의 담길, 때 없이 가서 한없이 앉아 있던 음악 감상실 르네쌍스, 세종로 성당 근처 사직공원, 동작동 국군묘지, 세계 어느 도시의 강보다도 유장(悠長)한 한강, 어디서고 보이는 서울 근교의 빼어난 산들. 늘 등이 시리던 나는 서울, 특히 '이화'의 훈기로 대과(大過) 없이 이십 대를 보낸 것 같다.

40년 넘게 은평구에 살고 있는 나는 사직공원 앞을 지날 때면 더러 버스에서 내려 공원 안으로 들어가 벤치에 앉아 쉬면서, 멀리 있는 아이들에게 편지를 쓰거나 책을 읽을 때도 있었다. 오늘은 오랜만에 집에서부터 마음먹고 사직공원을 찾았다. 까맣게 잊고 있던 어머니의 기일에 갖는 봄나들이다. 신사임당과 율곡 선생의 동상 바로 옆 벤치에 앉아 우람하게 자라 이제는 고목이 된 거목들과 필운동 쪽 하늘을 바라본다. 편 갈라 족구(足球) 하는 사람들의 시끌벅적 웃고 떠드는 소리, 공원의 명물이던 비둘기 떼는 간 곳이 없구나.

공책 한 권 가지고 몇 년째 쓰는 일기장을 꺼내 올 들어 처음으로 2005년 4월 5일 화요일 오늘 날짜를 기입하고 일기를 쓴다.

4월인데도 죽은 것 같은 큰 나무들 가지에 물오르려는 기색이 통 안 보인다. 나는 대여섯 살 때 뛰놀던 사직공원에 앉아, 가실 때 어머니보다 이미 30년을 더 산 내가, 가신 지 60년 된 어머니를 생각한다. 눈을 감고 그려봐도 잡히지 않는 얼굴인데 마음은 금세 포근해진다. 공 차던 젊은이들은 어느 틈에 모두 사라지고 사직공원에는 땅거미가 내린다.

운동하느라 도란도란 이야기를 나누며 걷는 여인네들이 등장. 손잡고 산책 나온 머리 하얀 부부, 부인은 조금 다리를 절고 남편은 곁에서 어둠이 서린 하늘을 바라보는 자세로 슬슬 걷는다. 씩씩하게 앞뒤로 팔을 내저으며 달리다시피 벌써 여남은 바퀴 넘어 걷고 있는 젊은 여인, 중년 여인. 공원의 맨 가 쪽으로 부지런히 돌다 내가 앉아 있는 벤치 앞에 이르러 자꾸만 머뭇거리던 해맑은 얼굴의 아줌마가 드디어 말을 붙인다.

"뭐가 보이세요? 나도 잘 안 보이는데 뭘 쓰기까지 하시나 봐요."

내 나이 여섯에 돌아가신 어머니의 기일에, 60년 전의 추억을 가슴에 품고 앉아 어림짐작으로 일기를 쓰고 있는 이 늙은이를 젊은 엄마가 이해할 수는 없겠지.

7시 15분이 지나니 일제히 등불이 켜진다. 순간 사직공원 전체가 무대로 바뀐다. 어둠 속 저만치 신사임당 모자상이 태양 빛에서와는 달리 무대 세팅처럼 보인다. 성모자(聖母子)만큼은 아니지만 천재 예술가 신사임당과 세월을 훤히 꿰뚫어 읽은 현자 율곡 선생도 보통 흔한 모자지간은 아니지. 저렇게 유명한 어머니와 아들의 입상이 나란히 서 있는 경우가 세계 어디 또 있을까?

한자에서 원래 어미 母가 없을 無와 동의어였다는 건 무슨 뜻일까. 성모님처럼 없는 듯이 있는 사람. 오물을 다 끌어안아 거름을 만드는 흙과 닮은 어머니. 무위자연. 지상을 떠난 지 60년이 넘었어도 그냥 나의 구심점으로 남아 있는 어머니의 자리. 여기서 별안간 진공묘유(眞空妙有)라는 어휘가 떠오름은 무식한 나의 지나친 연상일까.

    일기장을 덮고 일어나 나도 걷기 시작한다. 원래의 나를 만나기 위하여 내 유년기의 작은 단서들을 찾아 나서는 느낌으로 천천히 발짝을 떼기 시작한다. 노부부 말고는 모든 사람들이 다 나를 앞질러 지나간다. 시간이 흐르자 내게도 슬슬 걷는데 속도가 붙는다. 청량한 봄밤의 미풍이 이마의 땀을 식힌다. 지나간 긴 세월의 잔해들이 내 발자국에 하나하나씩 찍혀 나오는 듯 힘든 걸음으로 다섯 바퀴 열 바퀴 스무 바퀴 무대 같은 사직공원을 돈다.

2005년 4월

할머님 전 상사리

"남자 가정과가 생기기 전에는 시집갈 생각도 마라. 누구 밥 굶길 일 있니?"

삼촌이나 기만이 아저씨(할머니 먼 촌 조카 동숙인)가 밥 못한다고 날 놀리면,

"다 살게 마련이니 걱정들 마라."

이러시면서 날 두둔해주시던 할머니!

그간 된 시집살이 40년에 연년생 섞어 5남매 길러 위로 둘은 성가시켰고 딸아이도 곧 혼례를 치를 예정입니다. 내게 전혀 어울리지 않는 대종손 집 맏며느리로 진둥한둥 살다 보니 어느덧 머리가 희끗희끗한 할머니가 됐습니다. 밥은 고사하고 내 손으로 관혼상제를 치르기 여러 차례인데 대과(大過) 없이 오늘까지 어떻게 살아왔는지 아득하기만 합니다. 천우신조 덕분으로 알고 있습니다.

대쪽 같다는 평을 듣는 손끝 야무신 시어머님 밑에서 굼뜬 제가 바작바작 진땀을 흘리며 부엌에서 종종걸음 치던 때가 언제였던가 싶네요. 가난한 살림살이를 성 서방 혼자의 어깨에 짐 지우고 늘 미

안한 마음으로 집 속에서 뱅뱅 돌기만 한 세월이 이제 와서는 아쉽기도 합니다.

음식 솜씨 좋은 할머님께 조리법이라도 좀 배워놨더라면 얼마나 요긴하게 쓰였을까요. 하나 먹어본 입맛으로 그럭저럭 행사를 치르는 동안에 남자 가정과 출신 서방님 아니면 밥도 굶겠다던, 선머슴 같은 손녀인 내 삶이 요리인생으로 확 바뀌었답니다. 요리라야 대소사 치르는 평범한 음식과 매일 먹는 식구들 끼니를 뜻합니다. 부엌에서 가장 많은 시간을 보낸 40년 혼인 생활이 '요리는 나의 인생입니다'라는 뜻밖의 말을 하게 만들었습니다.

우리 어려서처럼 객식구가 늘 들락거리는 그런 생활이 아니라, 직계가족만의 조석과 아이들 생일과 어른 생신 제사 등의 행사를 치르는 데 일생을 바치다시피 하면서, 음식이 행복 전도사 역할을 한다는 사실도 뒤늦게 깨달았습니다. 그리고 '사랑은 수고를 모른다'는 성경 말씀을 생활화할 수밖에 없었던 환경에 대하여 이제 와서는 오히려 감사를 드리게 됐습니다.

할머니, 몇 년 만에 집에 오는 장성한 아이들에게 제가 해줄 수 있는 것은 개네들의 입에 맞는 음식입니다. 3년 만에 제 누이 혼인에 참석하려고 미국에서 들어올 아들사제를 기다리며 맨 처음 생각하게 되는 것은 먹거리였습니다. 식성이 어땠더라? 기억을 더듬노라니 좋아하던 음식뿐만 아니라 그 아이의 생활습관이나 어린애 적의 표정들이 심심찮게 떠올라 혼자서 미소 집니다. '사랑은 기억하는 것이다'라는 말도 있잖아요.

우선 김치와 깍두기를 정성껏 담갔습니다. 곰국과 삼색 나물, 부스러기 명란젓 넣고 찐 달걀찌개와 생선 조림 그리고 집에서 담근 조개젓 등을 상에 올립니다.

"어머니가 가르쳐주신 대로 했는데 미국에서 내가 끓인 곰국은 왜 이런 맛이 안 날까요?"

일생을 손수 밥 지어 먹어가며 혼자 지내야 하는 사제이므로 집의 잔정이나 어미 손맛에 잠시라도 너무 길들여질까 봐 조심스러워, 이것저것 만들어주긴 하면서도 묵묵히 지켜보기만 하게 됩니다. 삼복더위에 땀을 뻘뻘 흘려가며 달게 먹는 모습이 안쓰럽습니다. 삼십이 넘은 아들인데도 이렇거늘 어미 없는 고만고만한 어린 것들이 죽 둘러앉아 끼니때마다 소란스레 먹어대는 저희들을 바라보시며 할머니는 얼마나 가슴이 아프셨을까요.

제 댁이 한국 음식을 곧잘 해주는 둘째도 뉴욕에서 오자마자 몇 끼는 식용유만 두른 신 깍두기 섞은 김치찌개를 실컷 먹고 나서 딴 음식을 먹습니다. 녹두부침, 게장 등을 특별히 좋아하는 둘째는 지휘자라는 직업상 매식할 기회가 잦은 모양이나 한국에 있는 동안에는 되도록 어미 손에 밥을 먹고자 합니다.

"어머니, 오늘 저녁 집에 들어가 먹어요. 너무 힘드셔서 어쩌죠?"

이런 전화가 걸려오면 신이 난 저는 '이즈 마이 플레저'라고 답합니다.

허리가 아프고 눈이 침침한데도 음식 마련하는 고달픔이 정말로 제 기쁨이라면 할머니는 웃으세요? 제 밥 챙겨 먹기도 귀찮아하던 옛날의 게으른 저를 생각하시고 말이죠.

  딸아이 함 들어오는 날 작은 잔치를 해야 될 모양인데 육식을 선호한다는 사위 될 김랑 위주로 식단을 짜면서 할머니 생각을 합니다. 명절이나 잔치 때마다 할머니가 찹쌀로 빚으신 국화주는 유명했잖아요. 개궂은 제가 용수 박은 술항아리의 작은 표주박으로 국화주를 조금 떠 마시고는 술이 취해서 곯아떨어져 나중에 할머니께 꾸중 듣던 일이 생각납니다. 아랫목에 이불을 둥둥 감고 있던 술항아리의 새콤하면서도 달착지근한 냄새와 그 둘레의 풍경이 그립습니다. 할머니! 할머니!

  여름방학의 삼촌 생일에 가끔 해주시던 증편. 예쁜 장식을 한 동그란 접시 모양의 증편을 우리 형제들은 빵처럼 하나씩 들고 앉아 맛있게 먹었죠. 애들 생일에도 대체로 떡을 해주셨는데 내 생일은 추석 바로 전이라서 한 번도 못 해줘 안쓰러워하시더니. 할머니, 저는 애들 생일에 떡은 고사하고 별식 한두 가지 해주는 것도 힘에 부쳐 할 때가 많았습니다.

  열 손가락이 모자라는 할아버지의 소실들 때문에 깊은 한숨이 몸에 배신 할머니의 구름 낀 얼굴. 젊어서는 통 소리 내어 웃지를 않으셨고 이야기책으로 밤을 지새우는 날이 허다하셨다는 할머니의 고통이 우리들 때문에 더욱 깊어지셨을 테죠. 두 분이 다정한 대화 한번 나누시는 것을 못 본 저희들의 가슴에 할아버지에 대한 미움이 사무치던 생각이 납니다. 말이 평양 권번(券番) 출신이지 인물도 성품도 곱지 못한 그 여자 때문에 할머니를 비롯해 온 식구가 겪은 그 고초를 어찌 다 말로 하겠습니까. 불화한 두 분 틈바구니에서 엎친 데 덮친 격으로 더욱더 암울한 분위기에서 살 수밖에 없었던 슬픈 나날들에는 늘 할머니의 따뜻한 손길이 있었음을 기억합니다.

  할아버지 장례를 치르면서 절대로 합장하지 말라 당부하신 할머니. 뒤늦게 천주교에 귀의하신 후 돈독한 신앙심으로 당신께 차례온 모든 어려움을 기꺼이 하느님의 뜻으로 받아들이시고 할아버지의 부도덕한 횡포도 용서하셨음을 우리는 알고 있습니다. 언니가 수녀원에 들어간 직후 어느 날, 밤을 밝히며 손녀에게 눈물로 편지를 쓰시던 할머니. 자는 듯이 누워 먼발치로 할머니를 바라보며 나도 속으로 울던 그 밤을 잊지 못합니다. 붓을 잡듯 펜을 쥐고 몇 장이라도 한 문장으로 써내려 가던 할머니의 독특한 문체와 필체가 눈에 선하네요.

  할머니! 죽음이 끝이 아님을 믿는 저는 고달픈 이승을 떠나는 날 할머니를 기쁘게 만날 수 있도록 성실하게 살고자 노력하렵니다. 도와주실 거죠? 슬플 때나 기쁠 때나 엄마 소리 대신 입에 붙어 부르던 나의 할머니! 할머니!

癸酉년 팔월 不孝孫 명환 올림

3

한 장의 사진

한 장의 사진

빛바랜 흑백사진이다.

소설가 J님이 보내준 편지 봉투 속에 노리끼리하게 변한 자그마한 사진 한 장이 들어 있다. 묵은 사진첩에서 우연히 발견한 것이라 한다.

얼마 전 이대 출신 문인들 모임에서 사진 얘기가 나오자 모두 이구동성으로,

"어디 좋은 곳에 가도 이제는 사진 찍을 마음이 없어요. 나도 내 얼굴을 보기가 싫은데 남이야 오죽할라구. 있는 사진도 없애야 할 판인데."

"왜 그랬는지 나는 젊어서도 사진을 기피했어요. 그래 대학 4년 동안 사진이 한 장도 없다면 다들 놀래죠."

나의 말에 마침 옆에 있던 J님이,

"왜 그렇게 살아요, 사진이 얼마나 좋은 건데……."

정말 딱해 보이는지 타이르듯 은근한 말투다. 바로 그 선배가 앨범들을 정리하다가 뜻밖에 내 얼굴을 발견하고는, 사진이 한 장도

없다는 말이 생각나서 우송하는 것이라 했다. 이제 고인이 되어 다시는 뵈올 수 없는 그리운 분들의 모습이 담긴 자료이니 조금 크게 복사하여 한 장 보내달라는 부탁도 있었다.

생각해보니 햇수로 40년이나 된, 생전 처음 보는 사진이다. 앞줄 한가운데 나와 장명수가 딴 두 친구들과 함께 앉아 있고, 뒷줄에는 누군지 모를 한두 사람과 4, 50대 한창 나이인 안수길, 이헌구, 그리고 정연희, 김영덕, 양명문, 나영균 선생님들이 우리의 바람막이처럼 죽 둘러서서 밝은 표정으로 정면을 바라보고 서 계신, 그야말로 역사적인 귀한 사진이다.

사실 나는 재학 중에 사진이란 것을 통 안 찍었다. 아니 안 찍었다기보다 찍을 기회가 없었던 것 같기도 하다. 과 소풍이나 기타 행사에 참석해본 적이 별로 없고 나 혼자서 이 학교에 입학한 시골학생이라 늘 외톨이였으니까 말이다.

졸업식 전에 고향으로 내려갔으니 그날의 사진이 있을 리 없고, 심지어는 졸업생 전체의 얼굴이 들어 있는 그 해의 졸업 앨범에도 이름만 있지 내 얼굴이 없더라는 말을 친구 편에 전해 들었다. 찍을 때를 놓쳤는지 일부러 그랬는지 지금은 아무 생각도 나지 않는다.

소설가 안수길 선생님 곁에 태내고 웃으며 서 있는 정연희 선배는 앳된 대학원생 같고, 노는 좌석에서는 아이 앰 헝그리(헌구리) 하며 곧잘 웃기시던 이헌구 문리대 학장님 옆의 나 선생님은 지금 이대 영문과 교수로 있는 둘째 따님 수용이보다도 더 젊고 예쁘시다.

자료를 들추어보니 이곳이 1962년이나 3년 가을 학기의 총장

공관 뜰인 것 같다. 이대 학보사에서 중편 소설과 논문 현상 모집이 있었는데 나는 소설 부문에서, 장명수는 논문으로 당선됐을 때의 기념 촬영으로 보인다. 오랜 세월 한결같이《한국일보》의 명칼럼니스트로 세인의 사랑을 받고 있는 그 유명한 장명수다. 헌데 명수의 코트 주머니에 꽂혀 있는 저 흰색 봉투에는 상금이 들어 있는 건 아닐까. 뒤에 서 계신 선생님들은 심사위원들이신 모양이고.

  돋보기를 쓰고도 잘 안 보여 확대경까지 대고서 찬찬히 나를 바라본다.

  내 곁의 딴 친구들은 모두 머리도 예쁘게 하고 치마를 입고는 맵시 있게 하이힐 신은 다리를 모으고 앉아 있는데, 나만 청바지 차림에 더벅머리로 책상다리하고는 꾸부정하니 앉아 있구나. 상장과 부상을 받으려는 순간 누군가가 내 목에 걸어주던 화환, 강렬한 노란색 해바라기 몇 송이가 박혀 있던 화환이 생각난다. 그게 누구였더라? 친구 박영숙이었을까, 아니면 과 사무실에 있던 조교 언니였을까. 아무튼 그것을 한 쪽 무릎 위에 놓고, 나는 삐딱한 자세로 한눈을 팔고 있다.

  그때 학보사의 상금은 한 회분 등록금을 내고도 남을 정도로 꽤 많은 액수였다. 아르바이트에 지친 나도 상금 액수에 매력을 느껴 밤을 새우며 원고지와 씨름을 하던 기억이 난다. 김옥자 선생님 미국 문학 시간이었다.

  "이번에 디오니소스 쓴 애가 누구냐?"

  내 소설 제목이 「디오니소스의 후예」였다. 친구들이 모두 나를

지목하자, 선생님 특유의 미소를 지으며 코를 벌름벌름 입을 찡긋 찡긋 하시다가,

"헌데 너 그 헤어스타일이 왜 그러냐?"

"쟨 면도칼로 혼자서 제 머리 깎는 애예요."

순발력 좋은 꼬마 영자의 대꾸에,

"뭐? 면도칼? 그 상금으로 잘 드는 가위나 하나 사지그래. 쯧쯧."

남자를 보면 제일 먼저 히프가 잘 생겼나 관찰하신다는 만년 소녀 김옥자 선생님의 말씀에 왁자지껄 웃어대던 반 친구들. 상제가 되셨을 때 얼마 동안 보기 민망한 깃광목 치마저고리 바람으로 대강당 채플이고 강의실이고 유유히 다니신 분인데, 내 머리 모양을 보고는 혀를 차신 걸 보면 아마 내 모습이 꽤 우스꽝스러웠나 보다.

돋보기에 확대경을 요리조리 돌려가며 다시 꼼꼼하게 사진을 관찰한다. 내 오른쪽에서 목을 곤추세우고 방긋 웃고 있는 신방과생 장명수는 대한민국에서 최초로 신문사 사장(한국일보)을 지냈고, 소설 부문에서 차석 했던 왼쪽의 국문과생 김징자 역시 《중앙일보》 문화부 기자로 출발하여 여러 신문사의 논설위원 등을 하다가 현재는 쉬고 있다 한다.

나?

직장이라고는 하루도 다녀본 적이 없는 이 무능력자는 40여 년 세월 동안 무엇을 하며 살아왔나?

아무리 궁리해 봐도 한 일이 없어서 반성도 할 겸 그냥 눈 감고 한참 앉아 있는데, 고만고만한 다섯 아이들의 법석으로 난장판이

된 집 안팎이 떠오른다. 그렇다. 연년생 섞어 다섯 아이들과 시부모님 모시고, 거실에까지 문을 달아 통행을 막고 방으로 쓴 바로 이 집에서 살아낸 나의 혼인 생활 39년.

여기서 70년대에 남편이 쓴 「나의 집」이라는 시 한 수 중 일부를 인용해볼까.

……

빗방울이 천장에 해도(海圖)를 그리고
어린것들은
유년의 마술로 기적소리를 내며
책상다리 사이로 만국유람을 한다.

……

다행히 가난이 나의 편을 들어주어
집이 좁아질수록
깊이 뻗는 뿌리.

시인 가장은 뿌리가 깊어진다는데 범속한 아낙은 뿌리가 뽑힐 지경이었다. 너무 힘에 부치고 마음이 상할 때는 더러 나영균 선생님 댁에 가서 하소연하다 울기도 적잖이 한 나의 40년.

나는 애들 책상이고 의자고 모두 마당에 내다놓고서라도 각종 행사를 집에서 치러야 하는 가난한 종손 집 맏며느리였다. 어쩐 일인지 하느님께서는 도무지 어울리지도 않는 힘든 배역을 내게 맡기셨다.

졸업 후 시골로 짐 싸들고 내려가 눈칫밥 얻어먹으며 엎드려 있을 때, 나의 운명이 새로운 모습으로 나를 향해 달려왔으니 그게 바로 지금의 남편 성 시인. 소설 쓴다고 고향에 처박혀 한동안 무소식이던 내가 어느 날 신교동 나 선생님 댁을 찾아가, 직업도 불확실한 아홉 살 위 노총각 시인과 혼인하겠다니까,

"그으래?"

깜짝 놀라시던 선생님 특유의 그 표정이 지금도 눈에 선하다.

서른여섯 살 총각이란 말이 아무래도 미심쩍으셨던지 잘 아는 《사상계》잡지 기자를 시켜 신랑의 신상 조사를 부탁하셨는데, 하필이면 그가 성 시인을 꽤 좋아하는 문리대 후배 소설가 한남철 씨였다 한다. 그도 지금은 고인이 된 사람.

10여 년 전 그가 이 세상을 하직할 무렵에 명동성당 옆 백병원에서 우연히 그를 만난 적이 있다. 시어머님이 입원하고 계신 중환자 대기실에 남편과 함께 있는데, 한남철 씨가 휠체어를 혼자서 밀고 와 반갑게 만나 한참 동안 이런저런 이야기를 나누었다. 그의 단편소설 「쥐(鼠)傳」을 기억하고 있는 나는 소설가 한남철 씨가 간경화 말기로 시어머님과 같은 층에 장기입원하고 있음을 진작에 알고는 있었다. 보기에 민망할 정도로 신색은 말이 아니었으나 정신은 맑아 보였고 이것저것 이야기도 잘했다. 오랜 세월 의식불명으로 누워 있다는 그의 부인(소설가 이순 씨)의 안부가 궁금하다.

우리는 아직도 빗방울이 천장에 해도(海圖)를 그리던 그때 그 집에서 살고 있다. 그렇게 비좁던 집이 부모님 먼 길 떠나시고 장·차남 장가가고 아들 하나는 가톨릭 사제가 되고 나니 텅 빈 것 같다. 이제는 우리 두 양주(兩主)와 애들 남매만 남았다. 이 변두리 응암동도 앞으로 재개발을 한대나 어쩐대나 요즘 어수선하다. 생전에 이사 한 번 못해보나 했더니 이 황량한 언덕에 정말로 재개발 아파트가 들어서려는가?

나는 안경을 벗고 뿌우연 안개 속 같은 사진을 꿈을 꾸듯 몽롱한 눈길로 바라본다. 영원 속의 다만 한 점일 뿐인 저 순간과 허망한 우리의 육신.

그동안 너무 단순하게 아무런 욕망도 없이, 그저 모든 것을 운명의 흐름에 전적으로 의존한 채 예까지 떠밀려온 듯싶은 나의 생애. 이때 문득 "운명은 어디에선가로부터 온 것이 아니었다. 그것은 자신의 내면에서 자라고 있었다"라 한 헤르만 헤세의 구절이 떠오른다. '심 즉 운명', 이는 어린 시절 할머니께로부터 가끔 듣던 말씀이기도 하다.

그렇다면 지금 내면에서 자라고 있는 나의 운명은 어떤 것일까. 그간의 내 삶이 너무나 고단하고 무기력하면서 왠지 밝지도 못했던 것 같은 이 느낌은 무엇일까. 이제부터라도 내 마음 안 오솔길을 충실히 더듬어 나아가 한 인간으로서의 참되고 활기 있는 생활을 통하여, 진실된 즐거움에 이르도록 마음을 쓰는 것이 내 여생의 과제가 아닐는지. 그렇다고 지금 여기 이 자리에 아쉬움이나 후회는 없다. 다만 너무 오랫동안 무심히 방치돼 있던, 나 자신의 내면을 돌보고 가꾸는 일에도 관심을 기울이자는 것이지.

나는 흐릿한 그 사진을 맨눈으로 다시 들여다본다. 시력이 너무 나빠 누가 누구인지 통 분간할 수 없이 뒤엉켜 있는 사람들. 전체가 마치 짙은 안개에 휩싸인 풍경 같은 빛바랜 그 사진을, 약간 거리를 두고 오래 오래 바라본다.

색채의 농담으로 원근법을 심화시킨 세잔의 풍경화를, 뭔지 밀도가 높은 어떤 덩어리처럼 공간을 꽉 채우고 있는 듯싶은 특이한 그의 풍경화를 유심히 바라볼 때와 같이 어느덧 내 마음의 시선이 차츰 먼 곳으로 달려간다. 이렇게 내 마음의 시선은 가끔 나를 떠나 저 멀리 저승처럼 아득한 곳을 배회할 때가 있다.

이때 베토벤처럼 고독하고 진지했던 대화가 세잔에게, 일생을 통해 참으로 장엄한 최상의 테마였던 생트 빅트와르 산이 뿌우연 사진 너머로 홀연히 떠오른다.

2003년 7월

제주도 나그네

 낯선 곳에 혼자 와 있다.
 벼르고 벼르던 한라산 눈꽃 등반을 무사히 마친 동창생 일행 일곱 명은 밤 비행기로 모두 떠났는데 나는 민박집 '엠마오 하우스'로 왔다. 어제 묵었던 신라호텔과는 생판 다른 아담한 정원 딸린 조촐한 여염집이 너무나 조용하여 수도원 같다.
 두꺼운 양말을 신은 등산복 채로 온기 없는 썰렁한 방 침대에 파고든다. 조금 전에 와자지껄 웃으며 작별한 친구들 생각이 나면서, 이곳에서 최초의 낯선 시간을 혼자서 견뎌내기가 힘들어 몸을 한껏 움츠린 채 눈을 감는다.
 전날 내린 폭설로 통제되어 백록담을 못 봐 유감이지만 성판악에서 출발한 왕복 다섯 시간의 눈길 등반은 환상적이었다. 길쭉하고 도톰한 초록 이파리가 새하얀 눈을 잔뜩 묻히고 축축 늘어져 있는, 생전 처음 보는 굴거리나무 군락을 지나며 이국적인 정취에 취한다. 등산화 밑 아이젠이 전혀 의식되지 않는 부드러운 눈길 옆, 반은 파묻힌 나무들을 보니 1 미터 이상 눈이 쌓인 모양이다. 두 시간 가까이 하늘과 자연림과 눈을 바라보며 밋밋한 설원을 오르는데 별안간 하늘이 안 보일 정도로 키가 큰 삼나무 숲 터널이 나타나 우리는 모두 탄성을 질렀다. 키가 자금자금한 굴거리나무와는 달리 울창한 삼나무에는 눈도 가득가득 덩어리 채 얹혀 있어서 한라산의 위용을 느끼게 한다. 산이 깊어지는지 이제까지와는 다르게 오르막이다. 등과 얼굴에 땀이 흐른다. 산행에서 힘들 때 내가 하는 버릇대로 워언 투우 쓰리이 포 원투쓰리포…… 속으로 구령을 시작한다.

하얀 등산로만 따라 일행 중 맨 뒤에 처져 걷던 나는 선두 친구들의 환호성에 놀라 마지막 힘을 모아 달려가 보니 시야 가득 펼쳐진 꿈 같은 설경. 한라산에 관한 사전지식이 전무했던 나는 예상 밖의 절경(絶景)에 숨을 죽이며 멈춰 섰다. 이곳이 정상에 오르기 직전 마지막 쉼터인 진달래밭 대피소라 한다. 여기저기 눈 조각도 보이고 고산의 나무답게 키가 작달막한 진달래와 구상나무의 가녀린 가지에 소복소복 눈이 쌓여 있다.

황홀한 빛의 잔치. 짙은 초록과 순백 그리고 투명한 코발트빛 하늘. 50여 명의 등산객은 눈부시게 햇살이 쏟아지는 무지개 속 같은 별천지에 앉아 있었다. 산 정상을 둘러싸고 있는 눈인지 구름인지 알 수 없는 희뿌연 운해(雲海)를 지척에 올려다보며 우리는 내년을 기약했다.

가물가물 잠 바다에 빠져드는 녹초가 된 심신은 꿈속에서도, 눈으로 치장된 하얀 한라산 이름 모를 상록수들의 숲 속 오솔길을 자박자박 소리 내어 걷는다. 몹시 피곤한데도 이상스레 속잠을 못 들면서 비몽사몽간에 '그리움으로 점철된 삶이었다 …… 그리움으로 점철된……' 밑도 끝도 없이 이런 내용의 자막 같은 것이 수면(睡眠)의 바다에서 유영하고 있는 내 의식에 연속적으로 출렁출렁 지나간다. 아니 전기담요의 온기로 차츰 다리를 펴고 마음을 녹이며 잠꼬대처럼 나 혼자서 중얼거린 소리 같기도 하다.

다음날 새벽에 일어나 집 근처를 산책하니 놀랍게도 바로 담 밖 지척이 푸른 바다로구나. 그렇다면 밤새 '그리움으로 점철된……'의 울림은 잠결에 들려온 파도 소리였나?

끊임없이 먼 데서 달려와 하얗게 부서지는 파도. 영원히 밀물과 썰물이 교차하면서 그러나 한결같이 그곳에 새롭게 존재하고 있는 바다. 어디서 왔다가 어디로 사라지는가. 어디에서 와 어디로 가고 있는가.

불빛이 희미하게 보이는 여명 속의 포구. 하늘과 맞닿은 수평선 저 끄트머리는 짙은 회색 섞인 탁한 쪽빛. 이 세상 나그네들의 사무치는 그리움을 색깔로 표시하면 바로 저 빛깔일까. 저 모습일까.

오래전 이탈리아 여행 때 본 것과 아주 흡사한 하귤나무에 매달린 크고 작은 황금색 열매들, 바닷바람에 등이 굽다시피 되어 너울거리는 야자 잎새와 낯선 화초들을 둘러보다가 문득 내 마음을 살핀다. 우연히 관광센터 전화 안내로 찾아온 북제주군 애월읍 하귀리 해안 도로변 이 민박집은 마치 이곳을 잘 아는 누가 나를 위해

잡아준 처소처럼 마음에 든다. 피정(避靜)하기에 적합한 장소다.

산재해 있는 일용품이나 쌓여 있는 책 더미가 없는 참으로 단출한 민박집의 낯선 빈방에서 한껏 심신을 쉬다. 쓸쓸하면 쓸쓸한 대로 그것을 즐기기도 하면서, 좋은 시간 좋은 장소에서 깨어 있는 맑은 정신으로 새벽을 맞고 잠자리에 들다.

꿈같이 보낸 4박 5일. 그동안 '추사 적거지'와 '이중섭 거리'를 다녀온 것 외에 바닷가 산책이나 하면서 한가히 지냈다. 어느덧 마지막 밤이다.

파도 소리에 끌려 밖으로 나오니 괴괴한 밤하늘에 별빛이 형형하다. 홀로 바닷가 모래사장에 바짝 다가서서 휴대전화로 여기저기 낯익은 음성과 교신하고 침묵 중에 파도 소리까지 실어 보낸다. 집에 있는 남편도 수도원의 언니도 무슨 모임을 하고 있다는 딸아이도 모두 밤바다의 파도치는 소리가 들린다고 한다.

이때 나를 향해 무섭게 밀려오던 시간의 파도가 순간 잠잠해진다. 고적한 밤 바닷가에서 오랜만에 원래의 나와 마주 서보는 느낌이다. 밤하늘과 맞닿은 수평선 너머 다가갈수록 점점 멀어지는 것 같은 그리움의 창으로, 하얀 눈에 찍힌 유년의 내 작은 발자국이 나 있는 오솔길을 본다.

침묵으로 뒤덮인 넓은 밤 바닷가에 취한 듯 얼마고 서 있다. 언젠가 이국땅에서 느끼던 두려움 비슷한 적막감이 나를 에워싼다. 파도 소리를 뒤로하고 천천히 방 안으로 들어와 눈 감고 반듯한 자세로 무진 앉아 있어도 방해하는 이 하나 없다. 기분 좋게 피곤하다.

되도록 한없이 연장하고 싶은 행복한 시간인데 솔솔 졸음이 밀려들어 모로 쓰러져 눕는다.

  떠나는 날이다. 오후 8시 반으로 예약해놓은 서울행 비행기를 네 시간 앞당긴다. 서둘러 짐을 챙기고 청소를 한다. 내 스스로 시간을 앞당긴 것은 왠지 어둠이 밀려오기 전에 제주의 바닷가를 떠나고 싶어서다. 눈부신 제주의 햇살이 묻어 있는 나의 시간의 파도를 고스란히 서울로 몰고 가고 싶어졌다.

2005년 2월

추사 적거지 방문기

　지천명을 한참 넘긴 55세 추사 선생이 9년이란 긴 세월을 뼈아픈 귀양살이로 보낸 제주 대정현 안성리. 그 당시 배를 타고 탐라(耽羅)에 간다는 것은 빨라야 열흘, 목숨 건 모험이었다.

　그가 아내에게 보낸 편지, "그대가 그대의 몸을 위하는 것이 바로 내 몸을 위하는 것이니 그리 아시오." 이렇게 지극한 사랑이 담긴 사연은 아뿔사! 1842년 11월 13일에 세상을 떠난 아내의 소식도 모르고 닷새 후인 18일에 쓴 편지였다. 아내의 부음을 들은 것은 다음 해 정월 보름, 이때 추사는 귀신도 곡(哭)할 슬픈 애서문(哀逝文)을 썼다고 후세 사람들은 전한다.

　삶이란 무엇인가. 애끓는 이별의 장이 삶인가. 피땀 어린 노동의 장이 삶인가. 대 천재 예술가 추사 김정희 선생이 생전에 겪은 이 한 가지 일만 생각해보더라도 우리가 이승에서 겪는 고통이라는 것은 삶에 뿌려진 양념에 불과하다는 느낌마저 든다.

　시외버스 타고 물어 물어 대정읍 추사 적거지(謫居址)를 찾았다. 적거(謫居)라. 누구에게나 이 세상의 삶이 적거 아닌 바는 아니겠으나 제주도의 추사는 문자 그대로 참혹한 귀양살이였다. 먼 바다 건너 외딴 섬에 혈혈단신으로 유배 온 추사 선생의 죄 없는 영혼은 뼈가 시린 고독 속에서도 더욱 갈고 닦여 찬연한 예술작품으로 꽃피웠으리라. 귀양살이의 고통 속에서도 지방 유생들을 가르치며 유배객의 처연한 심사를 시서화(詩書畵)로 승화시킨 대예술가 추사 김정희 선생. 그가 거처하던 초가집은 드문드문 피어 있는 제주도 야생 수선화와 동백꽃, 다닥다닥 붉은 열매를 달고 있는 먼나무에 둘러싸여 오늘도 이 나그네를 무심히 맞고 있다. 복원된 지가 오래되어 정말로 그 때 그 집 같은 느낌이 든다.

인적이 드문 쓸쓸한 전시관 초입에서 초상화 속의 인자한 추사 선생과 마주치는 순간 나도 모르게 머리 숙여 공손히 인사를 드린다. 흔히 보던 허소치 그림의 삿갓 쓴 선비 모습이 아닌 관복 차림의 완당 선생. 죄 없는 죄인으로 살다가 돌아가실 때야 비로소 복권이 된 스승의 생애가 안타까워, 가신 그 이듬해 희원 이한철은 관복을 입고 계신 당당한 스승을 회상하고 정성껏 사조(寫照)하여 당대 지인(知人)들의 찬사를 받았다 한다. 초상화 앞을 선뜻 못 떠나고 서 있는 내게 나이 지긋한 안내원이 설명한다.

"딴 초상화에 비해 완당 선생의 인자한 표정이 아주 섬세하게 표현된 그림으로 세인의 칭송을 많이 받은, 형조참판 시절의 선생이십니다."

추사 선생 사후 150년이 된 오늘, 인생은 덧없으나 고고(孤高)한 정신의 각고(刻苦)로 빚어낸 빼어난 예술품은 영원함을 다시 한번 육안으로 아로새기며 자세를 바로 한다. 세계 서예사에 빛나는 독특한 추사체를 완성했고, 인생에서도 한창 무르익을 원숙기에 9년이란 길고 긴 세월을 바쳐 시를 쓰고 그림을 그리며 깊은 깨달음의 경지에 든 추사 김정희 선생. 불교에 심취해 있던 선생의 오도송(悟道頌)으로 보이는 칠언절구 행서 대련이 이 속인의 황량한 가슴에 작은 선방(禪房)을 만든다.

靜坐處 茶半香初
조용히 앉아 있는 곳 반쯤 남은 다향은 처음과 변함없고
妙用時 水流花開
천지의 기운이 오묘하게 돌아갈 때에 물 흐르고 꽃 피네

세상의 오욕에 찌들지 않고 하느님께 지음 받은 초심을 그대로 간직하고 있는 깨끗한 영혼의 소유자. 은총으로 그 천성이 자유자재가 되어 물 흐르고 꽃이 피는 노자적 무위(無爲)의 경지를 어림짐작으로나마 더듬어 보노라니 이번 제주도 나그넷길이 내게 과분한 축복임을 새삼 자각하게 된다.

아, 돌아서니 또 '완당(阮堂) 노인'이라 낙관한 〈세한도(歲寒圖)〉 복사본이 저기에 걸려 있구나! 나는 그 앞에 장승처럼 한없이 서 있었다.

59세 때 그러니까 상처한 그 다음 해에 가지 부러진 우람한 노송과 비바람에 두들겨 맞아 몰골은 야위었어도 푸르름은 그대로 간

직하고 있는 네 그루의 겨울 송백(松柏)과 눈에 덮인 작은 집 한 칸을 그리고 있는 추사 선생을 상상해본다.

당시 온양 군수로 있던 제자 우선(藕船) 이상적은 위험을 무릅쓰고 위리안치(圍籬安治) 중에 있는 스승에게『만학집(晚學集)』,『대운산방집(大雲山房集)』등 귀한 서책 여러 권을 북경에서 애써 구하여 보냈고, 이에 감동한 스승은 여백에 긴 사연을 화제(畵題) 삼아 곁들인 〈세한도〉를 답례로 보냈다 하니 이 얼마나 눈물겨운 미담인가. 권좌에서 밀려난 죄인과 가까이하기를 꺼리는 세상인심인데, 사려 깊은 제자의 두터운 정의(情誼)에 대하여 심혈을 기울인 작품으로 화답하는 것 말고 그가 할 수 있는 일이 달리 또 있었으랴.

그림의 여백에 아주 작은 해서(楷書)로 그 내력을 길게 써 넣은 〈세한도〉는 그야말로 시서화(詩書畵) 삼품(三品)의 청풍고절(淸風高節)을 나타내는 절품 중의 절품이다. "추운 겨울이 된 연후에야 송백이 푸르름을 알리라"는 공자님 말씀을 인용한 이 찬(贊)은 송백처럼 한결같은 제자 우선의 마음을 기리며 세상인심의 박절함이 슬프다는 말로 끝맺는다. 여기서 그냥 지나칠 수 없는 너무도 유명한 에피소드를 소개할까 한다.

우선은 스승이 보내준 〈세한도〉를 앞에 놓고 감격하여 눈물짓다가 문득 묘안이 떠올랐다. 그는 1845년 동지사(冬至使) 이정응을 따라 연행(燕行)할 때 은밀히 〈세한도〉를 품고 갔다. 다음 해 정월 22일 당대의 명류(名流) 17인이 모인 장소에서 이상적은 〈세한도〉를 꺼내 보였다.

모두들 넋 잃고, 말도 잃고 감탄하다가

이윽고 앞을 다투어 붓을 들어

있는 솜씨를 다해 제찬(題贊)한다.

하나같이 추사의 아득한 경지를 기리며

고금이 일반인 고사(高士)의 불우(不遇)를 비통해하니

이들의 시문은 이를테면

추사의 주창(主唱)에 화답(和答)하는 장엄한 교향(交響)이랄까.

우선(藕船)은 마치 한 가지에 주렁주렁 열려 있는 열매처럼

이 시문을 세한도에 이어서 꾸며

그것을 다시 추사에게 보냈다.

추사는 길게 불어난 세한도를 보고

마음의 벗이 사해(四海)에 널려 있음을 실감하고

얼마나 맑고 황홀한

기쁨과 위안을 얻었을 것인가.

— 성찬경, 「추사 김정희 선생」

낙목한천(落木寒天) 눈 덮인 누옥(陋屋)에 둥근 창 하나. 〈세한도〉 속 저 집은 고적한 대예술가가 지상의 나그네로 세한(歲寒)을 견디노라 잠시 묵고 있는 처소 같다. 언제 풀려날지 모르는 막막한 귀양살이 중에 상처(喪妻)의 깊은 상처(傷處)까지 안고, 선생이 〈세한도〉를 그리며 아픔을 삭여야 했던 곳이 여기쯤은 아닐까.

나는 낮은 툇마루 한 귀퉁이 작은 방 앞에 멍하니 앉아, 송악산

너머로 무심히 떠가는 불그레한 구름을 본다.

2005년 2월

이중섭 거리

　이름도 낭만적인 이중섭 거리. 관광 안내서에 한국 최초로 화가 이름을 거리 명으로 명명했다는 자랑 섞인 설명이 붙은 제주도 서귀포의 '이중섭 거리'. 그의 비극적인 최후를 기억하고 있는 나는 이 멋들어진 명칭의 저변에 흐르고 있는 슬픔의 강물 같은 것을 어쩔 수 없이 느끼게 된다.
　천재 화가 대향(大鄕) 이중섭이 살았다는 서귀동 거리를 나 홀로 찾아간 날은 온종일 겨울비가 오락가락 이어지고 있었다. 잘생긴 고목 나목(裸木) 팽나무 두 그루 사이로 멀리 바다가 보이는 언덕에 이중섭 가족이 살던, 무대 세팅 같은 초가집을 복원해 놓았다. 대향의 가족 네 식구가 행복하게 살던 곳이라고 입구에 적혀 있다. 채마밭을 안고 있는 오막살이 집 한 채 중 구석방 한 칸. 공간의 넓이는 행복의 조건과 무관함을 입증이라도 하듯 건장한 사람 하나가 겨우 발 뻗고 누울 수 있을까 말까 한 비좁은 방이다.
　크고 작은 기념품 상점들이 찻집과 음식점 사이사이로 죽 늘어서 있고, 이 거리를 치장하노라 가랑비를 맞으며 인부들이 보도블

록과 흙더미가 지저분하게 쌓여 있는 길을 바쁘게 오간다.

10여 년 전 오스트리아 잘츠부르크를 방문했을 때의 모차르트 거리가 떠오른다. 생전에 모진 푸대접으로 죽음을 앞당긴 불행한 예술가가 살던 장소. 그 업적을 기린다는 명분의 틈새를 비집고 약삭빠른 현세인들의 상흔이 유감없이 발휘되는 모양새가 비슷하다. 특히 모차르트 말년에 이 천재를 몹시 무시하고 괴롭혔던 비엔나 사람들, 그래서 모차르트도 아주 싫어했다는 그 사람들의 후손을 대대손손 몇백 년째 먹여 살리다시피 하고 있는 모차르트의 기념관을 둘러보는 감회는 착잡했는데 오늘도 그 느낌이 비슷하구나. 궂은 날씨 탓인지 주위에 아무도 없어서 '들어가지 마시오'라는 경고문에 망설이다가 신을 벗고 조용히 방 안에 들어갔다. 44년 전 마사꼬와 이중섭의 삶의 공간. 북통만 한 이 방 안에서 지친 두 영혼에 찍혔을 갖가지 슬프고도 황홀한 추억의 환등(幻燈)을 상상으로나마 그려본다. 이때 어디선가 강렬한 시선이 느껴져 흠칫 놀라며 둘러보니 저 구석에 젊은 중섭이 사진 속에서 나를 빤히 바라보고 있는 게 아닌가. 순간 왠지 가슴이 뜨끔하여 얼른 얼굴을 돌렸다. 선입견 때문인지 그의 오기(傲氣) 어린 묘한 표정에서 불행의 냄새를 맡은 듯싶다. 그것은 허심탄회 겸손한 얼굴이 아니었다.

'일본 여자를 사랑한 게 비극의 시작이지. 왜 하필 그 여자였나? 하지만 마사꼬를 진정으로 사랑했으면 일본이라는 나라를 의식에서 과감히 지워버리고 그냥 아내로만, 생의 반려자로만 생각했어야지. 아니 지우지는 못하더라도 최소한 떨어지지는 말고 함께 붙

어 살 궁리를 어떻게라도 했어야지. 일본이 아니라 지옥이라도 같이 가야 되는 거 아닌가. 못난 사람.'

이런 말을 속으로 뇌니 나도 중섭을 힐난하는 시선으로 맞받아, 다시 그를 빤히 쳐다볼 수가 있어진다.

이승의 삶이란 무엇인가? 전쟁 같은 무서운 위기에는 살아남아야 되는 것이 최우선 과제가 아닐까? 종교적인 치명(致命)이 아닌 바에야 아무리 원수 나라에 가서라도 목숨만은 부지하며 참고 때를 기다려야지 혼자서 한국으로 돌아와 떠돌며 정신병은 왜 걸려. 예술가의 특권이 무엇인가, 사명이 무엇인가. 최악의 순간도 작품으로 승화시킬 수 있는 선택된 사람들 아닌가.

번듯한 3층짜리 건물 '서귀포 시립 이중섭 미술관'. 그림보다도 나의 심금을 울리는 것은 그들의 편지다. 마사꼬와 아고리(중섭의 애칭이었던 듯)가 주고받은 편지들을 돋보기 쓰고 꼼꼼히 읽는데 나도 모르는 사이 눈시울이 젖는다. 아아, 마사꼬와 한국 사람 이중섭!

죽기 전 해인 39세에 미도파백화점에서 개인전을 열었다. 당시 김환기 등 동료 화가들의 호평이 실린 누런 신문이 기념관에는 비치돼 있다. 처음이자 마지막인 그 전람회는 꽤 성황이었던 모양인데 막상 이중섭의 수중에는 남은 게 없었다. 그나마 작품을 가져간 사람들이 그림 값을 제대로 내지도 않아 꿈에 그리던 가족을 만나러 갈 여비는 고사하고 빚만 졌다 하니 그의 사후 20년도 못 되어 그림 값이 폭등했다는 것은 너무도 애석한 이야기다. 더구나 구상 시인 등 그의 친구들이 마련해준 여비를 중간에서 착복한 사람도 있었다니 참으로 기가 막힌 세상 아닌가.

〈길 떠나는 가족〉〈섶섬이 보이는 풍경〉〈서귀포의 환상〉〈바닷가 아이들〉 등에 일련의 지상낙원을 꿈꾸는 유토피아적 공간으로서의 서귀포가 그려져 있다 하나 그는 절망 또 절망, 사랑하는 가족을 애타게 그리다가 너무 지쳐서 죽고 말았으니. 생활고에 찌든 무능한 스스로를 질타하며 거식증에 영양실조로 사망한 이 지상의 나그네의 시신은, 무연고로 3일간이나 서대문에 있는 적십자병원 영안실에 방치돼 있었다 한다.

풍성한 열매가 널려 있는 바닷가에 하얀 새를 타고 날아다니는 아이들과 편안히 누워 하늘 보고 쉬고 있는 사람 등 밝은 색조의 그림 〈서귀포의 환상〉 복사본 한 장을 사들고 미술관을 나온다. 볼수록 에덴동산 같은 그림이다.

1·4후퇴 때 고향 원산을 떠나 일본인 아내와 두 아들이 피난 와서 이곳에 1년간 머물렀다 하여 붙여진 한 많은 '이중섭 거리'. 그때 화가의 나이 35세. 따져보니 이때가 세상 떠나기 불과 5년 전이었구나. 젊은 가장이 5년 후에 죽을 줄을 꿈엔들 알았으랴.

우산이 뒤집힐 지경으로 바람이 몰아쳐 어디 쉴 곳이 없나 두리번거리다가 아예 서귀포항 쪽으로 발길을 돌린다. 사공 없는 빈 배가 몇 척 어지러이 정박해 있는 게 시야에 잡히는 거리인데 막상 걸어 내려오자니 숨이 찰 정도로 힘들다.

중섭의 아이들이 뛰놀았다는 서귀포 모래사장. 며칠 전 리움 미술관에서 본 이중섭의 〈바닷가 아이들〉이 생각난다. 게를 잡으며 놀던 천진난만한 아이들. 나는 돛대처럼 바람을 받으며 서서 하얀 등대가 보이는 저 멀리 실비 속의 흐릿한 섶섬을 한없이 넋 놓고 바라보고 있다.

특별한 은총의 하루

"오, 복된 고독이여!"

이는 미국 켄터키에 있는 봉쇄수도원, '겟세마니' 객사(客舍)의 벽에 쓰여 있는 글귀라고 한다. 고독을 복되게 누리고 있는 사람들이 모여 사는 곳.

내가 컬럼비아 대학이 위치해 있는 뉴욕의 번화가를, 아무 때든지 꼭 가보겠다고 마음먹은 것은 상당히 오래전 일이다. 지금으로부터 15, 6년 전, 내 나이 사십대 중반쯤이었을까. 편두통과 빈혈로 어지러워 외출도 못하고, 고생하던 시기가 있었다.

인생이란 무엇인가? 아득한 시간 위에 떠 있는 초라한 내 배는 지금 어디를 향해서 가고 있는 것일까? 새삼 가는 세월이 허망하고 사는 일이 버거워 울적해 있을 즈음, 토마스 머튼의 자전적 수상집 『칠층산』을 만났다. 칠층산이란 단테의 『신곡』「연옥편」에 나오는 일곱 층으로 된 산, 지옥에서는 멀고 천당과는 가장 근거리에 있는 연옥의 산을 일컫는 말이다.

처음 내가 이 두꺼운 책에 각별한 흥미를 갖게 된 것은 저자가 나와 똑같은 어린 나이에 어머니를 잃었다는, 서두에 나오는 이야기 때문이었는지도 모른다.

그것은 엉엉 소리 내어 울어버릴 수 있는 어린아이의 슬픔이 아니라 침통한 어른의 슬픔이었다.

라고 썼는데, 이것은 만 6세 되던 해 초봄 내가 겪은 그날의 그 무섭고도 참담했던 기억을, 이상하리만치 생생하게 되살려주는 대목이기도 했다.
『칠층산』은 16세 때 무명 화가였던 아버지마저 런던에서 뇌종양으로 잃고 케임브리지 대학 일학년을 마치자마자 외가가 있는 미국으로 이민 와, 컬럼비아 대학 영문학과에 편입한 머튼의 인생 편력이다.

내가 갈 길은 아득하였다. 나는 대서양 이상의 것을 건너야 했다. 폭풍우 속의 항해였다.

머튼은 밤배로 영국의 사우샘프턴 항구를 떠나 대서양을 횡단하여 열흘 만에 미국에 도착했다. 그해 11월 밤 짙은 안개와 어둠이 겹겹이 싸여 있던 그 항구는 폭풍전야처럼 고요했다고 술회한다.

배가 뉴욕 항구에 들어섰을 때는 전깃불이 켜져서, 깨끗한 건물들이 보석처럼 빛나고 있었다. 젊으면서도 늙었고, 현명하면서도 순진한 대도시는 배가 노스 강을 거슬러 올라갈 때에 겨울밤 특유의 활기에 넘쳐 있었다. 뉴욕, 너는 내 것이다! 나는 너를 사랑한다!

1930년대의 뉴욕 입항기가 상당히 인상적이다. 이렇게 시작된 그의 컬럼비아 대학 생활.

크고 거무스름한 공장 같은 건물은 빛과 신선한 공기로 가득 차 있었다. 그리고 순수한 지성적 활력이 넘치고 있었다.

그는 재학 중에 이미 문필가(시, 소설, 평론)로서 꽤 명성을 얻었을 뿐 아니라, 그림과 재즈에도 심취해 있던 자유분방한 청년이었다. 그리고 교회에 가본 적이 없는 무종교인이었다. 그런데 24세에 가톨릭에 입교한 그가 대학원을 마친 26세의 한창 나이로 트라피스트 수도원인 '겟세마니'에 들어갔다. 그곳은 많은 가톨릭 수도회 중에서도 가장 엄격한 봉쇄수도원(속세와 절연하고 평생 침묵 중에 일하며 명상기도하는 곳)인데, 수도생활을 하면서 집필하여 1948년 그의 나이 33세에 펴낸 책이 『칠층산』이다.

마음이 몹시 어수선하던 나의 40대 중반에, 연옥의 칠층 정죄산(淨罪山)에서 머튼을 만난 것은 은총이었다. 그는 스승으로 친구로 내 삶의 방향 전환에 많은 가르침과 격려와 위로를 준, 어둠 속에서 만난 등대와 같은 분이었다. 잡동사니 책들을 되는대로 꽂아놓은 내 서가에 머튼 코너만은 따로 마련되어 있다.

1998년 『칠층산』 출간 50주년 기념으로 하코트 브레이스 사에서는 호화 양장본을 내면서 뒷장 커버를 신부님의 사진으로 장식했다. 수도복을 입고 팔짱을 낀 채 먼 곳을 바라보고 서 있는 그의 흑백사진을 지금도 내 앞에 세워 놓고 있다. 뭉게구름이 많이 떠 있는 하늘을 배경으로 황량한 벌판에 서서 깊은 생각에 잠겨 있는 그분의 시선을 따라가 본다. 나를 버리고 영원한 생명을 향하여, 외롭게 떠가는 구름처럼 무심한 마음이 돼 보려고 애쓰면서.

번다한 일상사에 정신없이 떠밀려 내가 가고자 하는 길에서 점점 멀어지고 있다는 일탈감에 초조해질 때면, 나는 한동안 잊고 있던 머튼 신부님의 묵상집을 찾게 되곤 한다. 53세의 아까운 나이로 세상을 떠난 그의 저서는, 동서양을 두루 섭렵한 해박한 지식과 깊은 신앙 체험이, 아름다운 문체와 명쾌한 표현으로 하여 더욱 심금을 울린다. 뿐만 아니라 그 방대한 양에 다시 한 번 경의를 표하게 된다. 그는 노동과 침묵과 묵상만으로 생활해야 하는 봉쇄수도원에서 글을 쓴다는 일을 퍽 부담스러워 했던 모양이다.

······ 작가라는 엉큼한 그림자가 봉쇄구역 안에까지 나를 따라 들어왔다. 그자가 계속 나를 붙어 다닌다. 그자는 내 기도의 문간에서 나를 마중하고 성당 안에까지 따라 들어온다. 명상의 암흑에 맞들어 있어야 할 침묵 중에도······ 가끔 나는 죽을 지경으로 두렵다. 그런데 모든 이가 이구동성으로 '글 쓰는 것이 당신 성소요' 하고 말한다.

뉴욕에 살고 있는 둘째 아들 내외가 어미의 회갑 선물로 뉴욕행 비행기 표를 보내겠다고 했을 때, 나는 두말없이 응했다. 실은 둘째 며느리가 그 대학 출신이라는 말을 들었을 때부터, 그 학교에 한번 가보게 되기를 바랐는데 그것은 성지순례로서였다.

6월 초순 첫새벽 케네디 공항에 도착할 때까지 나는 장시간『칠층산』을 뒤적이고 있었다. 덮어둔 지 벌써 수년이 지나 내용도 까마득히 잊어버린『칠층산』이긴 하지만, 20대 초반의 머튼 신부님을 만나러 가듯 설레는 마음으로 다시 꺼내 줄이 쳐져 있는 곳을 골라 읽었다. 빛바랜 책 여기저기에 내가 읽은 흔적이 있어 더욱 정이 가는 책. 읽을 때마다 딴 색깔로 줄을 치는 내 습관에 따라 어느 부분에는 무지개처럼 여러 색 줄이 얽혀 있는 곳도 있다. 그리고 몇 마디 곁들여 날짜까지 써둔 곳도. 이번에는 특히 컬럼비아 대학교 시절에 관한 것만 골라 파란 형광펜으로 표시해 두었다.

뉴욕에 도착한 다음 날 아침 일찍 집을 나섰다.

컬럼비아 대학 정문은 116번 가 대로변에 인접해 있었다.

"안녕! 토마스 머튼 신부님!"

마치 언제 와본 곳이기나 한 듯이 아들 내외보다 한 발 앞서 교문에 들어섰다. 6월 초순의 뉴욕은 꽤 더웠는데 학교 교정에 즐비하게 늘어선 울창한 고목들이 더위를 잊게 했다. 머튼이 공장 같다고 표현했던 고색이 창연한 건물들을 바라보노라니 무어라 형용키 어려운 감회가 마음을 적신다.

인간 존재의 핵심에는 한 가지 역설이 있는데, 이것을 파악해야 비로소 영원한 행복을 누릴 수가 있다. 즉 인간의 본성은 그 자체로는 자신의 가장 중대한 문제를 전혀, 혹은 거의 해결할 수 없다는 것이다. ……
무릇 인간의 구원은 자연적이며 일상적인 수준에서부터 시작된다. 나의 경우 역시 그러했다. 책, 이념, 시, 소설, 그림, 음악, 친구, 건물, 도시, 장소, 철학 같은 것이, 은총이 작용할 수 있는 재료 역할을 해주었다.

방학인데도 책을 안고 담소하면서 지나가는 각색 인종의 남녀 학생들이 심심찮게 보인다. 아! 덧없이 흘러가버린 나의 젊은 날이여.
"어머니, 해밀튼관부터 갈까요?"
내가 적어준 쪽지를 들고 며느리가 묻는다.
"그래. 해밀튼관!"
우리는 영문학과라고 쓰여 있는 3층으로 올라갔다. 아무 강의실에나 들어가 고풍스럽고 튼튼해 보이는 나무책상 앞에 앉아 보았다. 혹시 머튼이 머물렀던 곳인지도 모르겠다는 생각을 하면서.

나는 역사학 강의가 있는 곳이라고 생각한 해밀튼관에 갔다. 헌데 외투를 벗고 책 더미를 내려놓은 다음에야 셰익스피어 강의실이라는 것을 알았다. 그래서 나가려고 문까지 갔다가 다시 돌아와 마크 교수의 강의를 그냥 들었다. 그 후 나는 수강신청 등록을 모조리 바꾸어 마크 교수의 강의를 들었다. 내가 인간에게 가장 근본적인 것들 – 인생·죽음·시간·사랑·슬픔·공포·지혜·고통·영원 – 에 관한 참으로 뜻깊은 말을 들은 것은 그곳에서뿐이었다……. 그해 내내 우리는 인간의 욕망과 희망과 공포의 가장 깊은 원천에 관하여 강의를 들었다.

나는 가지고 간 『칠층산』을 펴들고 형광펜으로 줄 쳐놓은 이 대목을 찾아 아들 내외에게 소리 내어 읽어주었다. 인간의 욕망과 희망과 공포의 가장 깊은 원천에 관하여 어떤 문학작품으로 강의를 듣고 토론했을까 궁금해진다. 이어서 머튼이 아르바이트로 학교신문과 책을 편집하였다는 디제이관 4층, 친한 친구 락스의 어머니가 가끔 와서 맛있는 음식을 만들어주었다는 버틀러관에 있는 아파트, 그리고 느닷없이 논문 제목을 '윌리엄 블레이크의 종교관'으로 하자는 생각이 들었다는 카펜터 도서관 등을 방문했다. 이 도서관 말고는 옛날의 흔적을 거의 찾을 길이 없었지만 어쨌든 그가 걸어 다녔을 학교 교정을 천천히 걸으면서, 50여 년 전 진지하게 삶의 목표를 찾아 헤매던 청년 머튼의 고뇌와 외로움을 생각했다.

그해 여름에 논문을 쓰느라고 윌리엄 블레이크 같은 성스러운 천재와 가까워졌다는 것은 얼마나 큰 은총이었던가! 블레이크가 내 논문 속에 자리를 잡자 나는 신앙의 필요성이 생사에 관계됨을 알았고, 유일한 삶의 길은 하느님의 현존이 보장된 세계에서 사는 것임을 그해 초가을에 깨닫게 되었다.

하느님의 현존이 보장된 곳이 자기의 삶의 터전이어야 함을 깨달은 그해 초가을이란 바로 1939년 9월인데, 이는 내가 이 세상에 태어난 때(1939년 9월 22일생)이다.

어느덧 울창한 고목나무에 노을이 곱게 물들고, 석양이 긴 그림자를 드리운다. 우리는 유서 깊은 이 학교 전체에서 풍기는 위엄과, 숱한 사람들이 거쳐 간 빈 교정의 정적에 압도되어 잠시 말을 잃은 채, 그분이 수없이 드나들었을 컬럼비아 대학교 정문을 통해 천천히 걸어나왔다.

높은 종탑이 보이는 록펠러 교회를 지나, 아이들이 큰마음 먹고 예약해놓았다는 매리엇호텔 식당에 가려고, 차를 주차해놓은 곳을 향해 브로드웨이를 한가하게 걷고 있노라니, 머튼이 난생 처음 가톨릭 미사에 참례하고 나온 날의 이야기가 떠올랐다.

…… 나는 늘 다니던 브로드웨이를 한가하게 걸었지만 세상에 새로 태어난 기분이었다. 왜 그렇게 행복하고 평화스러웠는지, 왜 생의 보람을 새삼 느꼈는지 이해할 수가 없었다.

111번 가에 있는, 어둠침침하고 작은 차일즈 식당 밖의, 지저분한 생나무 울타리 뒤에 앉아서 아침을 먹노라니, 신선이 땅에 내려와 있는 기분이었다.

내 마음 같아서는 초라한 차일즈 식당을 찾아보고 싶었지만, 호텔에 예약해놓은 시간이 촉박하여 황급히 차를 타고 이곳을 떠났다. 혼자 속으로 후일을 기약하면서.

매리엇호텔 49층에 있는 전망대 식당에 앉아보니, 각종 네온사인이며 그 많은 고층건물에서 쏟아지는 형형색색의 불빛으로 시야가 온통 불꽃바다다. 그것은 20세기에 인간이 만들어놓은 마천루, 불야성을 이루고 있는 맨해튼은 그 규모가 엄청나구나. 바벨탑 쌓는 것을 보고 놀라 하느님이 인간을 흩으셨다는 말이 실감난다. 정말 인간의 능력을 과시라도 하는 듯 웅장한 야경에 탄성이 절로 난다.

70여 년 전 머튼이 뉴욕 항구에 도착했을 때는 전깃불이 켜져 있는 건물이 보석처럼 빛났다고 했었지. 헌데 오늘의 저 불야성은 보석이 아니라, 어쩌면 20세기 말 인간의 혼을 완전히 뽑아 가는 마귀들의 난장맞을 축제인지도 모르지.

우리는 정성껏 차려놓은 화려한 식탁 앞에서 감사하는 마음으로 조용히 성호를 긋고, 제각기 머리 숙여 식사 전 기도를 할 때, 오! 복된 고독이여! 유일한 진복(眞福)이여!

나는 은총의 하루를 마감하며, 무심결에 머튼 신부님의 생애를 찬양하고 있었다.

2001년 9월

아쉬운 피날레

'마무리가 중요하다'는 말을 흔히들 한다. 마무리를 잘하기가 그만큼 힘들다는 뜻으로도 들린다. 좋은 마무리란 실력, 기질, 습관, 정신력 등과 연관이 있는 경우가 대부분이겠지만 더러는 예상 밖의 행운 등으로 피날레를 멋지게 장식하게 되는 때도 없지는 않을 것이다. 우연찮은 일이 빌미가 되어 정신력이 해이해지는 바람에 낭패를 보게 되는 수도 있으리라.

그렇더라도 지난번 월드컵의 마지막 경기인 터키와의 일전은 실망과 아쉬움이 너무나 커서, 아무리 잊으려 해도 그 불쾌하고 찜찜한 느낌이 그냥 목의 가시처럼 걸려 있다. 이것은 단순한 승패의 문제가 아니다. 독일과의 1 대 0 패배는 아쉽고 안쓰러울지언정 불쾌하지는 않다.

세계적 축구 축제인 월드컵이 처음으로 동양인 한국과 일본에서 열리게 되었다고 떠들썩할 때만 해도 나는 '한바탕 또 시끄럽겠구나' 하는 정도로만 생각했었다. 평소 무슨 경기든지 구경하기를 즐기는 편이니 시간을 많이 허비하리라는 예상은 했었지만, 그런 정도의 감격과 대~한민국에 대한 자긍심, 우리의 국민성에 대한 이해와 더불어 나는 누구인가에까지 다각도로 생각이 미치게 될 줄은 정말 몰랐다. 아! 대~한민국!

'Be the Reds!' 빨갱이(붉은 악마)가 되어라! 붉은 티셔츠에 새겨진 이 맹랑한 구호를 보고 처음에는 고개를 갸우뚱했다. "이게 누구 장난이지?"

허나 천만이 넘는 인파가 거리를 메우면서 누구의 흑심이 있거나 없거나 상관없이 그야말로 대세가 붉은 무리를 묵살시켰다. 6·25 전쟁을 일으킨 이북 공산당을 전혀 의식하지 않는 가운데 'Be the Reds'는 순수한 응원 열기가 되었다. 파도처럼 넘실거리는 붉은 인파를 보고 장차 우리나라의 앞날이 밝을 것 같은 징조를, 천우신조가 있으리라는 예감이 들 지경이었으니 더 이상 말해 무엇하리. 정말 그동안 알게 모르게 우리의 뇌리에 박혀 있던 빨간색의 섬뜩한 기억을 완전히 불식시킬 수 있었다는 것도 예상 밖의 수확이 아닐까 싶다.

반만 년을 외침(外侵) 속에서 시달리면서도 한민족의 정체성을 잃지 않고 예까지 온 저력 있는 민족. 목메어 부르는 오! 필승 꼬레아! 이 꼬레아 노래를 감동과, 저절로 우러나오는 애국심으로 눈시울을 적시며 듣게 되던 6월의 그 열기와 4강의 기적을, 나는 착한 백성인 우리나라에 대한 하느님의 축복으로 받아들이며 감사했다. 선수들뿐만 아니라 우리 4,700만 민족 모두가 합심하여 일구어 낸 그 기적과 같은 전과와 열광하는 대중이 보여준 질서의식은 온 세계를, 특히 일본을 놀라게 하지 않았던가.

그래서 마지막에 전혀 딴 사람처럼 변해버린 우리 선수들의 몸놀림과 표정, 깨어진 팀워크 등에 분노하는 것이다. 그동안의 불타던 투지는 어디 갔으며, 히딩크 감독의 멀티 플레잉과 용병술의 약효가 그렇게 며칠 사이에 떨어져버릴 수가 있단 말인가. 여기서 축구 해설위원의 안타까운 말을 인용하지 않더라도 우리의 태극전사는 폴란드, 미국, 포르투갈, 이탈리아, 스페인, 독일 등과 싸우던 그 전사들이 아니었다. 예전의, 마무리가 약하고 기백이 부족한 한국 선수들로 되돌아온 것이다. 모처럼 온 국민과 더불어 보여주었던 우리 민족의 무서운 잠재력은 독일전의 패배와 함께 자취를 감추었다. 그것이 마지막이었으므로 만회해볼 기회조차 없었다는 게 더욱 유감이다.

그리고 무엇보다도 나를 화나게 하는 것은 마지막 터키전은 마치 없었던 것처럼 너도나도 4강에 오른 것이 꿈만 같다는 말만 되풀이한다는 것. 각 방송사에서는 몇 날 며칠을 두고두고 월드컵 얘기로만 시간을 할애했는데 채널을 아무리 돌려보아도 아무 데서도 터키전 이야기는 없었다. 더구나 그날 그 현장에서 전의를 상실하다시피 했던 선수들마저 4강에 오른 것이 지금도 믿기지 않는다는 말만 앵무새처럼 되뇌는 모습을 보면서, 허탈감에 빠진 나는 깊은 탄식을 하게 되는 것이다. 4강에 오른 것이 기적이고 꿈 같은 걸 누가 모르랴! 그렇다고 4,000만 국민이 모두 건망증 환자란 말인가.

70년 월드컵 사상 최단 기록이라는 11초로 첫 골을 내줌으로써

무기력한 졸전의 신호탄을 쏘아 올린 주장 선수. 그는 전 국민이 지켜보는 해단식 행사장에서 사과 말 한마디 없이, 히딩크 감독과 국민에게 감사한다는 인사말을 자랑스레 하였다.

"한 마디 해! 마지막까지 겸손하지 못하고 우쭐하여 방심한 사이, 가슴 졸이며 응원해주신 온 국민들의 기대를 저버린 점 진심으로 사과드린다고. 아니 이렇게까지 할 용기가 없다면, 주장으로서의 책임을 끝까지 다하지 못한 점 대단히 죄송스럽습니다. 하는 정도만이라도 털어놨어야지."

아무리 하기 힘든 말이라도 때를 놓치지 말고 해야 치유도 되고 위로도 받고 아픔의 상처도 가시는 게 아니겠는가. 모처럼 거족적으로 달아오른 뜨거운 나라 사랑의 용광로에 찬물을 끼얹고 만 마지막 3, 4위 전. 이탈리아(16강), 스페인(8강) 전의 너무나 자랑스럽고 극적인 승리의 장면 뒤로 그림자처럼 따라붙는 이 씁쓸한 기억은 언제쯤이나 내 뇌리에서 사라지려나.

2002년 7월

『무서록(無序錄)』 유감(有感)

"산은 슬프다"로 시작되는 상허(尙虛) 이태준 선생의 짤막한 수필 「산(山)」을 세 번 정도 숨죽여 정독하고, 나는 잠시 눈을 감은 채 정좌하고 있었다. 어느 쾌청한 초가을 한낮 신사임당 동상이 지척에 보이는 사직공원 벤치에서다. 일제 시대 말기 유년 시절에 사직공원 근처 필운동에서 산 적이 있는 나는, 가끔 읽을거리나 쓸거리를 들고 혼자 이곳을 찾아와 맑은 시간을 갖곤 한다.

'올라가기 십 리, 내려가기 십 리'인 강원도 철원 지방 큰 산의 큰 영(嶺)을 혼자 넘으면서 겪은 안쓰러운 이야기.

하늘을 덮은 원생림(原生林) 속에서 저희끼리만 뜻 있는 새소리도 슬픈 소리요 바위틈에 흐르는 샘물 소리도 혼자 쉬이며 듣기에는 눈물이었다. 더구나 산마루에 올라 천애(天涯)에 아득한 산 갈피들이며, 벼랑 밑에 시퍼런 강물이 휘돌아가는 것을 볼 때 나는 어리었으나 길손의 슬픔에 사무쳐 보았다.

상허의 연보를 참고해 보니 이때가 10세 정도였을 것으로 짐작된다. 5세에 러시아의 블라디보스토크에서 아버지를 잃었고, 8세에는 어머니마저 객지에서 여읜 천애의 고아였으니 열 살배기 소년인 상허의 처지는 짐작하고도 남는다.

산, 그는 산에만 있지 않았다. 평지에도 도시에도 얼마든지 있었다. 나를 외롭게 하고 슬프게 하고 힘들게 하는 모든 것은 일종의 산이었다.

이 글은 이렇게 끝을 맺고 있다.
나는 좀처럼 눈을 뜨기가 싫어서 10분이고 20분이고 그 자세로 앉아 있었다. 첩첩산중을 혼자서 걷고 있는 상허 소년의 거친 숨소리와 외로운 발자국 소리, 민감하고 조숙한 10세 고아를 슬픔에 사무치게 하던 그때 그 새소리와 물소리와 바람소리를 함께 들으며, 높은 산에 올라 천애에 아득한 산 갈피를 바라보고 있는 소년의 물 머금은 눈망울을 그려본다. 어린 시절 내게도, 이승이 아닌 저승인 듯 슬프고 아득해 보이던 겹겹의 먼 산봉우리들을 산마루에 올라 혼자서 넋 놓고 바라보던 기억이 있다.
이 세상에서의 삶이란 무엇인가. 이승의 종착지는 어디인가.
수백 마리는 됨직한 비둘기 떼의 소란스런 기척에 놀라 눈을 뜨니 새 먹이를 주고 있는 꼬마들 몇이 내 코앞에서 웃고 있다. 사직공원의 명물 비둘기 떼가 먹이를 좇아 저희들끼리 밟고 밟히며 이리 몰리고 저리 쏠리고 야단법석이다. 구름 한 점 없는 푸른 하늘이 새들 날갯짓으로 흙먼지를 한껏 일으켜 금세 부옇게 보인다.

「산」 이후의 나머지 글들은 일사천리로 읽어나갔다. 내 비록 허리가 결려 주먹으로 두드리고, 돋보기 쓴 시야가 어른거려 가끔씩 울창한 수목과 높은 하늘을 바라보며 눈을 쉬어야 하는 50객일지라도 상허 선생의 짤막한 글 편편이 나를 빨아들이는 듯 눈을 뗄 수가 없었다.

1941년 그의 나이 37세에 출간했다는 이 얄팍한 수필집 『무서록(無序錄)』 외에 나는 선생의 글을 한 편도 읽은 게 없고, 월북 작가라는 것밖에는 아무것도 모르고 있었다. 그런데 몇 편의 수필을 읽고는 마치 오래전부터 잘 알고 있던 분처럼 느껴지는 것은 물론이고, 그의 심성과 특성, 기질 등에 너무나 호감이 갈 뿐만 아니라 뛰어난 문장력과 품위 있는 표현력에 끌려 나는 「물」「밤」「가을 꽃」「난초」「바다」「매화」「고완(古翫)」 등을 읽으며, 아니 이 짤막한 글들에서 상허 선생을 만나며 행복해했다. 어찌나 『무서록』의 매력에 사로잡혔던지 나도 이런 유의 글을 써보고 싶다는 생각까지 해보면서 귀한 차를 아껴 마시듯 아껴가며 천천히 읽어나갔다.

누구보다도 자연과 인간을 사랑하는 섬세함을 타고난 그가 개인의 인격이 존중되지 않는 무신론의 독재 체제인 북녘으로 가서 겪었을 고초를 생각하니 몹시 마음 아프다. 더구나 납북이 아닌 자진 월북이라니 안타까울 따름 …….

「화단(花壇)」이라는 글에, 가물어서 조석으로 물을 주어도 겨우 명맥만 유지하던 화초가 비를 맞고 싱싱해지는 모습을 보고는 "그

저 하늘 물이라야 …… 억조창생이 다 비를 맞아야 ……" 하는 구절이 있다. 어디 그뿐이랴.

'물은 성스럽다. 아름다운 물, 기쁜 물, 고마운 물, 智者 老子는 일찍이 상선약수(上善若水)라 하였다.' '가을꽃들은 아지랑이와 새소리를 모른다. 찬 달빛과 늙은 벌레 소리에 피고 지는 것이 그들의 슬픔이요 또한 명예다.' '역사란 아름다운 인류의 강물이다.' '책이 지루할 때 붓이 막힐 때 난초 잎을 닦아주는 것이 제일이다 …… 난초는 그만치 심경을 가라앉혀 준다.' '소는 어질어만 보이는 것이 아니다. 늘 고요하다. 그 무념(無念)함이 속 깊은 도인, 장자의 풍이 있다.'

25, 6년 전에 나는 남편 친구 집에 초대받아 간 적이 있었는데, 그 집주인이 상허 선생 유품 몇 점을 소장하게 되었다고 기뻐하며, 완당(阮堂) 행서 대련과 복숭아 연적(硯滴) 연상(硯床) 등을 조심스레 꺼내어 보여준 적이 있다.
아, 그때는 무심히 보아 넘겼던 복숭아 연적! 비교적 흔하다고 할 수 있는 그 연적의 사연을 「고완(古翫)」이라는 글 속에서 만나다니…….

우리 집엔 웃어른이 아니 계시다. 나는 때로 거만스러워진다. 오직 하나 나보다 나이 더 높은 것은, 아버님께서 쓰시던 연적이 있을 뿐이다. 저것이 아버님께서 쓰시던 것이거니 하고 고요한 자리에서 쳐다보면

말로만 들은, 글씨를 좋아하셨다는 아버님의 풍의(風儀)가 참먹 향기와 함께 자리에 풍기는 듯하다. 옷깃을 여미고 입정(入定)을 맛보는 것은 아버님이 손수 주시는 교훈이나 다름없다 …… 바다도 얼어 파도 소리조차 적막하던 우라지보스톡의 겨울밤, 흉중엔 무한한(無限恨)인 채 임종하시고 만 아버님의 머리맡에는 몇 자루의 붓과 함께 저 연적이 놓였던 것은 어렸을 때 본 것이지만 조금도 몽롱한 기억은 아니다. 네 아버지 쓰던 것은 이것 하나라고, 외조모님이 허리춤에 넣고 다니시면서 내가 크기를 기다리시던 것이 이 연적이다. 분원사기, 살이 담청인데 선홍반점이 찍힌 천도형(天桃形)의 연적이다.

이 글을 접하고는 그 때 내가 본 것이 바로 그 연적, 상허 선생이 크기를 기다려 할머니가 허리춤에 넣고 다니던 그것인가 하여 확인해보니, 상허의 모친이 남편 친구의 대고모라 한다. 대고모란 할아버지의 여자 형제를 말한다. 연적 말고 그 방 한쪽 벽에 조심조심 걸어놓고 감상하던 완당 행서 대련:

산각도인 무좌성(散脚道人 無坐性)
앉을 성품 못 되어 이리저리 어정대는 노인
폐문십일 위매화(閉門十日 爲梅花)
문 닫고 십 일 동안 매화 피길 기다린다

이 글귀에 얽힌 에피소드가 곁들여진 「매화(梅花)」라는 제목의 수필이 또 있어 나는 그 깊은 인연에 재삼 놀라며 읽어 내려갔다.

상허는 "어서 겨울이 되어 이 글씨 아래 매화 한 분을 이바지하고 폐문(閉門)십일을 해보려는 간절한 소원이었다." 헌데 단엽백매(單葉白梅)인 줄 알고 꽃가게에서 구해다 놓았는데 꽃을 피워보니 복엽홍매라서 너무나 실망하였다는 이야기. "올겨울에는 지난겨울에 찾지 못한 단엽백매를 그예 찾아보리라"는 말로 끝을 맺었는데 왠지 그해 겨울에 그는 기어코 단엽백매를 구해다가 꽃을 피워 완당 족자 아래에 놓고 꼭 폐문십일(閉門十日)을 하였을 것 같은 생각이 든다. 그해 그 겨울에 산각도인(散脚道人)과 단엽백매가 있는 가난한 선비의 정갈한 서재에서 상허는 무슨 생각을 했을까.

복숭아 연적과 추사(秋史)의 행서 대련을 만나러 가던 날, 남편 친구인 수연(水然) 박 시인과 구자운 씨가 동행이었는데 소아마비로 보행이 불편한 구 시인을 이날 이후 우리는 산각도인(散脚道人)이라 불렀다.

국화는 능상(凌霜)이라 하나 매화의 고절(苦節)을 당치 못할 것이요 매화를 백천분(百千盆) 놓았더라도 난방이 완비되었으면 매화의 고절을 찾아보기 어려우리라. 절개란 무릇 견디기 어려움에서 나고 차고 가난한 데가 산지(産地)라.

뭔지 섬뜩한 느낌이다.

상허의 예감이었을까. 매화의 고절을 북녘 추운 땅에서 그는 얼마나 뼈를 깎는 아픔과 외로움으로 견디었으랴. 춥고 추운 만리타항에서 청운의 꿈도 못 펴보고 간 상허 선생 아버지와 그 아들 상허의 운명을 생각해본다.

상허는 「낚시질」이라는 글에서 낚싯바늘에 물려 죽는 물고기의 모습을 "그의 죽음이 고요하고 잠들듯 함이 현인과 같아 차라리 생사일여(生死一如)의 경(境)에서 노닐 수 있는 것이다"라고 썼다. 생전에는 그가 아무리 괴로웠을지라도 마지막 순간만은 생사일여의 경이었기를 간절히 바라며, 어느덧 석양으로 물든 사직공원의 신사임당과 이율곡 모자상(母子像)을 뒤로하고 총총히 일어섰다.

1996년 10월

나의 유년

　뜨르미들 수십 마리가 소리 맞춰 목청껏 울어대어 귀가 멍멍할 지경인 여름 한낮, 내리쪼이는 햇볕에 봉선화는 축 늘어지고 채송화는 빨강 하양, 선명한 색깔로 눈을 자극한다. 평소에 시원하던 왕소나무 밑이나 대청마루 어디고 숨이 턱턱 막히는 게 바람 한 점 없다.
　더위에 달달 볶인 나는 바깥마당 호두나무 밑에 있는 널찍한 평상에 앉아 땀을 식히고 있었다. 녹음이 짙은 숲 속 같은 마당에 한참 앉아 있다 보니 그리도 시끄럽게 울어대던 매미들은 더위에 지쳤는지 조용해지고, 여기저기 떠 있는 뭉게구름도 움직일 줄 모른다. 감나무, 호두나무, 은행나무, 참죽나무 등 그 많은 각양각색 나무의 숱한 잎사귀들 또한 미동도 하지 않고, 작열하는 태양 아래 삼라만상은 정적과 정지.
　하늘과 땅 온 천지에 나의 작은 숨결 외에는 아무 기척이 없다. 눈을 감는다. 내 몸뚱이가 풍선처럼 가벼워져 붕 뜨는 것 같다. 붕 떠서 저 하늘의 하얀 구름 어디에 사뿐 내려앉아, 구름 가는 대로 여기저기 떠다니며 알 수 없는 신비한 세상 구경이나 두루 해봤으면.

  너무 조용하니까 오히려 귀에서 싸 하는 미세음이 나면서 붕 뜨는 것 같던 온몸이 이번에는 점점 졸아드는 듯 이상하여, 나는 무릎을 감싸 안은 팔에 머리를 묻고 있었다.

  한없이 지속될 것 같던 정적의 너른 바다에 침묵을 깨치는 소리. 바로 내 옆 호두나무에서 매미 한 마리가 울기 시작하니 또 여기저기서 일제히 리듬을 맞춰가며 합창한다. 자세히 바라보니 꽤 가까운 곳에 앉아 몸통을 불룩대며 노래하는 매미 한 마리가 시야에 들어온다. 개구쟁이 같은 바람이 살랑대며 눈에 안 띄게 장난질 치고 다니는지, 미동도 않던 잎사귀들이 조금씩 움직이기 시작한다.

  어느 틈에 이마에 맺힌 땀도 걷히고 경쾌한 매미들 노래에 힘을 얻어 자리에서 일어나 살금살금 호두나무 쪽으로 향한다. 매미를 잡아보려고 맨발로 나무에 오르기 시작. 저를 잡으러 오는 줄도 모르고 더욱더 목청 돋워 노래하는 게 우습다. 그러고 보니 온 천지에 살아 있는 거라고는 저하고 나뿐인 것 같구나. 나는 정신을 집중하여 조금씩 매미 가까이로 접근하며 손바닥을 동그랗게 하여 잡는 시늉을 몇 번이고 연습 삼아 되풀이한다. 헌데 무슨 낌새를 차렸는지 이놈이 별안간 소리를 뚝 그쳐 오히려 내가 흠칫 놀랐다.

  '염려 마라. 내가 네 친구 되어 줄게.' 숨을 죽이고 조금 기다리다 내 손이 닿을 수 있는 곳에 이르러 확 덮쳤는데 어떻게 알았을까. 이놈이 횅하니 날아 도망가는 게 아닌가. 그것도 별로 빠르지도 않은 속도로 수직 상승을 한다. 고개를 뒤로 젖힌 채 매미가 사라진

창공을 계속 응시하고 있었다. 처음에는 가물가물하는 점이다가 그것마저 지워진 허공을.

나는 내려올 생각도 잊고 호두나무 가지에 걸터앉아서 다시 정적에 덮인 무더운 초록의 공간에 붙박여 있었다.

처음 맞는 여름휴가

　궁터. 해발 750 미터가 넘는 고지대의 화전민 마을.
　이곳은 태백산맥 줄기 중의 큰 산으로 고려 마지막 임금 공양왕이 도망 와서 3일간 숨어 있었는데, 어찌 알고 뒤쫓아온 이성계 쪽 사람에게 붙잡혔다는 사연이 있다 하여 궁터라 한다. 행정구역으로는 강원도 삼척시 노곡면 상마읍리. 수년 전 기도모임의 어머니들과 며칠간 다녀갔던 곳이기도 한데, 어찌 인연이 되어 생애 최초의 여름휴가를 이곳에서 보내게 되었다.
　서울에서 10시 반 삼척행 우등버스를 타면 궁터 오는 3시 반 마을버스 시간을 충분히 댈 수 있다던 젬마 벗님의 말은 휴가철의 도로 사정을 모르고 한 얘기다. 주말도 아닌 화요일, 아침부터 폭우가 쏟아져 한산할 줄 알았는데 고속도로가 막혀 샛길로 왔어도 오후 5시에야 삼척에 닿았다.
　"이렇게 비가 쏟아지는데 집구석에 있지 않고, 차들은 끌고 나와 길을 막는지 모르겠네."
　운전기사는 볼멘소리로 불평하지만, 장대비가 꾸준히 쏟아지는 가운데의 휴가철 자가용 행렬은 내 평생 처음 보는 또 하나의 볼거리였다.

상마읍리 정류장에서도 한 시간 이상 험한 산을 올라야 되는 궁터는, 외길 등산로 마지막 닿는 곳에 화전민이 살던 집을 개조한 '비움기도의 집'이 있다. 급한 마음에 막차를 기다리지 못하고 삼척에서 차를 대절했다. 궁터 입구 상마읍리까지는 무조건 2만 원 택시 대절료에 30분 거리다. 다행히 날이 개었다.

큰맘 먹고 오늘부터 단식을 시작하여 야채효소와 책을 한 짐 지고 왔더니, 무게가 만만치 않고 산길이 가팔라 힘이 들었다.

처음에는 느긋하게 걷다가 마음이 급해져 오솔길 따라 서둘러 오르는데, 등짐은 점점 무거워지고 해는 서산에 걸려 있어 불안감이 솟는다. 하나 사람 홍수에 부대끼다가 깊은 정적에 싸인 산중에서 며칠을 지낼 수 있다는 게 기뻐서, 노래까지 흥얼거리며 걸음을 재촉했다.

한데 이게 웬일인가. 지루하게 이어지는 진초록 터널 속 가파른 산길을 오르다가, 하늘이 보이면서 시야가 탁 트이는가 싶더니 그곳에 가로질러 신작로가 나타난다. 여기서 등산로가 뚝 끊겼는데 잡초가 무성하여 도무지 올라가는 길을 찾을 도리가 없다.

무거운 배낭을 길가에 내려놓고 사방을 기웃거리며 탐색해 봐도 눈에 띄지 않아, 주위가 하도 조용하니까 혹시 들릴까 싶어 "젬마씨이! 미카에엘!" 하고 소리치니 놀란 매미의 울음이나 그치게 할 뿐이다. 이러는 사이 시간은 자꾸 흘러 해가 지기 전에 신속히 비상

수단을 쓰기로 했다. 아까 올라오는 초입에서 노인 내외가 밭일을 하기에, "이 길이 궁터 올라가는 길 맞죠?" 하고 물으니, "예, 쭈욱 올라가면 돼요" 이랬다.

그 집에 내려가서 궁터로 전화도 걸고 하룻밤을 잘 수밖에 없겠다 싶어 배낭은 풀섶에 놔두고 하산 시작. 호사다마라더니 생애 최초의 휴가라며 너무 수선을 부린 게 아닌가 하는 자책도 든다.

애쓰고 올라온 길을 내려가며, 이런 때 휴대폰이라는 게 있으면 요긴하겠다 싶었다. 애들이 엄마한테 선물하겠다 해서, 아무 데서나 지껄이는 거 보기 싫더라면서 필요 없다고 거절했더니만. 이젠 완전히 어두워져서 열흘은 넘어 보이는 달이 빛을 발하기 시작한다.

부엌에서 석쇠에 고기를 구워 부뚜막에 앉아 밥 먹는 영감님께 하나씩 집어주며 저녁 먹던 할매가, 아까 나하고 말 한마디 나눴대서 구면이라고 웃는 낯으로 맞아준다. 산상의 신작로는 산불 때문에 혼이 난 강원도에서 높은 산마다 길을 내어 유사시에 소방차가 다닐 수 있도록 배려한 것이란다.

"잘 보면 거기 하얀 망초꽃 뒤덮인 둔덕 새루다가 길이 보일 텐디."

"아무리 눈 씻고 봐도 안 보이고 더구나 날이 저무니 어쩌겠어요. 죄송하지만 마당에서라도 하룻밤 재워주셔야겠네요."

마당에 있는 평상에 앉으면서 내가 한 소리다.

이 집 전화 빌려 궁터에 사정 이야기하고 내일 새벽에 올라가겠노라 했다. 개울에 나가 대강 씻고 밝은 달이 중천에 떠 있는 하늘을 보며 체면 불구 내 손가방 베고 평상에 누웠다. 간간이 구름이 떠 있는 드넓은 하늘에 드문드문 별이 보이고, 거뭇한 산봉우리들이 위압적으로 내게 다가온다. 뜸뜸뜸 꽤 멀리서 나는, 깊은 산 낯선 산새들의 잠꼬대 같은 소리에 맞춰 여기저기 반딧불이 날아다니는 광경은 그야말로 한여름 밤의 꿈 같다.

방에서 영감님과 텔레비전 보던 할매가 홑이불과 부채를 들고 나와 옆에 눕는다. 밖에 손님 혼자 놔두고 방에서 텔레비전 보느냐며 영감이 쫓아냈다나. 나는 혼자가 더 좋다고 아무리 밀어내도 막무가내. 자기도 방보다 여기가 시원해서 더 좋다며 같이 자겠단다. 에구구구 허리 아프다고 뒤채며 구시렁구시렁 살아온 얘기를 엮는다.

이 외지고 가난한 집에 열 여덟에 시집와서 5남매 낳고, 먹을 것도 부족한 가운데 시부모까지 섬기며 고생고생한 얘기. 3남 2녀를 다 짝 맞춰 도시로 내보내고 두 늙은이 사는 얘기. 아직 예순 여덟이라는데 난 칠십이 훨씬 넘은 줄 알았다. 밭작물을 머리에 이고 50리 길 근덕 장에 나가 일용품도 사고 반찬거리와 바꿔 먹던 얘기. 왕복 100리 길을 꼬박 걸어 다녔어도 그때는 아플 틈도 없었다나. 그 와중에 영감이 객줏집 작부와 놀아난 얘기 보따리를 푸는데,

"계세요. 여기 서울서 온 손님 계시죠?"

궁터에 있는 미카엘이라며 자기들 집에 온 손님을 한데 잠자게 해서 되겠느냐. 달도 밝고 시원하니 모시러 내려왔단다. 잠이 오락가락 하는 가운데 몹시 피곤하지만 하는 수 있나 따라나설 수밖에.

손가방은 미카엘 벗님이 들고 나는 손전등으로 길을 분간하며

천천히 뒤따랐다. 맨몸으로 올라가는데도 처음에는 다리가 잘 안 떨어졌지만, 조용히 흐르는 개울물 따라 으스름 달빛 아래 쉬엄쉬엄 벗님과 야간 등반을 하는 맛도 그런 대로 운치가 있었다.

"전등 꺼보세요. 달빛이 더 나을 거예요."

구름에 가리었던 달이 모습을 드러내니 더욱 밝다. 교교한 달빛이 깊은 산속 구석구석에 내리는 가운데 불을 끄고 벗님 발자국 따라 자박자박 걷노라니, 옛날에 고승 찾아 입산하는 출가승(出家僧) 생각이 나서 혼자 미소 짓다.

"여기가 반입니다. 잠깐 쉬어 물이나 먹지요."

작은 돌다리를 건너며 하는 말.

아까 혼자 내려올 때는 뛰다시피 건너던 다리인데, 벗님은 어디서 났는지 하얀 사기 찻잔에다 개울물을 가득 떠 두 손으로 받쳐주며 쉬어가자고 길섶의 반반한 돌을 가리킨다. 나도 정좌하고 귀한 차 마시듯 천천히 물맛을 음미하며 잔을 비우고는,

"백자 다기(茶器)에 달(月)차 향이 은근합니다."

정말 묘한 향이 있었다.

"여기 물맛도 좋고 낮에 보면 풍치가 있는 길목이라서, 쓸 만한 걸루 하나 걸어 놔뒀어요."

자기도 한 잔 마시고는 조심스레 나뭇가지에 도로 걸어둔다.

밤인데도 멀리서 산비둘기가 울고 간간이 산새들 보채는 소리, 그리고 수십 종은 됨직한 풀벌레들이 흐르는 물소리와 어울려 신비스런 화음으로 나그네를 무아지경에 들게 한다.

남편은 벌레 소리가 음악 중의 으뜸이라며 늘 듣기 좋아했다. 지금 서울 응암동에서 생전 처음으로 일주일 휴가를 신청한 환갑내기 마누라를 선선히 떠나보내고, 맥주 두 병 혼자 걸치고는 거나해져서, 지금쯤은 피정(避靜)집에 잘 도착했겠거니 하고 있겠지. 휘영청 밝은 달빛 아래 다리를 질질 끌며 야간 등반을 하고 있을 줄은 꿈에도 모르겠지. 용의주도한 그에게는 절대로 일어날 수 없는 일을 곧잘 저지르고 다니는 이 마누라를 늘 한심해하더니만.

길이 뚝 끊긴 그 지점에 이르러 어른거리는 달그림자 사이에서 내 배낭을 겨우 찾아 메고 앞장서는 미카엘 벗님. 망촌지 달맞이꽃인지 달빛 아래 꽃으로 하얗게 뒤덮인 허허벌판 같은 언덕에 이르러, 그게 길이라고는 귀신도 모르게 생긴 데를 골라 우거진 풀을 헤치며 앞장서 오른다.

깊은 침묵의 바다에 떠 있는 듯한 하얀 꽃길을 창백한 달빛 받으며 꼬불꼬불 오르다가, 나는 처음으로 벗님에게 쉬어 가자며 베짱이가 울어대는 풀섶에 주저앉았다.

첫째 날(8월 1일)

'어젯밤에 올라오기를 정말 잘했네. 새 아침은 궁터에서 맞아야 제격이지.'

동창(東窓)으로 쏟아져 들어오는 눈부신 햇살에 잠이 깨면서 맨 처음 떠오른 생각이다.

　방문을 열고 뜰 아래 내려서니 한여름의 초목에서 풍기는 강렬한 냄새와 이슬 젖은 풀밭에서 뿜어 나오는 풋풋한 기운으로 단박에 심신이 정화되는 느낌이다. 이 장소에 서기 위해서 그동안 내가 치른 수고는 정말 아무것도 아니라는 생각이 든다. 겹겹의 긴 산맥들이(산봉우리가 아니다) 내 시야 안에 누워 있고 저 아래로 아득하게 내려다보이는 첩첩 산골짜기의 풍광은 장엄하기 이를 데 없다.

　산야초 물과 죽염, 주식이랄 수 있는 물로 간단히 끼니를 때우고 나니 상쾌하다. 절식. 그동안 체중도 불었고 또 이런 곳에까지 와서 음식을 만들어 먹는 일도 번거롭고 해서 용단을 냈는데 이것은 매우 잘한 일인 것 같다. 물과 소금을 번갈아 먹어가며 오후에도 내내 자고 저녁 무렵에 일어나니, 미카엘 벗님이 올라와 밭을 매고 있다가 나를 산모롱이에 있는 정자로 안내한다.

　높직하니 통 소나무로 잘 만든 정자에 올라 스님처럼 머리 깎은 33세 가톨릭 수사 미카엘과 이런저런 이야기를 나누노라니 신선이 따로 없는 것 같다. 이 산에 들어온 지 칠 년째라는 그는 산을 닮는 삶, 산처럼 살아가는 일을 그의 평생 화두로 삼고 있다 한다. 산이 그의 스승인 셈이다.

　오늘 나는 전에도 두어 번 읽은 적이 있는 영국 소설가 조셉 콘라드 평전을 조금 읽고는 내내 자다 졸다 하며 피로도 풀고, 푸근한 대자연의 품안에서 뒹굴뒹굴 지냈다. 다소 서뜰하던 마음이 차분해지면서, 참으로 오랜만에 아무 방해도 받지 않는 가운데 조용히

앉아 내 안을 살펴보는 시간을 가졌다. 집을 떠나올 때는 뭔지 쓰고 싶다는 욕망이 가득했었는데 지금은 그런 집착에서도 벗어나, 그냥 우두커니 앉아 깊은 호흡으로 신선한 공기를 마시는 게 너무나 달고 좋아서, 될 수 있는 한 이 시간을 길게 늘이고 싶을 뿐이다. 실은 이 휴가 동안에 '읽었던 책 다시 한번' 이런 제목으로 콘라드의 『로드 짐』을 읽고, 학창 시절의 회상을 곁들여 에세이 한 편 써볼까 하는 생각이었는데.

소싯적 내가 작가 지망생일 때 소설 강독 시간에 처음 만난, 그 당시 내 나이 또래 주인공인 짐. 그는 성실하고 바르게 영웅적인 삶을 살고자 했고, 또 그런 자질과 조건을 갖춘 인물이었는데 운명의 장난 때문인지 꿈을 실현하기는커녕 대실패로 생을 마감했다. 왠지 그 짐은 30여 년이 훨씬 지난 지금까지도 나로 하여금 문학(창작)에 대한 미련을 못 버리게 하는 묘하고도 복잡한 여운으로 남아 있는 인물이다. 본인의 의지와 상관없이 인생 여정의 곳곳에 함정처럼 놓여 있는 걸림돌에 무참히 걸려 넘어지는 그의 모습이 내게 깊은 연민의 정을 자아내게 했는지도 모르겠다. 콘라드가 말한 'one of us'를 평생 내 인생의 잣대로 쓰고 있다. 나와 기질이 너무 다른 사람, 도저히 주파수를 맞출 수 없는 사람. 이것은 선악이나 호오(好惡)의 문제가 아니다. 어쨌든 콘라드와 짐은 나의 'one of us'다.

날이 저물자 어느 틈에 슬금슬금 안개가 끼는가 싶더니 삽시간에 한 치 앞도 안 보인다. 흡사 살아 있는 물체가 이 정자를 향해 달려오는 것 같은 느낌이 들 정도로 안개의 이동이 눈에 보인다.

얼마가 지나자 안개는 빗방울이 되어, 온종일 햇볕으로 달구어진 대지에 비를 뿌리기 시작한다. 간간이 들리는 천둥번개 소리와 빗소리를 들으며 정자에서 산야초와 물로 저녁을 해결하고 나니 그렇게 기분 좋을 수가 없구나. 원래 단식 둘째 날이 힘든 법인데 아무렇지도 않다. 아니 아무렇지도 않은 정도를 넘어 의식이 투명해지면서 머리가 맑다. 눈 감은 채 반가부좌하고는 깊은 호흡으로 달고 깨끗한 공기를 심신의 구석구석에 보낸다.

둘째 날(8월 2일)

하루 먹을 소금과 물, 읽을거리, 쓸거리 등을 들고 일찌감치 정자로 나오다. 정말 별천지다. 비온 끝이라 높푸른 하늘에 떠 있는 뭉게구름이 선명하고, 나뭇잎들은 더욱 윤이 난다. 산새와 풀벌레 소리도 생기 넘친다.

옛날 십 대 초반 여름방학 때 서울에서 학교 다니던 언니와 시골집에서 반갑게 만나 비에 씻긴 싱싱한 초록 들판을 이야기하며 돌아다니던 일. 매미가 시끄럽게 울고 논두렁 가는 길에 키 큰 포플러가 일렬로 서서 먼 하늘에 떠 있는 뭉게구름을 배경으로 바람에 잎을 반짝이던, 내 고향 충청도 산골의 여름 풍경이 그림처럼 떠오른다. 방학이 끝나가면 헤어지기 섭섭하여 몇 날 며칠 나를 울게 하던 그때 그 언니는 지금 피정 지도 수녀가 되어 진부령 산속 피정집에 기거한다. 무심한 듯 침묵하고 있는 자연은 인간의 마음을 구석구석 섬세하게 어루만져준다.

정성 들여 천천히 소금과 물을 마시고 잠시 정자 난간에 기대앉아 하늘과 산과 바람에 나부끼는 나뭇잎을 바라본다. 이 시간, 무념무상으로 큰 시간의 흐름을 한가하게 타고 있는 축복된 시간. 순간 좋은 생각이 떠올랐다. 아주 이 정자에서 기거하면 어떨까. 앞으로 남은 목금토 3일간만이라도. 일요일에는 일찍 서울에 가야 되니까.

밤에는 선선할 거라고 젬마 씨가 말렸지만 나는 고집을 부리고 미리 이불과 베개를 가지고 나왔다. 간밤에는 천둥번개와 더불어 그렇게 폭우가 몰아치더니 오늘은 화창한 여름. 작열하는 태양에 삼라만상이 축 늘어져 힘을 못 쓰는 한낮. 나도 나른하여 누워서 책을 보다가 스르르 단잠에 빠지다.

얼마를 잔 것일까. 정자 가까이 있는 나무에서 시끄럽게 지저귀는 새소리에 잠이 깨었다. 고만 게으름 피우고 빨리 일어나 저것 좀 보라는 듯.

어? 저게 뭐지? 저 아래 깊은 골짜기 전체가 바다, 아니 넓은 호수로 바뀌었다. 잠시 낮잠 자는 사이에 천지개벽이라도 한 건가? 이게 꿈인가 생신가 몰라 하며 눈을 비빈다. 아! 저것이 운해(雲海)로구나!

나는 자리에서 일어나 앉아 넋을 잃고 드넓은 운해 호수를 오랫동안 내려다본다. 자운(紫雲)으로 치장을 한 호숫가의 검은 산봉우리들이 전에 없이 아름답다. 스위스에서 감탄하면서 본 산 밑의 호수보다 훨씬 아름답다. 아까 내 단잠을 깨우던 새는 어디로 날아가고 매미와 풀벌레들만 평상시처럼 울어댄다. 얼마 후 나는 눈을 감고 앉아 심호흡으로 명상에 들고 있으려니, 어느 틈에 내 마음 안에도 깊은 호수가 생겨나 그 아름다운 호숫가를 천천히 거닐다. 변화무쌍한 천지조화 속에 내가 앉아 있다.

셋째 날(8월 3일)

정자에서 잤다.

첫날이라 그런지 깊은 잠을 못 자고 몇 번 깨기는 했지만 그런대로 꿈도 없이 잘 잤다. 젬마가 일출 사진 찍는다고 첫새벽에 정자에 올라오는 바람에 잠이 깼다. 어제는 운해 찍는다고 이리저리 돌아다니더니.

늦잠 잘 뻔했는데 덕택에 일출을 보았다. 붉게 물든 동녘 하늘이 산허리에 걸려 있는 보라색 구름과 어울려 장관을 이루더니 어느 순간 초승달 같은 붉은 해가 구름을 비집고 나타나기 시작했다. 일출을 바다의 수평선에서와 똑같이 산봉우리 너머에서도 볼 수 있다는 게 놀라웠다. 해는 삽시간에 몸체를 드러내면서 삼라만상을 눈부신 황금빛 아니 핏빛으로 압도한다. 해의 위력 앞에서 인간은 오직 옷깃을 여미고 고개를 숙일 뿐.

오늘밤엔 일찍부터 잘 자고 내일 새벽 서너 시쯤 일어나 끝없이 펼쳐진 태백산맥 위로 동이 트는 대지, 잠에서 깨어나는 대지를 보리라. 깊은 산중에 혼자서, 그것도 사방이 트여 있는 정자에서 밤을 지낸다는 게 쉬운 일은 아니었다. 간밤에도 망초꽃 흐드러지게 피어 있는 밭에서 달에 비친 밤 풍경을 둘러보는데, 천지간에 나 혼자서 영원과 닿아 있는 한없이 넓은 하늘로 시선이 가는 순간, 괴괴한 정적이 불안한 안개구름으로 나를 감싸는 듯하여 소리 내어 주모경을 되뇌며 여린 내 마음을 다스렸다.

한데 경치 구경에 넋을 잃었나, 콘라드 에세이는 한 줄도 못 썼다. 『로드 짐』을 가지고는 왔는데 깨알 같은 활자로 된 빛바랜 옛날 책을 대충이라도 훑자니 한심하다. 5년 전에 나 선생님이 손수 사인까지 하여 보내주신 『조셉 콘라드의 삶과 문학』을 다시 감명 깊게 읽었다. 그 옛날 내게 창작에 대한 애착을 심어준 『로드 짐』을 인상 깊게 강의해주신 교수님이시다. 평전을 다 읽고는 '2001년 8월 3일 궁터 누각에서 오후 2시 20분'이라 적고 보니 오늘 8월 3일이 바로 콘라드가 임종한 날이다. 묘한 인연 아닌가. "살아서 외로운 이방인이었던 콘라드는 세상을 뜰 때에도 호젓이 이방인답게 떠나간 것이다." 평전은 이렇게 끝났다.

어제까지는 졸리면 아무 때나 자곤 했는데 오늘은 낮잠 대신 뒷산에 오르기로 했다. 혼자 사는 어느 스님은 낮잠을 쫓기 위해 장작을 뻐갠다 했다. 아무리 30도를 웃도는 폭염 중의 등산이라 해도 장작 패는 일에 대면 거저먹기지. 궁터 뒷산 정상에 서서 이곳의 풍치도 내려다볼 겸 물 한 병 들고 오르기 시작하는데 초입에서부터 땀이 비 오듯 한다. 바람 한 점 없는 대단한 더위다. 나무가 울창한 고산(高山)에서도 움직이기만 하면 땀이 흐른다.

등산로가 없지 않을까 염려했는데, 작년 가랑잎이 그대로 쌓여 있는 오솔길이기는 하지만 따라 올라갈 만한 걸 보니 사람의 왕래가 아주 없지는 않은 모양이다. 30분 정도만 오르면 정상에 닿을 것으로 예상했었는데, 40분 이상 땀 흘려가며 별로 쉬지 않고 걸었는데도 여전히 하늘이 안 보이는 산속이다. 생전 처음 보는 하양 노랑 보라 붉은 색 작은 꽃들이 어찌나 선명하게 자기 표현들을 하고 있는지, 평소 식물에 대해서 무식한 내 눈을 번쩍 뜨게 해준다. 그리고 현란한 색깔로 유혹하는 독버섯들. 오염되지 않은 깊은 산골 대자연의 품 안에 각양각색 꽃처럼 피어 있는 독버섯들이 예사롭지 않게 보인다.

얼마를 걷다 보니 정상을 지난 내리막인 것 같은데도 여전히 하늘이 안 보인다. 이 산은 울창한 나무들이 시야를 가려 아무 데서고 아래 동네나 인근 경치를 내려다볼 수가 없는 산이다. 그동안 내가 다닌 산은 정상에 서면 으레 시야가 탁 트여 멀리 바라볼 수가 있기 마련인데, 정상에서도 하늘이 안 보이는 산은 이번이 처음이다. 하는 수 없이 그냥 하산하기로 하고 물 마시며 잠시 쉬는데, 어디서 내 시선을 잡아끄는 것 같아 무심히 눈을 준 곳에 귀티 나는 보라색 방울꽃 몇 그루가 있다. 유난히 음전하게 생긴 해묵은 왕소나무 밑에 다소곳이 피어 있는 보라색 방울꽃. 흰 것은 더러 보았지만 야생 연보라 방울꽃은 초면이다. 가까이 가서 한 줄기에 너덧 송이씩 달려 있는 꽃을 자세히 들여다보니, 노르끄레한 꽃술을 달고 있는 그 오묘한 모양과 신비한 색깔이 하도 마음에 들어 냉큼 떠날 수가 없어 그 곁에 한동안 앉아 있었다.

날이 저물 때가 가까워서인지 산새와 매미, 풀벌레들의 부산한 술렁거림에 꿈에서 깨듯 벌떡 일어나, 다급해지는 마음이 되어 쫓기다시피 하산을 서둘다. 단식 4일째라 그런지 아무래도 다리가 휘청거리는 것 같다.

"산에는 꽃이 피네 꼬오치 피이네 피네 – 가알봄 여름 어업시 꽃이피이네. 산에 산에 – 에 – 에 – 피는 꼬오츤 저어만큼 호온자서 피이어 있네. 산에서 우는 작은 새야 꽃이 좋아 산에서 사아노라네 – 산에는 꽃이 지네 꼬오치 지이네 지네 가알봄 여름 없이 꽃이 지이이네 – 꼬오치 지이이네."

인적이 전무한 심산에서 나직이 노래를 부르니 내 소리의 메아리가 깊은 침묵을 깨치며, 초록 나뭇가지 사이로 쏟아지는 석양빛에 섞여 한동안 살아 있는 여운으로 머물다.

넷째 날(8월 4일)

대지와 하나가 된 듯한 느낌으로 야외 잠을 자면서, 꿈을 꾸듯 사하라 사막에서 몇십 년 씩 은둔생활을 하고 있다는 수도자들을 생각했다. 이곳은 튼튼한 지붕 밑 높직한 정자인데도 다만 창문이 없다는 이유만으로 허영벌지에서 밤을 보내는 기분인데, 그들이야말로 일정한 거처가 없는 사막의 은수자들이 아닌가. 그분들의 기도와 수고로 큰 탈 없이 이 세상이 돌아가고 있는 것은 아닐까. 아니 정말 우리는 누군가의 희생 덕분에 이 정도의 평화를 누리며 살아가고 있는지도 모르겠다는 생각을 하면서 잠이 깼다.

눈이 떠진 것은 어둠이 완전히 걷힌 뒤 오전 5시 30분 일출 시간 직전이었다. 그것도 구름이 잔뜩 끼어 손톱만 한 때는 은밀히 지나고 거의 다 둥근 연후에 잠깐 보였을 뿐이다. 오늘은 동녘 하늘도 별로 붉지 않다. 날이 흐려 떠오르는 해는 못 봤지만 간밤의 보름달은 정말 일품, 내 생애 최초의 휴가를 둥근 달님께서 맘껏 축복해 주셨다는 느낌이다.

구름 한 점 없는 투명한 밤하늘. 침묵에 싸인 산봉우리 위에 고요히 떠서 골고루 신비한 빛을 뿌리는 중에 특별히 내게 눈길을 주던 둥근달. 너그러운 달님의 편안한 미소 덕택에 나도 대지와 하나 되어 달님과 노닐었다. 시원한 바람 타고 들려오는 산새, 풀벌레들의 나직한 노랫소리가 나의 흥을 돋우고, 망초와 달맞이꽃으로 뒤덮인 구릉은 달빛 받아 더욱 신묘한 색깔로 출렁대며 달님의 축복을 거들었다. 달이 중천을 지날 때까지 시간 가는 줄 모르고 취해서 나는 이 세상에서의 참 행복을 감히 누려보았다.

오늘도 낮잠이 오려는 시간에 그 밤에 올라오던 산상 신작로까지 내려가 봤다. 올 때는 밤이라서 몰랐는데 내려가면서 보니 정말 절경. 물 흐르는 계곡 쪽 산 모양이 어찌나 묘하던지 나는 젬마 씨더러 금강산 같다고 했다. 게다가 이름 모를 꽃들, 색깔이 곱고 꽃송이도 크고 내가 아는 도라지와 나리꽃 원추리 등도 너무나 색이 진하고 튼실해서 딴 꽃 같다. 살아 있는 산, 인간들에게 철철이 보물을 나누어주는 산.

오늘이 마지막이라 생각하니 모든 것이 각별하게 다가온다. 찬물로 목욕을 하고 정자에 앉아 물과 소금, 산야초로 끼니를 채우고는 『로드 짐』 마지막 장면 두 페이지를 소리 내어 몇 번이나 읽었다. 짐이 총 맞고 쓰러지는 장면에서는 가슴이 아파서 잠시 읽기를 중단했다. 가엾은 영웅, 운명의 시련에 끝내 패배하면서도 죽는 순간까지 당당하려 드는 그의 모습이 안쓰럽다. 어떻게 짐을 살려낼 방도는 없었을까.

한낮에는 불볕더위더니 저녁이 되면서 또 안개가 끼기 시작하여 지금(7시)은 정자 주위의 나무밖에 아무것도 안 보인다. 이럴 수가. 아까부터 새 한 마리가 바로 옆 나무에 와서 또 운다. 안개가 너무 짙어 불안하다는 얘기인 듯. 아마 제 집 찾아가기도 힘이 드는 모양이지. 지금 나도 불이 없는 정자에서 어림짐작으로 이 글을 쓰고 있다.

쓰는 일은 고만하고, 눈 감고도 할 수 있는 풍욕(風浴)과 이어서 비움기도(묵상기도) 시작. 이 정자에서의 마지막 밤을 위하여 무념무상으로 앉아 있다, 무한한 자유와 평화를 누리며. 지금부터 이 정자를 무아정(無我亭)이라 부르리라. 나를 무아의 경으로 인도해 주는 고마운 무아정!

다섯째 날(8월 5일)

잠결에 이불을 어깨 위로 끌어올리다가 눈을 떴다. 몇 시쯤이나 됐을까. 성냥을 긋고 들여다보니 새벽 네 시. 밖은 아직도 안개가 안 걷혔는지 주위의 물건이 눅눅하다. 여명이 시작되는 천지를 보기에 적당한 시간인 것 같은데 안개 때문에 가늠이 되려는지. 평상시처럼 누워서 꿍깃거리지 않고 정신이 들자 벌떡 일어났다. 어느덧 작별의 시간이 다가오고 있음에 생각이 미치자 아쉬움이 앞선다. 볼일도 볼 겸 정자에 붙어 있는 통나무 사다리를 조심조심 내려오는데 뜻밖에 동편 하늘에 별 둘, 하나는 크고(엄마별) 하나는 작고(아기별). 자세히 둘러보니 여기저기 빛바랜 별들이 보인다. 한밤중에는 초롱초롱 힘을 내다가 날이 밝을 무렵이 되면 시름없이 사라지는 별들. 땅에 내려서니 밤새 나무에 맺혔던 이슬방울 떨어지는 소리가 꼭 빗방울 듣는 소리 같다. 이것도 삼라만상이 깊은 잠에서 조금씩 깨어나는 소리처럼 들린다.

풀 냄새와 흙 냄새를 가슴 깊이 들이마시면서, 한결 가뿐해진 몸과 마음으로 땅을 밟고 서서 부여하게 밝아오는 하늘을 바라보고 있으려니, 문득 나는 누구인가? 왜 나는 혼자 여기에 이런 모습으로 이렇게 서 있는가? 하는 물음이 순간 머리를 스친다. 이 때 작은 새 한 마리가 푸드득거리며 어딘가로 날아가는 모습이 인상적이다. 약간 자색 나는 안개구름이 어둠을 싸안고 퇴장하는 것 같은 사이로 시야가 점점 넓어지는 느낌이다. 멀리 보이는 태백산맥들이 차츰 그 위용을 드러낸다. 어느 틈에 엄마별 아기별도 자취를 감추었고 동쪽 하늘이 붉게 물들기 시작하는 모습에 가슴이 뛴다.

누가 나를 이 세상에 보내어, 나로 하여금 이런 장관을 보게 하는가? 이렇게 벅찬 감동으로 하늘을 우러르게 하는가?

우선 창세기에 흙으로 사람을 빚어 만들고는 숨을 불어넣으셨다는 대목이 떠오른다. 숨결만 걷히면 흙으로 돌아가야 되는 운명이라는 얘기겠지. 이승에서 끊임없는 아픔과 고통을 겪어야 되는 것은, 나의 본질 가운데 있는 흙의 속성이 자기 본연의 자리로 가는데 필요 불가결한 과정이 아닐까. 이 육신을 가지고 대자연의 품 안에 완전히 녹아 하나가 되는 일이 쉬울 리가 있나.

일출이 진행되는 시각에 풍욕을 시작하면서, 어수선하던 내 마음 안이 조금씩 정돈되어 가고 있음을 본다. 내가 해야 할 일,

첫째, 마음 안의 침묵에 귀 기울일 것. 이것은 무한히 유현한 세계, 궁극의 실재와 체험적인 접촉을 하기 위함.

둘째, 나의 자유의지가 새롭고 뜻깊은 것을 글로써 표현해내는데 집중적으로 쓰일 것. 내 여생의 일거리가 생긴 셈.

선홍빛 하늘을 보며 소금과 산야초와 물로 이른 아침을 대신하고, 서둘러 청소와 빨래 시작. 5일간 내가 덮고 잔 이불잇과 베갯잇, 타월 등을 손빨래해 널고 나니 개운하다. 궁터에서 7시 30분에는 출발해야 서울에 좀 일찍 도착하겠지. 부지런히 일 마치고 하산

준비를 하고 있는데 미카엘 벗님이 올라온다. 내 짐 지고 궁터 입구 버스 타는 데까지 함께 내려가겠단다. 고맙다. 잘 있으라. 무아정(無我亭)! 잘 있으라. 궁터! 미카엘 벗님에게 짐을 다 지우고, 나는 도라지꽃과 나리꽃이 하도 예뻐서 색색으로 몇 송이 꺾어 들고, 이슬 젖은 풀밭을 헤치며 내려오다.

그 밤의 돌다리에 이르러 아침 햇살 받아 무지갯빛으로 생기 있게 흐르는 감로수를 백자 잔 가득 마시고, 준비해온 빈 병에 생수를 채워 들고는, 아쉬움에 자꾸 뒤돌아본다. 태국인가 어디에 에메랄드 보석 궁전이 있다더니 나는 강원도 태백, 하늘도 잘 안 보이는 이슬 젖은 에메랄드 그린의 터널을 산새와 매미, 풀벌레들의 전송을 받으며 천천히 통과하다.

서울행 우등버스의 강한 냉방으로 내내 한기에 시달리다. 단식을 하면 체온이 떨어지는지 옷을 껴입고 양말까지 꺼내 신다. 서울 고속버스 터미널에 내리니 또 이상한 악취 때문에 괴롭구나. 거의 벗다시피 하고 부채질하며 다니는 사람들 틈에 긴 팔 두꺼운 면 남방 셔츠를 입고도 더운 줄을 모르겠다. 도로에 만연한 역한 냄새 때문에 얼굴을 찡그리고 걷노라니 겨우 6일간의 산간 단식생활에도 이렇게 민감하게 반응하는 내 몸이 놀라웠다.

왁자지껄한 인파의 소용돌이에 휩쓸리는데 휘청하며 현기증이 일려고 한다. 허나 속세의 밥을 먹기 시작하면 또 금방 적응을 하겠지. 적응인지 마비인지 모르겠지만. 길가 공중전화 부스에 들어가 집으로 무사 귀환을 알리는 전화를 걸다.

"여보세요."

"아! 당신이구먼, 어디야?"

"서울."

"그래? 생각보다 일찍 도착했네. 잘 있다 왔지?"

"네."

3호선 전철을 타러 층계를 내려가는데 괜히 눈물이 핑 돌아 시야가 흐리다. 빨리 가면 저녁 미사 시간에 대갈 수 있겠구나.

2001년 8월

내 친구 백목련

우리 집 마당에는 수령이 50년쯤 되는 백목련이 있다. 남편의 이종사촌이 자기 이모인 시어머님 육순 기념으로 가져다 심어놓은 것이라 한다. 나는 시어머니 환갑 해에 시집왔으니까 이 나무는 나와 비슷한 시기에 이 집 식구가 된 셈이다. 그래 그런지 키가 훌쩍 크고 덩치가 상당한 이 나무를 바라보는 나의 감회는 남다르다.

어머님은 천수를 누리고(95세) 떠나신 지도 몇 해가 되었는데, 입춘이 지나자 저 목련은 올해도 어김없이 부활하여 눈부시게 하얀 꽃으로 마당을 환하게 밝히기 시작한다. 그야말로 순소(淳素)한 꽃으로.

내가 시집올 무렵만 해도 뜰에는 진달래며 영산홍, 철쭉, 붓꽃, 수선화 등 제법 봄꽃들이 무성했는데, 좌우로 높은 집들이 들어서며 햇빛을 가로막은 탓인지 어느 틈에 모두 사라졌다. 탐스런 꽃이 만발하던 철쭉이 꽃을 피우지 않아 몇 년을 기다리다 뿌리째 캐어버린 기억이 난다. 남편이 「철쭉과 벌」이라는 제목의 시를 쓴 바로 그 철쭉이다.

만발한 철쭉을 본다.

아아, 눈부심,

비치는 꽃잎

어디선가 벌이 날아와

꽃잎자리 속에 비비대기치고 든다…….

나는 원래 꽃에 별로 관심이 없어서 언제 이것들이 없어졌는지 잘 생각이 나지 않는데, 이 시 때문에 그나마 철쭉 하나라도 기억하게 되는 것 같다. 좌우간 자자고로한 꽃나무들은 다 사라지고 우리 집 마당엔 거목이 된 백목련과 앵두나무만 무성하다.

겨우내 죽은 것 같던 가지에 뾰족뾰족 하얀 꽃망울을 내밀고 있다가 햇볕 잘 닿는 쪽부터 시작하여 거의 한 달 넘어 층층이 피어 내 둥치 값을 톡톡히 하는 목련. 허나 피는 대로 쏟아져 누렇게 곯아 떨어지는 모양이 흉했는데 우연히 작년에, 떨어진 꽃잎을 시들기 전에 손으로 줍는 데 재미를 붙였다. 특히 첫새벽에 뜰에 나가 쪼그리고 앉아 줍는 보드라운 꽃잎의 그 신선한 촉감을 무엇에 비기리.

도톰한 꽃잎을 한참 만지고 나면 손끝에 하얀 분가루라도 묻었을 것 같아 손바닥을 펴고 들여다보다가 뻣뻣한 내 얼굴을 천천히 비벼보곤 했다.

한번 떠나면 다시 못 보는 인간의 수명과는 달리 나무는 수십 번이라도 죽었다가 때 되면 다시 꽃을 피운다. 연년세세 이어지는 사계절이 똑같은 것은 아니고 올해 핀 목련이 작년 것은 아니지만, 누렇게 지는 꽃을 보면서도 내년에 새롭게 다시 만날 기약은 할 수 있지 않은가.

유독 인간에게만 덧없는 세월이 새삼 허허로워 마악 피기 시작하는, 나와 비슷한 연배의 목련을 어루만지며 무상감에 젖는다.

물소리 단상

흐르는 물소리는 의식을 맑게 해준다.

잠자리에 누워서 마냥 듣게 되는 개울물 소리가 먼지 낀 내 영혼을 깨끗이 씻어주는지 정적 속의 짙은 어둠이 이상스레 투명하게 느껴진다.

이곳은 강원도 삼척시 노곡면 상마읍리. 삼척에서 마읍행 시골버스로 한 시간 이상 꼬불꼬불 산골짜기로만 달려와 종점에 내린다. 여기서 보기 좋은 야산의 소나무 언덕을 20여 분 넘게 돌고 돌아, 계곡의 낭랑한 물소리를 들으며 재를 넘으니, 조그만 너와지붕 오두막이 시야에 들어온다. 바로 이 집, 수녀인 나의 언니가 천신만고 끝에 얻은 기도하는 집에 나 또한 몇 년 별러 이 여름에 찾아왔다.

텃밭 바로 밑을 흐르는 개울물로 생활용수는 물론 식수까지도 모두 해결한다고 했다. 첩첩산중이라 이 집 위로는 인가가 없다. 그리고 여름의 그 무서운 폭우에도 물이 별로 불지 않더라니 참으로 신기할 따름이다.

마당에 있는 평상에 앉아 저녁을 먹으면서 언니는 내게 "저 물소리가 이 집의 보배"라 했다. 물이 아니라 물소리가 보배라? 그 때는 무슨 뜻인가 싶었는데 시간이 갈수록 그 말에 공감이 간다. 더욱이 이렇게 깊은 밤, 눈을 감고 잠을 청하면서 듣게 되는 물소리는 소리로서만이 아니라 물(物) 자체로서의 물의 모습으로 내게 다가온다. 대자연의 섭리에 자기 자신을 온전히 내어맡긴 무아의 물.

가장 좋은 것은 물과 같다(上善若水)로 시작되는 노자의 물철학은 구구절절이 의미심장하고 사람을 깨우쳐주는 면이 있다. 게다가 장안의 화제를 불러 모은 도올 선생의 EBS TV 강연으로 하여 노자가 꽤 친숙한 할아버지로 느껴지니, 강의 내용에 대한 찬반론을 떠나 중국 고전의 붐을 일으킨 그분의 공로는 대단하다고 여겨진다. 물은 항상 자신을 겸손하게 낮추면서도 모세관 현상이나 기화(氣化) 작용을 통해 아니 올라가는 곳이 없다는 면에서 무소부재(無所不在)한 신의 능력과 같다는 재기 넘치는 선생의 해설에도 감탄했다. 노자『도덕경』을 좀 더 집중하여 읽고 싶어진 것도 큰 수확일 것이다.

물은 다투지 않으면서도 만물을 이롭게 하고 대중들이 싫어하는 낮은 곳에 처하기를 좋아하니 도에 가깝다는, 평범한 것 같으면서도 예리한 지적과, 부유부쟁(夫唯不爭) 고무우(故無尤) 즉 대저 오로지 다투지 아니하니 허물이 없다는 말로 그 유명한 '상선약수' 장(章)이 끝나는 게 인상 깊었다.

이렇게 도를 구현하려는 인간의 삶의 방식에, 물의 속성을 여러 방면으로 예를 들어가며 비유한 노자도 물의 '소리'에 대한 언급은

없었다.

"물소리가 이 집의 보배"라는 언니의 말에 "물소리가 이 세상의 보배"라고 나는 응수하고 싶어진다.

깊은 산속의 무거운 정적 속에 면면히 흐르는 물의 소리. 그야말로 상선(上善)인 물이므로 그 소리로도 우매한 나를 이리 부드럽게 흔들어 깨우는가.

낮에 들리던 갖가지 새소리도 밤이 깊으니 조용해지고 물소리만 차분히 어둠을 헤치고 내게로 온다. "어디로부터 와서 어디로 가는지 알아맞혀 봐" 하는 물음을 던지면서 돌돌돌 멀어지는 것 같기도 하다.

도시의 소음 속에 수십 년 젖어 살던 나는 처음 이 산중의 온전한 '소리 없음'에 오히려 귀가 멍했다. 각종 새나 풀벌레, 바람, 물 등 자연의 소리밖에 없는 산골짜기. 게다가 언니와 나는 어제부터 대침묵 속에 살고 있다. 3박 4일 동안이나마 의식을 집중하여, 안으로 마음의 흐름을 살피라는 언니의 주문이다. 자기의 내면 깊숙한 곳을 들여다보는 훈련을 단기간이지만 해보라는 얘기였다. 그런데 오늘이 그 마지막 밤이다.

눈을 뜬다. 칠흑 같은 어둠에 작은 별무리가 몰려다닌다. 은하인 듯 희부우연 별무리도 개울물 흐르듯 흘러간다. 그러다가 일순 정지. 순간 개울물 소리도 뚝 그친다. 나는 숨을 죽이고 어둠 속을 응시한다. 내가 없어진 듯, 어둠이 나를 삼킨 듯, 내가 물이 된 듯.

얼마나 지났을까, 나는 다시 어렴풋한 소리에 실려 한없이 떠내려간다. 큰 바위에 부딪히기도 하고 웅덩이에서 기다리기도 하며, 무엇엔가 막혀 한참 머뭇거리다 탁 트인 곳에 이르러서는 시원한 바람을 쏘여가며 기분 좋게 흥얼거리기도 하다가 깊은 잠에 빠져 들었다.

  꿈에서는 내가 누구인지 어디로 가고 있는지 환히 알 수 있는 게 신기했다. 물과 더불어 여행하다가 어디쯤에선지 물과 헤어져 물은 물대로 흘러가고 나는 나대로 걸어가고 있을 때였다. 바람 소슬한 그 길을 혼자서 오래오래 걷고 싶어 나는 꿈속에서도 꿈을 깰까 봐 몹시 가슴 졸이고 있었다.

2000년 8월

아들의 의자

넷째가 미국으로 떠나던 날 아침 새 정장 차림인 것을 보고,
"뉴욕에 도착하려면 열 서너 시간을 기내에서 뒹굴어야 될 텐데 평상복을 입지 그랬어" 하니까,
"왠지 새 옷을 입고 미국에 들어가고 싶네요" 했다.
새로 장만한 바바리까지 챙겨 입은 상큼한 모습으로 싱긋이 웃으면서 한국을 떠난 지도 어언 2년이 넘었다.
4남 1녀 중 넷째인 바오로는 가톨릭 사제다. 행신1동 천막성당 보좌 신부로 첫 소임을 받아 2년 근무하고 나니(마지막 10개월은 새 성당에서), 미국에 가서 매스컴을 공부하고 오라는 교구청의 지시가 내려졌다. 하여 미국 학제에 따른 자격시험과 어학 등 1년 정도 준비 끝에 보름쯤 집에 와 있다가 떠났다. 십수 년 전 신학교에 입학하노라 형제들 중 두 번째로 이불 보따리를 싸들고 집을 떠난 넷째는 방학 때도 대체로 성당에서 기거하고, 많아야 2, 3일 정도 집에서 지낸 적밖에는 없다.
새로운 장소에서 새롭게 펼쳐질 미지의 시간을 향해, 새 옷을 입

고 날아가고자 하는 그의 마음이 헤아려진다. 멀리 태평양 너머 아메리카 대륙으로 진입하는 꿈 많은 젊은 사제의 각오랄까 기개 같은 게 쩡하니 전해오면서 사제의 어미로서 만감이 교차했다.

어릴 때부터 넷째는 친구를 많이 몰고 다니는 골목대장이었다. 초등학교 때도 늘 한두 명씩은 애들을 집에 데리고 와 놀곤 했는데 어느 날,

"애들아, 나는 어른이 되면 신부님이 될 거다." 이러는 게 아닌가.

장남인 기완이는 성당은 물론 주일학교도 재미있게 다니고 해서 혹시 하고 마음을 쓴 적이 있지만, 어린이 미사에나 그냥 놀이 삼아 참여하는 것처럼 보이던 이 아이의 말은 뜻밖이었다. 신심이 별로 깊지 못한 나는 가슴이 철렁하여 저녁에 조용히 남편에게 이 말을 전했다.

"그 일은 우리가 말릴 일도 권할 일도 아니니 두고 봅시다."

사실 그의 말대로 두고 보는 수밖에 달리 무슨 방도가 있을 것인가. 한데 마음에만 담고 있던 사제 지망 이야기가 대입 준비 시기가 되자 구체화됐다. 그때까지 아들을 예비 신학생 모임에 보낼 생각도 못하고 있었던 나는 당황하여 본당 신부님과 면담도 하고 준비를 서둘렀다.

"초등학교 때 이성만 신부님의 강론 말씀을 들으면서 남자가 이 세상에 태어나서 할 일이 바로 저것이구나, 참으로 뜻이 있고 멋지다! 하는 느낌을 받았는데 지금도 그 생각에 변함이 없습니다."

너무나 단순 명쾌한 그의 말에 우리도 흔쾌히 그의 뜻을 받아들

였다.

　프랑스 유학에서 갓 돌아와 처음으로 우리 응암동 성당에 오신 젊은 토마스 신부님은 건장한 체구에 운동도 잘하시면서 열성적으로 사목(司牧)을 하셨다. 우리 본당 축제 때 인근에 있는 학교 운동장에서 구역 단체별 체육대회를 할 적에도 신부님은 달리기고 축구고 간에 만능이셨다. 활발한 성격의 바오로는 신부님의 이런 모습에서도 꽤 감명을 받은 모양이었다. 아니 이런 단순한 외적인 일들보다도 이것이, 특별히 사람과 깊이 사귀기를 좋아하는 바오로를 이 세상에 보내신 분의 뜻이었구나, 하는 것을 내가 깨달은 것은 한참 뒤의 일이었다.

　우리는 어린 그가 기쁘고 자랑스럽게 선택한 그 길을 가는 데 애들 아빠의 말대로 말리지도 특별히 권하지도 않기는 했지만, 막상 아이를 떠나보낼 때는 섭섭함을 누르고 하느님께 감사하는 마음을 가지려고 무진 애를 쓰면서 작별했다. 고맙고 대견스러운 중에도 안쓰럽고 아픈 마음은 어쩔 수 없었다. "집안 식구, 특히 어머니가 한 번도 사제가 되라는 말을 하신 적이 없다고 하면 동창 신부들은 다 놀래요. 그들 대부분이 어머니의 권유가 씨앗이 되어 신학교에 오게 되었으니까요."

　행신동 성당에서 집에 도착한 사제의 짐은 주로 옷이나 책이 들어 있는 박스였는데 큼지막한 의자가 하나 끼어 있는 게 눈에 띄었다. 아마 그가 특별히 애용하던 의자인 모양이었다.

사제가 미국으로 떠나던 날 밤에 막내는 제 형이 쓰던 그 의자를 내 방에 들고 와 나의 전용 컴퓨터 앞에 있던 헌 것과 바꿔 놓으면서, "셋째 언니가 내게 이 의자를 잊지 말고 어머니 방에 갖다 놓으라는 당부를 하고 떠났어요. 들어보니 묵직한 게 꽤 좋아 보이네요" 한다. 우리 집에서는 남자 형제끼리도 언니라는 호칭을 쓴다.

앉아보니 탄력 있는 등받이와 팔걸이가 든든하고 전후좌우로의 이동이 자유자재다. 짙은 수박색 천을 입힌 두 쪽의 등받이와 쿠션이 짱짱하고 맵시 있어 보이는 의자를 아들은 어미에게 물려주고 떠났다.

집안일로 녹초가 된 날 나는 가끔, 눕는 대신 아들의 의자에 등을 편안히 기대고 팔걸이에 두 팔을 얹고는 슬슬 의자를 돌리면서 쉬기도 한다. 등받이의 위치가 내 등의 늘 아픈 그곳, 어깨 죽지 바로 밑에 와 닿는 게 참으로 신기하여 지그시 누르면서 마사지 하듯 이리저리 움직여보기도 한다.

어렸을 때 넷째는 주방에 들어와 곧잘 어미 일을 거들었다. 삶은 메추리알을 간다든지 만두나 송편 빚을 때도 어디에서 쪼르르 달려와 제 누이보다도 부엌일에 참섭하기를 좋아했고, 웬일인지 다섯 아이 중에 할머니께 제일 많이 귀여움을 받았다. 식성도 할머니와 비슷해서 짭짤한 젓갈이나 칼칼하고 따끈한 음식을 좋아했다. 약간 치매 기가 시작될 즈음에 손자가 신학교에 들어갔는데 그 일이 못내 섭섭하신지,

"에미 네가 싫다는 애 강제로 이불 보따리 들려서 신부학교 보냈

지?"

시어머님은 가끔 진지 잡숫다 말고 밑도 끝도 없이 별안간에 내게 화를 내곤 하셨다. 밥상을 대하면 넷째 손자 생각이 눈늑 떠오르는 모양이시다.

"그런 당치도 않은 말 자꾸 하시면 어머니는 이제 치매환자 취급 받아요."

남편이 단호한 어조로 언성을 높이면 기가 죽으셔서 조용해지곤 하셨다. 성정이 곧고 사철하시어 대쪽 같은 분이라 칭송을 받던 이 시어머님도 노환으로 오래 고생하시다가 95세에 돌아가신지 어언 4년이 지났는데, 지금 생각해보면 모두 다 가슴 저린 이야기들이다.

오늘도 나는 밤늦도록 컴퓨터 앞에 앉아 뭘 하다가 잠자리에 누워서 아들의 의자를 바라본다. 주먹만 한 도르래 달린 여섯 개의 발로 땅을 꽉 짚고 마악 일어서려는 것 같은 생동감까지 느껴지는 그 의자를 바라보노라니 또 바오로 생각이 난다.

신학생 때 치렁치렁한 까만 수단을 입고 성당 앞에 서 있는 아들의 모습을 처음으로 본 날, 집으로 오는 도중에 발걸음을 멈추고 서서 하늘과 먼 산을 멍하니 바라보고 서 있던 일. 머리가 희끗희끗한 주임 신부님 바로 앞에 서서 연기 뿜는 향로를 들고 흔들며 제대를 도는 어린 예비 사제의 무심한 행동에 별안간 목이 메어 성가를 못 부르겠던 날. 신학교를 개방하는 어느 성소주일(聖召週日)에 학교 기숙사 바오로의 방 나무침대에 있는, 집에서 가져간 낯익은 이

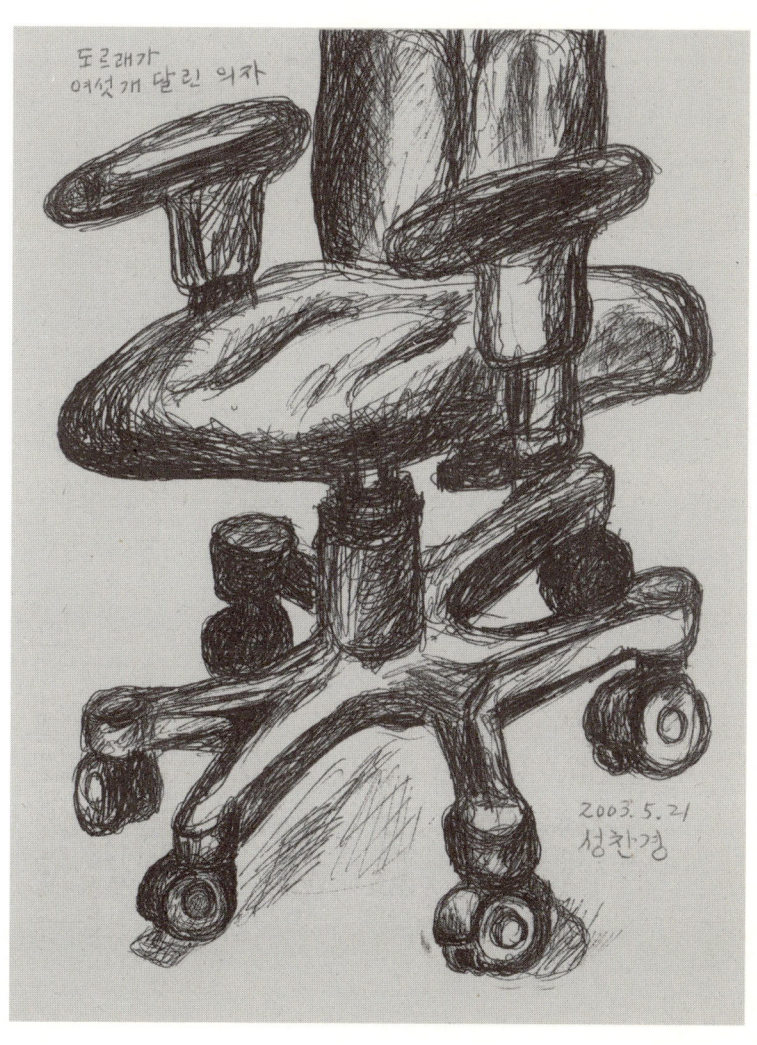

아들의 의자

불과 옷가지들을 바라보다가 공연히 배어 나오는 눈물을 감추노라 진땀을 빼던 일. 집에서는 통 입지도 않던 내복이니 두꺼운 스웨터를 찾는 걸 보면 신학교의 실내가 꽤 추운 모양이었다.

오십대 중반 내 생애 최대의 시련기를 만나 고통의 늪에서 헤맬 때, 예수님이 돌아가신 성(聖)금요일 예절(禮節)인 십자가 경배 권고 송(頌),

"보라, 십자 나무, 여기 세상 구원이 달렸네."

조(調)를 바꿔가며 떨리는 음성으로 세 번 연거푸 십자가의 구원 신비를 외치는 젊은 부제(副祭) 바오로의 노래에,

"모두 와서 경배하세" 하는 짧은 응송(應頌)도 따라하지 못하고 숨죽여 흐느끼던 그 밤. 한없이 초라한 몰골로 슬피 울며 십자가에 경배하던 그 어두운 밤.

사제 서품을 받던 해에 나는 그에게 부활 성야 전례 중의 사제가 부르는 긴 부활 찬송을 녹음하여 달라고 청한 일이 생각난다. 그 때 녹음이 잘못돼 다시 해 오겠다면서 그것을 가져갔는지 그냥 두고 갔는지 도무지 생각이 나지 않아, 나는 먼지 구덩이 속에 쌓여 있는 테이프들을 점검하기 시작했다. 불과 5, 6년 전 일인데 이리도 까마득히 잊고 있다니 정말 한심하다.

옛날에 녹음해놓은 테이프들을 모아보니 한 짐은 될 성싶다.

형제들 중 맨 먼저 집을 떠난 둘째의 예고 때와 음대 재학 시절의 연주 실황녹음을 비롯하여 라디오에서 나오는 명연주가들의 각종 클래식 음악, 노엘 수녀 언니의 성서 강의 테이프와 영어 회화 공부

한다고 녹음해놓은 것 등등 몇십 년 전 것들이 쏟아져 나온다. 오래된 물건들은 언제나 나를 치기 어린 감상에 빠지게 한다. 거기에 쓰여진 빛바랜 글씨들을 들여다보노라니 이것저것 지난날의 나태함에 대한 회한과 자괴감과 아련한 그리움이 솟는다. 틱 낫한 스님의 충고가 아니더라도 '지금 여기 현재'가 제일 중요함을 모르는 바는 아니지만 나는 늘 지금 여기에 있기보다는 먼 과거나 미래에 살고 있는 것 같다.

어느 구석에서 '성기헌 바오로의 일기 낭독과 미사 집전 음악 (1999)'이라 앞뒤로 두 군데나 쓰여 있는 카세트테이프가 드디어 나왔다. 꼭꼭 박아 쓴 남편 글씨다. 며칠 전 이 녹음테이프 건을 물었더니 자기는 전혀 모르는 일이라며 머리를 젓더니만.

셋째 아들 기헌 바오로가 어머니께 드립니다. 제가 노래를 녹음하기 전에 1993년 군대에 있을 때에 쓴 어느 날의 일기를 먼저 읽어드리려고 합니다. 문장이 좀 유치하기는 하지만 고치지 않고 그냥 어미만 바꿔 읽겠습니다.

삑삑 잡음도 나고 녹음 상태가 영 안 좋기는 해도 귀를 기울이니 무슨 소리인지 알아들을 수는 있어서 천만다행이다.

어머니의 힘이란 무엇일까요. 그 태중에서 내가 열 달이나 살았고 저를 키워주셨고 계속 함께 살아서인지 당신은 제 고향입니다. 오랜만에 어머니를 뵙는 순간 산란했던 마음이 평안해졌습니다. 잡사에 시달려 머리가 띵하고 가슴이 시렸는데 어머니를 바라보는 것만으로 먹구름이 가셨습니다. 어머니와 별 특별한 이야기를 나눈 것은 아니었습니다.

"할머니는 요즘 부쩍 허리가 아프다고 큰 소리로 신음하신다. 또 당신의 똥요강을 내가 치워드리는 것이 그렇게 자존심 상하시는지 '내가 닦을 테니 놔둬' 이렇게 볼멘소릴 하셔. 글쎄 혼자서는 일어나 앉지도 못하시면서 말이지. 할머니의 그런 성격 너도 잘 알지?"

나는 어머니 앞에서 담배를 피우며 내년에 제대하고 여건이 되면 복교하기 전에 아버지와 어디 가까운 데라도 해외여행을 하고 싶다고 말했지요. 낯선 고장을 다니면서 아버지와 이런저런 이야기를 나누고 싶은 게 많아서요. 어머니는 일상잡사를 주저리주저리 엮으시다가, 손목시계를 보고 깜짝 놀라 일어서며 "몸조심해라" 하시고는 돌아서서 총총히 가십니다. 어머니! 어머니는 내게 고향을 보여주셨습니다.

…… 예전에 일병 때 머리에 이상한 뾰루지가 덕지덕지 난 적이 있었지요. 나는 병원에 가고 싶었습니다. 그것도 어머니와 꼭 함께 가고 싶어서 전화 걸고 소란을 피워 어머니를 오시게 했잖아요. 그때 어머니가 만들어 오신 김밥과 유부초밥의 맛은 지금도 잊을 수가 없습니다. 좌우간 그날 어머니와 함께 외출하여 병원에 갔지요. 한데 병원에서 주사를 맞고 약을 받아 가지고 돌아와 보니 뾰루지가 씻은 듯이 나은 거예요. 그때 저는 생각했습니다. 아, 이 뾰루지는 어머니를 못 봐서 생긴 거로구나. 그것은 그리움의 뾰루지였어요. 그날도 어머니는 힘에 부쳐 보이는 살아가는 이야기들을 무심한 어조로 슬슬 들려주시다가, "그래 잘

있어라 또 올게" 하시고는 피곤하신지 어깨를 축 늘이고 터덜터덜 걸어 나가셨지요. 저는 어머니의 꾸부정한 뒷모습이 모퉁이로 사라질 때까지 서 있다가 뒤돌아 내무반으로 들어왔습니다. 그리고 지금 1993년 11월 7일 일요일 일기를 쓰고 있습니다. 어머니, 나의 어머니! 열심히 살겠습니다.

나를 부르는 아들의 목소리가 찡한 여운으로 내 마음에 퍼진다. 이어 성금요일의 십자가 경배 권고 송.

　보라 시이입자 나아무우 여어기 세에상 구우워언이 달려어었네에. 모두우 와아서 겨엉배하아세에.

이번에는 나도 바오로와 소리 맞춰 묵주에 있는 작은 십자가에 친구하며 삼 세 번을 제대로 응송한다.

　다음에 부활 성야 엑쑬떼를 부르겠습니다. (물을 마시고 몇 번 소리 내어 목청을 가다듬으며 책장을 넘기는 소리) 용약하라 하늘나라 천사들 무리. 환호하라 하늘나라 신비. 구원의 우렁찬 나팔소리 ······

내 방 안의 공기 속으로 잔잔히 퍼지는 구원의 나팔소리를, 가사를 음미해가면서 조용히 듣는다.

…… 이 밤은 죽음의 사슬 끊으신 그리스도, 무덤의 승리자로 부활하신 밤.

보통 때는 눕거나 방바닥에 앉아서만 듣는데, 오늘은 일어나 허리 펴고 반듯한 자세로 의자에 앉아보니 그 느낌이 한결 다르다. 내용뿐 아니라 성심껏 어미를 향해 읊는 새 사제의 마음까지 전해지면서 깊은 감동으로 어떤 깨우침을 얻게 되는 듯싶기도 하다.

오, 참으로 복된 밤, 하늘과 땅이 결합된 밤, 하느님과 인간이 결합된 밤! 봉헌된 이 촛불을 끊임없이 타오르게 하시어, 이 밤의 어둠 물리치소서. 샛별이여, 이 불꽃을 받아들이소서 ……

만사를 누워서 하기를 즐기는 못된 버릇을 이번 기회에 고쳐볼까. 이 아들이 쓰던 의자에 앉아서 부시럭부시럭 밤도 새우고 음악을 듣는 재미도 붙여보면 어떨까. 하느님 사랑의 큰 힘을 빌려 평화롭고 살기 좋은 멋진 세상을 만들어보려고 늘 깨어 있고자 애쓰는 착한 목자가 애용하던 맵시 좋은 의자에 앉아서 말이다.
그렇게만 할 수 있다면 나의 인생 육십에 일어난 대혁명이 될지도 모르지.
누워서 비몽사몽간에 읽고 쓰지 말고 이 의자에 정신 차리고 반듯하게 앉아서, 읽고 쓰고 음악 듣고 명상하고 기도하고 그렇게만 한다면.

넓고 편한 의자에 두 다리를 다 올려 책상다리 하고는 좌우로 빙글빙글 돌면서, 아주 젊었을 적에 꿈꾸던 일을 지금부터라도 해나갈 수 있을 것 같은 생각이 별안간 떠오르는데 놀라 정좌하고 눈을 감는다.
 참으로 오랜만에 나는 내 몸과 마음이 공중을 나르는 새처럼 가벼워진 듯한 상쾌함을 느낀다.

2003년 5월

적막강산에서

"적막강산이로구나!"

요 근래 내가 부쩍 자주 쓰게 되는 말이다. 어느 풍경을 보거나 어떤 장소에 갔을 때, 주위 사람들과의 대화 도중에도 "정말로 적막강산이네!" 이런 말이 튀어나오기 일쑤다.

2000년도 저물어간다.

집안 곳곳에 걸려 있는 달력을 마지막 한 장 남은 12월 것으로 바꾸면서, 거기 나타난 그림을 한참 바라보다가도 '적 - 막 - 강 - 산 - 이 - 로 - 구 - 나 - !' 혼자서 한숨 섞어 길게 읊조렸다. 눈곱만 한 사람 둘이 앉아 있는 겸제(謙齊)의 〈개골산도(皆骨山圖)〉나 은행 달력 설경 사진에 깃들어 있는 적막. 별안간 사방에서 내게로 밀려드는 적막감이 버거워 오냐오냐 하고 쓰다듬으며 조용히 벗하고 지낸다.

어수선한 조락(凋落)의 계절. 바람에 뒹구는 낙엽이 바람 따라 이리저리 몰려다닌다. 여름내 무성한 잎에 가려 보이지 않던 나뭇가지가, 어느 틈에 그 앙상한 모습을 있는 대로 드러내고 있다. 꽃도 피고 지고 잎도 피고 지고 이렇게 계속 피고 짐을 반복하는 삼라만상이 새삼 허망하게 느껴진다.

노환으로 오랫동안 병석에 누워 계시던, 95세의 시어머님이 이 가을에 떠나셨다. 최근 한 5, 6년간은 대소변도 못 가리셨으나 돌아가시기 직전까지 의식은 맑으셨다. 침묵 가운데 돌처럼 가라앉아 주무시다가도, 인기척이 나면 금방 눈을 뜨고, 묻는 말에는 언제나 간단명료한 답변을 하셨다.

지난여름에는 오랜만에 병문안 온 이질녀(姨姪女)를 무척 반기시니까 "아주머니, 하두 오랜만에 절 보시니까 기쁘신가 봐요. 기쁘시죠?" 하는 말에 "기쁜 게 아니라 반갑지." 이렇게 대꾸하셔서 모두를 경탄시키셨다. 기쁜 것과 반가운 것을 구별하시는 노모의 언어 감각에 누구보다도 기뻐한 것은 나의 남편이다. 30킬로그램도 못 되는 작은 육신 어디에서 그런 위엄과 판단력과 유머가 나오는 것인지. 돌아가시기 얼마 전에는 인사차 약혼녀와 집에 온 친척 아이가 "할머니 안녕하세요? 저 놀러왔어요" 하는 말에 남편이 "인사드리러 왔다고 해야지" 하자 "그러면 인사도 하고 놀기도 하고 그래라" 하셔서 어색한 좌중을 웃기셨다.

이렇게 명석한 분이 왜 대소변을 못 가리시는지, 또 못 가리시는 것에 대한 낭패함이나 미안함에 대해서, 또 주위 사람들의 수고에 대해서 일체 한 말씀도 없으셨는지, 그것은 지금도 최대의 수수께끼다.

"어머니, 이렇게 똥을 만지시면 어떻게 해요." 손톱 사이에 낀 오물을 솔로 닦아내며 싫은 소리를 해도 묵묵부답. 눈썹 하나 깜짝 안 하시고 무심한 얼굴이셨다.

이제 생각해보면 하느님께서 미련한 며느리인 내게 특별히 깨우쳐주실 말씀이 있으셨는데, 내가 못 알아들은 게 아닌가 싶기도 하다. 똥감태기 이부자리나 옷을 빨면서, 이것은 나와 어머니 사이의 일이 아니라 나와 하느님 당신 사이의 일이라며, 그분께 푸념이나 했지 조용히 귀를 기울일 생각을 못했기 때문이다.

겨울 나뭇가지 같은 어머니의 앙상한 육신을 보고 남편은 순수 생명이라 하였다. 그야말로 다만 호흡할 뿐인 그 생명의 불이 꺼지지 않도록, 우리는 나름대로 최선을 다하였다. 특히 남편은 경외하는 마음으로, 오로지 깜빡거리는 작은 생명의 불씨만을 보듬고 계신 어머니의 육신을 애지중지하였다.

긴 세월 고통의 바다인 이승에서 지셨던 짐은 훌훌 벗어버리고 눈물의 방, 용서의 방을 두루 다 거쳐 홀가분해진 육신으로, 영원과 하나 될 그 순간만을 기다리고 있는 모습이었다. 육신을 지닌 인간의 종말, 영혼과 육신이 이별하려는 일생일대의 대사건 앞에서, 먹고 싸고 하는 문제는 거론하기에 너무나 사소한 일인지도 모른다.

바람이 분다. 밖에서 낙엽 구르는 소리가 적막이 깃든 집안에 적막감을 더해준다.

그날 밤 어머니는 온 가족이 지켜보는 가운데 조용히 떠나셨다. 왼손을 잡고 있던 칠순도 넘은 따님이 "가셨나?" 하면 오른손을 잡고 있던 머리 하얀 아들은 "아니"라고 했다. 마치 존 단의 유명한

시 「고별사」의 첫 구절처럼.

　　덕을 쌓은 사람은 이 세상을 고요히 떠난다.
　　나직이 영혼에게 '이제 가자'고 말한다.
　　곁에선 슬퍼하는 친구가 '이제 숨을 거두었나?' 하면
　　또 한 친구가 '아직도 아닐세' 하고 말한다.

　너무나 편안히 잠들 듯 가시는 바람에 숨죽이고 지켜보던 우리도, 침묵의 바다 이편에 묵묵히 서서 저쪽으로 멀어지는 어머니를 조용히 배웅할 뿐이었다. 흐느낌조차도 낄 수 없는 잔잔한 고요가 방 안 가득 차 있을 따름이었다.
　적막강산은 텅 비어 있어서 좋다. 먹을 것도 입을 것도 생과 사도 희로애락도 아무것도 없다. 일체의 거짓이나 꾸밈이 발붙일 데가 없는 가장 단출한 자리. 정신을 집중이나 해야 뭐가 조금 보이는 듯싶은 적막강산은 그러나 따뜻한 봄 동산은 아니다. 깊어가는 가을과 을씨년스런 겨울 동산에 어렵사리 피어 있는 꽃. 적막강산에도 꽃은 있다. 심안(心眼)으로나 볼 수 있는 작지만 예쁜 꽃, 설중매 같은 매서운 꽃이 있다.
　겸제의 개골산에 작은 점처럼 서 있는 두 사람을 본다. 아무 가진 것 없을 텐데도 풍족해 보이는 사람. 물 흐르는 계곡이 있어, 눈 덮인 산이 있어 그리고 벗이 있어 외로워 보이지 않는 사람. 자세히 들여다보면 적막강산에도 풍요로움이 있다.

오늘 어머니의 빈자리인 이 적막강산에 홀로 서니, 초라한 내 모습이 더욱 신산하구나. 허나 오라, 새로운 나의 적막강산이여! 이승의 집착에서 자유로워지는 날 나도 빈 몸으로 너를 맞아 그곳에서 노닐 날이 있겠지.

2000년 세모에

나의 문학 세계
갈 길은 멀고 땅거미 져도

　이제 문학은 내게 여생(餘生)의 일이 된 것 같다.
　이십대에 품었던 작가의 꿈을 완전히 접은 지 30여 년인데, 소설이 아닌 수필로 10년 가까이 글쓰기를 하고 있는 내 모습을 나는 신기하게 여긴다. 여기서 팔자소관이라는 말이 떠오른다. 어찌 보면 내 의지와 거의 무관하다시피 예까지 오게 된 운명에 무조건 승복하고자 한다.
　나의 글쓰기는 긴 잠에서 깨어나고 있다는 신호일 수도 있다.
　30여 년의 동면은 너무 길었나? 그렇다. 환갑이 훨씬 지난 이 나이에 작품집 하나 없는 사람이 나의 문학관을 논할 자격이 있을까? 두세 편의 짤막한 소설과 오십 이후에 쓴 40여 편 남짓의 수필이 전부인 처지에 말이다. 뒤집어서 생각해보면 그러니까 더욱 냉철하게 시간을 쪼개어 분명한 방향 제시를 스스로에게 해야 되는 것인지도 모른다. 그렇게 생각하고 이 원고 청탁을 받아들이며 창작뿐 아니라 문학 전반에 대한 평소의 솔직한 소견을 정리해보고자 한다.

문학은 나의 안과 밖, 나의 존재와 우주가 서로 통하는 창이나 다름없다. 문학 없이 어찌 내가 내 마음을 드러낼 수 있으며, 저마다의 작품을 거울삼지 않고 타인의 마음 또한 헤아릴 수 있으랴. 창문을 활짝 열고 싶다. 아주 오랫동안 닫혀만 있던 창문을. 그곳을 통해 신선한 바람과 하늘의 별, 새로운 풍경을 바라보고 싶다. 그 창은 "쓸쓸한 동화의 나라, 거품 이는 위험한 바다를 바라보며 열려있는 마술의 창문"(26세에 요절한 천재 시인 키츠의 구절)이기도 하다. 이 참에 내 마음의 빗장마저 풀고 단절되었던 모든 것들과 소통하고 싶다.

모든 막연한 것들의 본모습을 드러내보고 싶다. 이들과 대면하고 싶다.

존재하는 것은 무엇이고 홀로 그냥 있는 게 아니라 저절로 상호 교류하도록 되어 있어 보인다. 자연과 인간, 인간과 인간, 사물과 자연과 인간. 그리고 그것들, 세상에 있게 된 모든 것들은 제각각 제 스스로 본질의 깊은 심연을 갖고 있고, 또 그 본질은 그것을 나타내 보이고자 하는 바람이 있는 것 같기도 하다.

나는 이 방면에 관심은 많으나 철학적 논리적 사고력이 부족하여 나 나름으로 접근할 수 있는 방식이 문학일 수밖에 없는 것이다. 철학적인 문제가 철학 하는 사람들만의 전유물은 아닐 터이다. 삶에 관한 모든 의문이나 신비에 대해서 사유(思惟)하고 또한 그것을 어떤 형태로든지 승화(昇華)시켜 작품화 하고자 하는 열망을 가진 나 같은 사람도 있게 마련이다.

나는 누구인가. 이 세상은 무엇인가. 바다는 무엇이고 산은 무엇인가. 나는 지금 왜 여기에 있는가. 저 사람은 왜 우는가. 나는 왜 화를 내는가. 내 아이들을 향한 사랑 가운데는 왜 안쓰러움이 사무치는가. 나무에 열리는 열매는 무엇이고 꽃은 어찌하여 덧없이 지는가. 성인(聖人)의 일생과 저 구름은 정말 무관한 것일까. …… 쓰기 위해 열심히 더듬노라면 어렴풋이 뭔가 보일 것 같다. 아니 그 그림자라도 언뜻언뜻 스칠 것 같다. 오만일까. 허망한 욕심일까. 아니다. 그렇지 않을 것이다.

나는 원래 매사가 부정적으로 보이는 비관주의 쪽이었던 것 같은데 글을, 특히 소설이 아닌 수필을 쓰기 시작하면서 다소 바뀌지 않았나 싶다. 무언가 자꾸자꾸 생각하며 밤을 지새노라니 희망의 싹 같은 게 생긴 것 같기도 하다. 갈 길은 멀고 땅거미 지는데 홀로 서서도 전처럼 낙담하지 않는다. 그냥 부시럭부시럭 이것저것 쓰면서 땅거미 진다고 노래도 하면서 막막함을 달랜다. 모든 괴로움 중에 감춰져 있는 기쁨의 낌새를 알아차린 것이다. 이렇게 문학은 내게 참고 기다리는 법을 가르쳐주는 수도의 방편이기도 하다.

뒤늦게나마 글 쓰면서 여생을 살아가겠다고 마음먹게 된 것을 나는 이승의 삶에서의 마지막 은총으로 받아들인다. 천성이 게을러 일하기는 싫어해도 한 자리에 눈 감고 앉아 깊이 잠심(潛心)하기는 즐기는 편이다. 잠심과 나의 글쓰기와 무관하지 않음이 천만다행이다. 그런대로 궁합이 맞는 것 같다 할까. 생각해보면 나의 삶에 조금이라도 그 뜻과 깊이를 갖게 해주는 것이 문학의 길밖에 없는 것이다. 무엇보다도 종교와 문학의 무리 없는 조화. 창작과 믿음의 끊임없는 상호 보완으로 더욱 깊이 있는 사고를 통해 도달할 수 있는 새로운 깨달음의 세계를 꿈꾼다.

  산은 사철을 두고 늘 새롭다. 늘 그 자리의 그 산이지만 봄 여름 가을 겨울이 다르다. 내가 오르는 인생의 산은 이제 가을과 겨울 산이 되겠지. 다만 올바른 등산로를 찾아 헤매지 않고 쉬엄쉬엄 오르게 되기를 바랄 뿐이다. 올해의 가을 산이 작년 것이 아님을 보여주고 나 또한 새로운 눈으로 새로운 산을 바라보며 오르기를 희망한다. 여기서 겨울 산에 숨어 있는 봄 내음까지 살려낼 수 있으면 오죽 좋으랴.

2002년 11월

파한쇄담(破閑瑣談)

점심상을 다 차려놓았는데 뜰에 나간 남편이 안 들어온다. 무얼 하나 싶어 내다보니 새가 지저귀고 있는 나무 아래 마치 귀를 기울이고 있는 것 같은 자세로 서 있다.

"무슨 말인지 저 새 소리를 알아들어요?"

"그럼 알아듣지."

며칠째 우리 마당에 와서 살다시피 하는 예쁜 새 한 쌍이 있다. 참새보다 조금 큰 알록달록한 옷을 입은 날렵해 보이는 새.

"장소 좋고 인심 좋으니 잠시 쉬면서 두 노인네 벗하겠대잖아."

"우리가 쓸쓸해 뵈는 모양이네."

겨울 동안 삭막하기 이를 데 없던 우리 집 마당 '물질고아원'(남편은 길에 버려진 잡동사니들이 불쌍하다며 이것저것 마당에 주어다 놓고 물질고아원이라는 간판까지 달아놓았다)에, 물질고아들한테 짓눌려 기를 못 펴는 수선화와 키가 큰 백목련이 활짝 피고, 돌 틈의 보라색 반지꽃, 영양실조로 가느다란 가지에 겨우 피어난 쬐끄만 홍매 등등 봄기운이 퍼지기 시작했다. 살아 있는 게 하나도 없는 듯싶던 마당에 때가 되니, 빈틈없이 들어서 있는 물질고아들 틈바구니를 비집고 부스스 자기 모습들을 드러내는 게 신기하다. 그 와중에 새가 날아와 한참씩 머문다. 새소리에 아침잠이 깰 때도 있다. 어느새 4월이다.

한때는 시어른과 5남매 합쳐 아홉 식구가 살던 집인데, 40년 가까이 지나는 사이 저세상으로, 미국으로 뿔뿔이 흩어지고 이제 막내와 우리 세 식구가 됐다.

실컷 늦잠 자고 오후에 일어나 밤새 들락거리며 시나리오를 쓰던 과년한 딸아이가 꿈에 그리던 작업실을 얻어 나간 것이다. 시집을 가든지 나가 살든지 맘대로 하라고 싫은 소리를 서슴지 않았는데 막상 딸애가 떠나고 나니 집안이 텅 빈 것 같다. 가끔 딸이 쓰던 방문을 열고 들여다보기도 하는 걸 보면 그도 허우룩한 모양이다. 덕택에 이메일 보내고 어쩌고 하는 저의 아버지 잔심부름이 모두 내게로 떨어졌다. 한 사람의 평생비서, 평생요리사, 평생이발사가 내 천직이니 하는 수 없지.

"부모 자식 수발로 허리 굽은 욕심 없는 노인네 집이니 맘 놓고 쉬었다 가겠대."

"쓰레기장 같다는 말은 없구?"

"아니, 소탈해서 좋다나 봐."

"쟤네는 집 걱정 밥걱정 청소할 걱정 없어 좋겠네."

"아니 우리는 무슨 걱정 있나?"

"많지."

파한쇄담(破閑瑣談)

"뭔데?"

"돈 걱정에다 꿈지럭거리기 싫은 게 제일 큰 걱정이지."

"염려 말라는데? 저희들이 다 해줄 모양이야."

정년퇴임한 지가 오래된 백발의 시인, 새 말을 천연스레 통역하는 걸 보니 이제 도사가 다 된 모양이다. 저들도 제 새끼들을 키워 모두 성가시키고 홀가분하게 여행 다니는 나이 든 부부 새란다.

"어떻게 알았지?"

"오며 가며 친해졌거든. 엊그제는 '이 집 애들도 우리 애들처럼 다 제 일 찾아 나가 잘들 하고 있구먼.' 이러더라니까."

그가 건네주는 대로 두어 잔 반주를 받아 마시고는 나도 알딸딸한 가운데 새소리를 들으며 천천히 설거지를 마친다. 볼륨을 한껏 높인 브루크너 교향곡이 그쪽 방에서 끝도 없이 이어진다. 귀가 무뎌졌는지 근래에 부쩍 전축이고 뭐고 간에 크게 틀어놓아 두 식구 사는 집안이 꽤나 시끄럽다. 새벽에 나가고 밤늦게 들어오는 막내는 얼굴 보기도 어렵다.

화창한 날씨에 바람이나 쏘이지 뭐 하고 있느냐는 듯 이쪽 보고 한참 재잘대던 새들이 포르르 날아간다. 푸른 하늘을 배경으로 연녹색 나뭇잎에 머무는 햇살이 눈부시다. 불현듯 뒷산에라도 가볼까 하는 마음이 동해 잠바를 걸치고는 그이 방문을 열어보니 코를 곤다.

'군자는 행필유방(行必有方)'이라나 뭐라나, 곧 돌아올 양으로 행선지 안 밝히고 그냥 나갔다가 일이 생겨 조금 늦으면 화를 내면서 그가 내게 쓰는 문자다. 그야말로 '어디 다녀오겠습니다' 하고 몇 자 써놓을까 하고 종이를 찾다가 모든 게 다 귀찮아져서 도로 잠바를 벗고는 내 방으로 들어와 눕는다. 어느덧 오후 세 시가 가까워온다.

아참, 큰아들 기완이가 라디오 방송 하는 시간이구나.

일요일만 빼고 매일 '성기완의 세계음악기행'을 한낮에 두 시간 동안이나 진행한다. 남들은 재미있게 들었다면서 인사들을 하는데 막상 나는 별로 듣게 되지를 않는다.

라디오를 틀자마자 젊은 여자의 달콤한 노래가 흘러나온다. 마지막 반주까지 다 끝나자 잠깐 뜸을 들이다가, 〈내 곁에 있는 당신은 너무 아름다워요〉라는 긴 제목의 노래였다고 아주 활기찬 음성으로 빠르게 말한다. 평소보다 비음이 섞인 듯한 목소리. 쟤가 감기 들었나?

옛날에 할머니는 큰언니와 나 그리고 작은언니가 성격이 그렇게 다를 수가 없다면서 '한 어미 자식도 오랭이 조랭이'라는 말을 자주 하셨는데 정말 우리 애들도 오랭이 조랭이다. 연년생인 장·차남인데 큰아이는 재즈니 팝이니 하며 전자기타를 치고 둘째는 정통 클래식 음악을 한다. 우리는 둘이 다 고전음악밖에 몰라 결혼 초 애들 어려서부터 싸구려 전축에 해적판으로지만 클래식만 틀었었는데, 어째 큰애가 저리도 시끄러운 별별 음악을 다 섭렵하는 건지. 지휘하는 둘째의 음악회는 부산이라도 쫓아가 들으면서, 꽤 자주 하는 모양인 큰아들 콘서트는 딱 한 번밖에 안 가봤다. 그것도 저의 아버지는 솜을 가지고 가서 가끔씩 귀를 막으면서 들었으니.

꽤 솔깃한 이야기를 곁들여 진행하는 큰아들의 '세계음악기행'을 재미나게 듣다가 가물가물 잠이 든다.

아주 오래전 어느 비 오는 날 큰아이가 저 타던 유모차를 리어카처럼 끌고 동네를 몇 바퀴고 도는데 아무리 말려도 막무가내로 고집을 부려, 하는 수 없이 노란 우비를 입혀주던 그날. 빗속에 유모차를 끌고 다니는 어린아이를 속수무책으로 바라보면서, 나는 왠지 슬퍼져서 눈시울을 적시던, 아주 까맣게 잊고 있던 35년은 된 그날이 꿈에 나온다. 꿈속에서는 육십 노인이 된 내가 너덧 살 된 큰아들을 바라보고 있다.

어느 나라 말인지 모를 청승맞은 가락의 노래를 꿈결처럼 들으며 막 잠에서 깨어나는데,

"마루 끝에 멍하니 앉아 먼 하늘을 바라보시던 할머니 생각이 나네요"라는 말로 마감 인사를 하는 바람에 잠이 확 달아난다. 5년 전 95세로 돌아가신 시어머니. 내가 떠나고 없는 먼 훗날 내 손녀나 손자도 저렇게 내 이야기를 정감 어린 음성으로 말하려나.

브루크너 교향곡도 다 끝났는지 집안이 조용한데 세상을 휠휠 한 바퀴 돌고 온 나이 든 새 부부가 다시 고운 소리로 지줄대고 있다. 저들 딴엔 할 이야기가 아주 많은가 보다.

2005년 4월

4

시간에 대하여

사랑은 수고를 모른다는데

　빛바랜 은행잎 몇 개가 바람에 날려 거리를 헤맨다. 우리 동네 가로수는 모두 은행나무다. 한 달 전만 해도 발이 빠질 정도로 두껍게 쌓인 샛노란 은행잎들로 동네가 다 환했는데, 이제는 낙오된 몇 개의 은행잎만 우중충한 골목길을 떠돈다. 어느덧 가을은 서둘러 떠나고 겨울이 성큼 다가온 것이다.
　12월. 정신없이 달려오다 문득 서서 전후좌우를 둘러보게 되는 시간의 큰 정거장. 무심히 듣던 모차르트의 피아노 협주곡이 유난히 심금을 울리는 계절. 루돌프 제르킨의 연주로 〈9번 E플랫장조〉 2악장을 듣는데 별안간 코가 찡하면서 눈시울이 뜨거워진다. 천재 예술가의 순수한 선율에 서려 있는 고뇌와 적막감이 슬픔의 깊은 강물이 되어 가슴을 파고든다. 그동안엔 건성으로 들었나?
　바람이 차다. 입동이 지나면 소설 전에 서둘러 김장을, 무 배추 한 접씩 담그던 시절도 있었다. 눈이 쌓이기 전 마당에 묻힌 항아리 셋에다 김장김치를 가득가득 채워놓고, 귀찮은 줄도 모르고 겨우내 눈을 쓸어가면서 부지런히 꺼내다 썰어 먹었다.

시부모님과 애들 5남매와 우리 부부, 이렇게 아홉 식구가 모두 김치 대장들이었지. 한데 눈 깜짝할 사이 네 식구로 줄었다. 38년 세월인데 잠깐 사이라니.

"제발 김칠랑 좀 사먹어요. 요번 한 번만이라도."

"그래볼까?"

지난달 어느 모임에서 어머님 제사 김치 담글 준비 하러 일찍 들어가야 된다는 나의 말에, 퇴임 전 남편 동료 부인이 간곡히 권했다. 하나 의외로 선뜻 그리되지 않는다. 천성이 게을러 살림도 잘 못하면서 김치 사먹는 것은 왜 주저하나. 습관 때문일까? 아니, 그건 아닌 것 같다.

사람은 원래 경제적 동물이라 쉽게 살아가는 방법을 찾는 것은 자연스럽고도 당연한 일일 것이다. 더구나 늦게 시작한 서투른 글쓰기로 시간이 무진장 필요하다.

한 번 사 먹어 볼까 하고 몇 번 망설이다 결국 배추 서른 포기와 무 열 단을 사고 말았다. 일이 하기 싫어 그러잖아도 매사를 적당 적당히 넘기고 지내는 터. 너무 쉽게 쉽게만 살려고 꾀부리다가 도가 지나쳐 정말 귀중한 것을 잃게 되는 건 아닐까. 사랑은 수고를 모른다는데.

이번엔 협주곡 〈20번 D단조〉를 클라라 하스킬 연주로 계속 들어가며 마늘도 까고 천천히 양념을 준비한다. 순진무구한 음악 천재가 이 우매한 중생을 혼탁한 세상에서도 생기를 잃지 않고 살게 해 준다. 앞으로 몇 번이나 더 내 손으로 김장을 담그려나.

크리스마스의 기쁨

유년의 쓸쓸함 속에 숨어 있던 그 무엇을 떠올리며 나는 '크리스마스의 기쁨'이라는 말을 씁니다. 사춘기에 몰아친 마파람 속 방황을 떠올리며 나는 '크리스마스의 기쁨'이라는 말을 씁니다. 신과 나는 이미 평화로운 관계가 될 수 없는 처지라고 낙심하며 교회를 피해 다니던 이십대 때를 떠올리면서도 나는 '크리스마스의 기쁨'이라는 말을 씁니다. 신은 내게 진 빚이 있을지언정 나는 신에게 갚을 게 없다고 혀를 깨물던 젊은 날을 떠올리면서도 나는 '크리스마스의 기쁨'이라는 말을 씁니다.

천년의 시름이 다 곰삭아서 성탄의 기쁨이 됨을 어찌 알았겠습니까.

그분은 그렇게 마구간의 구유로 미천하고 초라하게 오신 것입니다. 아무도 알아차리지 못하게 숨어서 오신 것입니다. 하늘의 별을 유심히 바라보는 동방박사와 가난한 목동의 눈에나 겨우 뜨일 그런 모습, 캄캄한 밤하늘에 반짝이는 작은 별처럼 오신 것입니다. 적막한 한겨울 양지바른 추녀 끝 고드름이나 녹일까 말까 한 그런 미미한 빛으로 오신 것입니다.

항상 거기 그렇게 계심이 크리스마스의 기쁨입니다. 기쁨 중에도 슬픔 중에도 거기 그렇게 항상 계심이 크리스마스의 기쁨입니다. 창공 먼 하늘에도 바로 내 안에도 언제나 거기 그렇게 계심이 크리스마스의 기쁨입니다. 고고(孤高)한 낙락장송에도 발아래 잡초에도 늘 거기 그렇게 계심이 크리스마스의 기쁨입니다.

미지의 그 무엇으로 다가온 존재의 은둔성(隱遁性). 홀로 산길을 갈 때 시린 등에 느껴지던 옛날의 그 햇빛이 바로 그분의 따스한 말씀이며 손길이었음을 이제야 알겠습니다. 암울한 밤 하얀 눈 속에서 반짝이던 그 가녀린 빛이 그리스도의 탄생 예고였음을 지금에 와서야 알겠습니다. 어두움이 광명의 전조요 슬픔이 기쁨의 모태임을 당신은 사랑으로 깨우쳐 주셨습니다. 눈물로 깨우쳐 주셨습니다. 나의 전 존재를 당신께 맡기고 그저 생긴 그대로 가만히 있으라 하십니다. 곯아떨어지지 말고 깨어만 있으라 하십니다. 당신이 주시는 대로 다 받으며 그냥 참고 기다리라 하십니다. 주시는 대로 다 받으며 그냥 즐기라 하십니다.

고요한 밤 거룩한 밤. 내 마음의 구유에 생명의 근원이 뿌리 내리신 밤. 저 태양과 푸른 하늘, 달과 별이 모두 기쁨을 노래하고 땅에서는 드높은 산과 나무와 새들이 바람 따라 춤을 추며 자유를 만끽합니다. 삼라만상이 누리는 크리스마스의 기쁨은 평화와 행복이 넘치는 은총의 큰 선물입니다.

아듀 2003

송년. 또 한 해를 보낸다.

그냥 무한히 펼쳐져 있을 뿐 아무것도 없는 영원 위에 시간이라는 자로 금을 긋고 2003년이니 2004년이니 이름을 붙이는 게 사람들이 하는 일이다. 사실 세월이 가는 것이 아니라 억겁에 걸쳐 있는 이 광막한 우주 공간의 한 티끌만도 못한 처소에, 우리는 잠깐 들렀다가 떠나면서 송구(送舊) 영신(迎新)이라 큰소리친다고 볼 수도 있을 것이다.

하나 인간은 영원이라는 것을 미루어 짐작은 할지라도 스스로 견디기는 어려워한다. 잠시 머물다 가는 이 세상도 힘이 들어 고해(苦海)라며 괴로워하는데 하물며 영원이랴. 일각이 여삼추일 때도 있고 일생이 일장춘몽일 수도 있는 게 이 세상 삶이기는 하지만.

50년 만에 극적으로 귀환한 국군포로 전용일 씨가 크리스마스 전야에 초췌한 모습으로 입국하는 장면을 온 국민이 지켜보았다. 말이 50년이지 이십대 초반 전장에서 포로로 끌려가 칠십이 넘어 고향 땅을 밟은 그와 그의 가족에게는 그 기간이 영겁일 수도 있겠지.

이 땅에 살고 있는 육십대 이상이면 누구에게나 뼈아픈 상처로 남아 있는 6·25전쟁. 군민(軍民) 합쳐 3,400만의 목숨을 앗아간 동족상잔의 한국전쟁은, 세계의 잔혹한 전쟁사에도 그 유례가 없는 전무후무한 사건이라 한다. 비전향 장기수를 영웅을 만들어 북쪽으로 보내면서 국군포로나 납북 인사들에 대해서는 한마디 거론조차 하지 않은 우리는, 왼 뺨을 치는 자에게 오른 뺨까지 대주라는 예수님의 말씀을 실천에 옮겼다고 우쭐하고 있는 건가. 굳은 표정으로 두리번거리며 백발로 카메라 플래시를 받는 50년 전의 국군포로를 바라보며, 나는 잠시 혼란스러움을 느낀다. 그가 살아낸 50년. 그쪽에는 가까운 이웃도 처자도 있었을 텐데 그곳이 정붙이고 살 만했으면 칠십 노구로 목숨 걸고 고향 땅을 찾았을까.

94년 첫 귀환포로 조창호 씨의 '정부 국군포로 무관심 통탄'이란 제하의 글을 신문에서 읽으며 아연실색한다. "그동안 북한에 국군포로가 있다는 것을 뻔히 아는 정부가 그들을 데려오기 위한 어떤 의지도 보이지 않았고 노력도 없었다. 전 씨가 국군포로 명단에 없다는 국방부 회신에 북송될 뻔했던 사실이 그 증거다."

한 해가 끝나는 시점이다. 하나 이 끝에 또 다른 시작이 닿아 있다. 이런 순환에는 제행이 무상한 가운데에서도 뭔가 다시 시작해보고자 하는 희망의 싹이 있다. 우리도 52년 만에 고향을 찾은 70객 국군포로 전용일 씨와 함께 송구영신하되 일신우일신(日新又日新)을 살고자 하는 마음가짐으로 밝아오는 갑신년(甲申年)을 맞이하자.

희망 2004

　창공을 나는 새처럼 빈 마음으로 가볍게 날고 싶다. 훌훌 다 털어 버리고 바람 타고 훨훨 날고 싶다. 불만과 갈등의 늪을 벗어나 화해와 용서로 해묵은 시름을 달래고 싶다. 그러기 위한 준비로는 나 자신과의 화해가 급선무일 것 같다. 나를 이해와 사랑으로 바라보고자 하는 원의(願意)를 가져본다. 의외로 쉽지 않다.

　내게 가장 아픈 곳은 어디인가? 더듬더듬 그곳을 찾아 나선다. 길이 복잡해서 시간이 꽤 걸린다. 정신을 집중하여 내가 나이기를 포기하기까지 했던 그곳에 이르러 천천히 어루만지기 시작한다. 생각보다 상처가 깊어 애써 다독거리는데 놀랍게도, 남의 탓만 하며 움츠리고 숨어 있는 무능한 나와 맞닥뜨린다.

　망설이고 서서도 비겁하게 계속 불평만 하고 있는 게으름뱅이 고집불통. 여기서 전처럼 매몰차게 외면하지 않고 이런 나를 그냥 묵묵히 바라본다. 슬픔이 목에 차올라 넋 놓고 서 있다 보니 어느덧 내가 점점 멀어지다가 어디로 사라졌나 이제 아무것도 보이는 게 없다. 괴로워하고 말고 할 내가 없어진 것이다. 이것이 나의 본모습일까. 정말 무아(無我)가 나의 진면목(眞面目)일까.

  새해 첫날 해맞이를 해보겠다고 제야에, 언니와 동생 나 세 자매가 제천에 사시는 이모 댁에 모였다. 난생 처음 있는 일이다. 새벽 4시 반 정동진을 향해 출발. 맑을 거라는 일기예보와는 달리 하늘엔 별도 없고 안개비까지 앞 차창에 내린다.

  "해가 동해를 뚫고 나오는 순간만 맑으면 되니까."

  잠든 대지 위를 묵묵히 달리며 동생이 중얼거린다. 5시 반 무렵이 되자 캄캄한 어둠 속 어디서 몰려들었는지 고속도로를 꽉 메우는 차량들로 해서 거북이걸음. 옴짝달싹할 수 없으니 숨통이 막히는 듯하다. 육십 평생에 처음 시도해본 정월 초하루 해맞이는 이렇게 수백 대의 자동차와 함께 도로 위에서 끝났다. 용전 휴게소도 대만원.

  어디나 사람과 차량들로 몸살을 앓는 중에 우리는 9시가 다 돼서야 엷은 구름에 가려 있는 둥근 태양을 차 안에서 보았다. 일출의 장관이 아니면 어떠랴. 갑신년의 첫 태양은 강원도의 첩첩 산을 거느리고 그 위용을 드러냈으며 멋진 구름 사이로 뿜어 나오는 햇살의 신비한 광채에 탄성이 절로 나왔다.

  한낮의 정동진이라도 가보려 했으나 결국 진입에 실패. 옥계(玉溪) 톨게이트를 지나 쓸쓸한 망상(望祥) 해수욕장의 소나무 숲을 통하여 겨울바다를 둘러봤다. 의식의 심층에서 더 깊은 내면으로의 여행을 통해, 언제고 마음만 먹으면 일출의 장관은 볼 수 있으리라고 위로하면서.

시간에 대하여

설 연휴도 오늘로 끝이다.

오랫동안 신정을 쇠다가 정부의 구정 연휴 방침에 몇 해 전부터 옛날 설을 지낸다. 처음에는 설 차례나 세배 없이 신년을 맞이하는 것이 섭섭한 듯하더니 차츰 음력설 쇠는 일도 자리가 잡혀간다.

종손인 우리 집엔 애 어른 합쳐 30여 명의 친척들과 세배꾼들이 모여 쌀 두서너 말 떡국이 4, 5일에 동났고, 부엌이나 마루 어디서고 마주치는 대로 서로 알아서들 절을 하는 와중에 애들은 세뱃돈을 챙기노라 신명을 내곤 했었다. 한데 시부모님을 비롯하여 친척 어른들이 하나씩 둘씩 먼 길 떠나시고 애들도 외국으로 뿔뿔이 흩어지고 보니 주위가 말할 수 없이 허우룩해졌다.

서설(瑞雪)이 대지에 온통 흰옷을 입힌 이번 설을 지내며 나는, 보낸 세월 오는 세월 그리고 지금 여기, 과거와 현재와 미래를 계계승승(繼繼承承)하는 시간의 흐름에로 자꾸 마음이 간다. 이는 아마도 내게 배당된 시간이 줄어들고 있다는 실감 때문일 것이다.

특히 금년 설은 옛날처럼 흰 눈에 혹한까지 겹친 탓인지 유년의 구정 전후 풍경을 위시한 회상의 무대가 조명을 받는 듯하다.

내 고향 충청도 두메산골의 동지섣달은 유난히 해가 짧았다. 열 살도 채 안 된 나는 언니와 등잔불 밑에서 찰벼 튀긴 것을 소반에 펴놓고 뉘를 고르며 끝없는 이야기에 빠져드는 게 연중행사였다. 하얀 꽃 같은 튀밥을 설에 쓸 산자나 강정 옷으로 입히기 위함이다.

또 할머니가 받아주신, 겨우내 내가 신을 흰 광목 솜 버선볼을 삐뚤빼뚤 감치던 일. 이때 돌아가신 엄마 생각으로 어린 마음속에 어른 같은 무상감이 켜켜이 쌓이던 일. 그 시절 긴긴 밤, 죽음이 이승과의 영원한 단절로는 도무지 받아들일 수 없던 밤. 그렇다면 나에게 시간이란 무엇인가?

저 유명한 『고백록』의 저자 아우구스티노 성인의 말. "누가 물어오지 않으면 뻔히 알고 있다가도 막상 물어오는 사람에게 설명을 하려고 하면 모르게 되는 게 그것입니다." 그는 시간이라는 현상의 독특한 성질에 대한 경이로움을 이런 역설로 표현한 것 같기도 하다.

과거는 지나갔으므로 이미 없고, 미래의 시간도 아직은 안 왔는데 어째서 우리는 과거나 미래가 있다고 생각하는 걸까.

여기서 떠오르는 어느 시인의 시구,

"시간은 공간의 그릇. 영원은 시간의 그릇."

이 시점에서 깊이 묵상해보면 '시간이란 실존적으로 나에게 무엇인가?'가 어렴풋이 잡힐 듯도 싶다.

2월이 간다

바람이 분다. 긴 겨울이 머물다 떠난 대지에 엷은 봄기운을 실어 나른다.

떠들썩한 1월과 활기 찬 3월 사이에, 있는 듯 없는 듯 끼어 있는 2월에 정이 간다. 약간의 설렘을 가슴에 안고 갑신년 한 해를 조망해본다. 부실한 나무에 새 잎을 잘 피우기 위해서는 묵은 가지는 과감히 쳐내야 되지 않을까 하는 비장한 마음이 된다. 음양력(陰陽曆)으로 명실 공히 내 나이 한 살을 더 보탠 정중동(靜中動)의 달 2월이 꼬리를 감추려 한다. 아쉽다.

장갑 안 낀 손은 시리면서도 한낮이면 반코트 입은 어깨가 무겁다. 이런 때 나는 평상시에 조금은 겁먹고 주저하던 일을 그냥 밀고 나가는 꿈을 꾼다. 삶의 내용을 충실히 채워가기 위해서는, 내가 머물고 있는 '장소'보다도 오히려 '시간'이 결정적인 구실을 한다는 실감을 2월은 내게 일깨운다. 이 한적한 시간의 작은 정거장에 서서 언 땅이 속으로 녹듯, 굳어 있던 내 안의 상념들이 조금씩 녹아 희귀한 꽃으로 피어날 수도 있을 것 같은 예감에 놀라 잠시 심각해진다.

어디서 작은 숨소리 같기도 한 침묵의 소리가 들리는 듯싶다. 남지(南枝) 춘신(春信), 남쪽으로 뻗은 가지에 꽃망울이라도 움트려는가.

지금쯤 깊은 산 양지바른 곳에는 설매(雪梅)가 피어 있으련만 나는 옛 선비처럼 탐매(探梅) 길에 오르지는 못하고 고화(古畵)에서 본 상상만으로 심매(尋梅)를 한다.

졸업 철. 유치원부터 대학까지 온통 이별 연습장이 되는 어수선한 달. 나도 39년 전 2월 12일에 흰 공단 드레스에 딸린 매화꽃장식 화관을 쓰고 정든 친정집을 떠나 낯선 시댁으로 울면서 시집 왔네.

낮 기온 7도, 바람 없고 흐린 하늘. 고통의 계절 사순 시기가 닥쳤다.

예수님 그분의 고독에 동참하는 일. 그러기 위해 내 마음의 흐름을 살피며 잡티를 골라내는 일. 원 등걸만 남고 꽤 큰 가지마저 가차 없이 잘려나간 우리 동네 가로수처럼 나도 광야에 나가 서서 전정(剪定)을 청해볼까.

"실상 필요한 것은 한 가지뿐"(루카 10,42)인데 이제 와서 이것저것에 마음을 쓰는 것은 허망한 욕심인지도 모르겠다. 미묘한 파동이 일고 있는 나의 내면이 맑고 잔잔해질 때까지 기다려보자. 2월이 다 가기 전에 나는 남겨두어야 할 가지와 쳐낼 가지가 가려지기를 희망한다. 물이 오르기 전에 쳐내야 덜 아프지 않을까 해서다.

움트는 생명력

사월은 가장 잔인한 달
죽은 땅에서 라일락을 키워내고,
기억과 욕망을 뒤섞으며,
봄비로 잠든 뿌리를 뒤흔든다.

엘리엇의 이 심각한 패러독스도 그 숨은 뜻은 참 생명에 대한 찬미이리.

먼 산이 품고 있던 꽃구름들이 차츰 사라지고, 대지가 아리따운 연녹색으로 그 옷을 바꿔 입는 녹비홍수(綠肥紅瘦)의 계절이 다가온다.

긴 병상에서 털고 일어난 사람처럼 겨울잠에서 깨어난 뭇 생명들이 앞다투어, 모진 추위 속에서도 살아 있었음을 새 세상에 신고하는 4월. 키 큰 나무의 화려한 봄꽃은 다 지고, 땅속에 잠자던 야생화들이 부지런히 꽃 피우고, 깊은 산속 새들도 깨어나 노래 부르며 벌 나비가 봄나들이를 시작한다.

숲 속의 짙은 그늘이 생기기 전, 따순 햇빛으로 꽃 피고 서둘러 씨앗까지 맺어야 하는 바지런한 4월의 야생화들. 고 짧은 기간을 놓칠세라 정신 바짝 차리고 있다가 때 되면 얼른 나와 세상구경을 하는데, 딴전 하다 때 놓치면 일년생이 허사라네.

보라색 고깔제비, 하얀 남산제비, 태백제비, 노랑제비……. 제비꽃만도 무려 50여 종이나 된다 하니 조물주의 섬세한 손길에 그저 감탄할 따름. 여기저기 노란 금붓꽃 무더기, 갖가지 종류의 현호색 꽃들 그리고 양지쪽 할미꽃. 봄 동산에 오르면 작은 꽃을 밟을까 봐 조심조심 걷게 된다.

마치 요즘 애들 머리 모양처럼 끝이 뾰죽한 보라색 꽃잎이 자유분방하게 뻗쳐 있는 천마산의 얼레지 밭, 5년이 지나야 꽃이 피기 시작한다니 바람에 일제히 흔들어대며 까부는 저 가녀린 꽃들이 모두 초등학생 나이 정도는 되나 보다. 끼리끼리 모여 사는 모습이 집성촌 같구나.

저 골짜기에는 노란 피나물 꽃과, 먹으면 정말 미친다는 미치광이 꽃이 많고 이쪽에는 주로 양지꽃과 하얀 별꽃, 괭이눈, 꿩의바람꽃 등. 야생화 전문가에게 듣는 대로 이름이라도 불러보니 이들과 갑자기 친해진 듯 한결 꽃동산이 정답다.

겨울을 보내노라 죽을 고생한 바싹 마른 나뭇잎과 앙상한 가지들. 북풍한설을 이겨내고 바스락 부서지는 낙엽들 틈에서 연분홍, 보라, 노랑, 하양 등 각양각색의 꽃들로 대지가 살아나고 있다.

눈부신 연두색 새 잎이나 어린 풀꽃들도 이들이 앞으로 겪어낼

풍상(風霜)을 생각하면, 새 생명에 깃들어 있는 죽음을 어쩔 수 없이 보게 된다. 올해의 새 잎이 썩어 땅의 거름이 되고 썩는 아픔이 다시 기쁨으로 피어나는 순환은 어찌 보면 잔인하다. 이래저래 '기억과 욕망이 뒤섞여 있는' 저 움트는 생명력은 최대의 신비이다.

활력소

내가 스키를 탄다고 하면 대개의 경우 사람들은 놀란다. 그냥 타기만 하는 것이 아니라 즐긴다고 하면 더더욱 놀란다.

"갓 쓰고 벤츠 모는 것 같다 얘!"

오랜만에 만난 학교 때 친구가 웃으면서 하는 말에 나도 유쾌하게 웃었다.

내가 그 흔한 자가용도 없고 골프장 구경을 한 번도 못해본 촌스런 사람이라는 것을 잘 알고 있는 친구다. 엊그제도 무거운 스키 가방을 지고 새벽 5시에 출발하는 버스로 용평에 가서 종일 타고 당일 오후 4시 반 차로 10시나 돼서 집에 돌아왔다.

나는 시부모님 모시고 애들 다섯 키우고 남편 뒷바라지하고 경조사 등 일에 파묻혀 살아온 평범한 주부다. 결혼 초 삼십대는 꼬박 10년을 아기 우유병 소독하는 것으로 일과를 시작했고, 사십대 때는 재수생 섞어 고3 어머니를 연이어서 8년 했으며, 오십대는 시어머니 병수발로 9년 세월을 바쳤다. 그 힘든 와중 지천명(知天命)하라는 오십대에 칼바람과 싸우며 치열하게 익힌 스키다. 더러 다치기도 하면서 위험한 고비가 있었지만 남편 도움으로 그럭저럭 견뎌 10여 년 경력의 스키어가 됐다. 그것은 너무나 평범한 내 일상에 매운 고추와도 같이 정신 번쩍 나는 활력소가 아니었나 싶기도 하다. 돌이켜보면 자질구레한 집안일로 빈틈없이 꽉 짜여 있는 나날에서 겨울 한철의 모반(謀叛) 같은 것. 실제로 스키를 타는 날은 1년에 겨우 보름이나 될까 말까 하지만 어쨌든 스키는 나의 동안거(冬安居)다. 그것도 용기와 인내가 필요한 동안거.

금년 들어 처음으로 스키장에 간 날, 초봄 같은 날씨의 눈부신 햇살 아래 가파른 백색 설원을 질주하는 나는 행복했다. 하긴 초보 시절 눈 위에서 괜히 미끄러지고 자빠질 때도 왠지 즐거웠고, 심하게 확 넘어진 채 하늘을 보고 누워 있으면 얼얼한 가운데 오장육부가 다 시원한 것 같은 야릇한 느낌. 그렇다. 스키는 내 인생의 활력소였다. 눈보라 치는 사나운 날씨와 싸우다시피 할 때도 거기 나를 어루만져주는 위로가 있었던 듯하다.

이제는 보기 좋은 겸허한 자세로 고요히, 넘어지는 일 없이 스키를 타고 싶다. 침묵 가운데 아주 조용히 스키의 색다른 묘미를 맛보기 위해 정진하련다. 한겨울의 웅장한 대자연과 깊이 사귀기 위해서도 성심껏 스키와 친해지고 싶다.

나는 가끔 정신없이 달려 내려오다 대열에서 빠져나와 멍하니 서서, 물 흐르듯 흘러가는 스키어들 너머로 하늘과 구름과 눈 덮인 산야를 바라본다.

어린이가 있는 풍경

어린이는 그 존재만으로도 어른들의 기쁨이고 행복이다.

무슨 이유에서건 힘들어하는 어린아이의 모습은 보는 이의 마음을 슬프게 한다. 아주 오래 전에 이탈리아 영화 〈씨네마 천국〉을 보다가 나도 모르게 소리 내어 운 일이 있다. 송아지처럼 엄마 꽁무니를 졸졸 따라다니나 생각이 빤하고 영리해서 더욱 안쓰러운 아이.

최근의 신문에서 '빈곤 아동 낙오 안 되게 교육복지 틀 마련'이라는 큼직한 기사가 내 눈길을 끌었다. 이번에는 믿어도 될까? 구호에만 그치는 유명무실한 사업이 되지는 않겠지?

우리는 2001년에 장남으로부터 예쁜 손녀 채현을 얻었고, 3년이 지난 올봄에 차남에게서 의젓한 손자 세현을 또 봤다. '내리사랑'이라더니 정신없이 내 아이들을 키울 때보다 훨씬 아기에 대한 애틋한 정이 샘솟는다.

차남의 아이(손자)는 미국에 있지만 컴퓨터로 보내온 아기 사진이 온 식구를 기쁘고 행복하게 해주고 있다. 손자 덕에 내 컴퓨터 실력이 늘었다. 문자판이나 겨우 두드리던 내가 요즘은 인터넷을

어린이가 있는 풍경

들락거리며 아기 얼굴도 보고 이것저것 검색도 하게 됐다. 세현아, 고맙다. 벌써 네가 할미에게 효도를 하는구나.

아이는 하느님이 우리에게 내려주시는 은총의 선물 중에서도 단연 으뜸이다. 그래 그런지 신생아에게서는 어른을 숙연케 하는 위엄이 있다. 내 컴퓨터에 들어온 세현이 자는 얼굴을 대하면 나는 저절로 정좌(靜坐)를 하게 된다. 그러면서도 어린이가 있는 동화의 나라에는 따스한 온기가 넘친다. 그래서 예수님께서도 우리더러 '어린이같이 돼라'고 하셨나 보다.

그러고보니 워즈워스의 "어린이는 어른의 아버지(The Child is father of the Man)"라는 시구(詩句)도 생각나는구나. 하느님이 만들어주신 그 순수한 마음, 이승의 때가 하나도 묻지 않은 깨끗한 정신은 모든 인간의 바람일 것이다.

어린이로 해서, 어린이와 더불어 사는 삶으로 해서 우리는 신화와 동화의 나라가 바로 우리 곁에 있음을 느낀다. 정말 채현이와 세현이는 우리 집안의 보배다.

그동안에 또 손녀 다현이와 손자 유현이가 우리 집안에 웃음꽃으로 등장했다. 지난달 막내 기우 아들 유현이 백일에 찍은 가족사진을 첨부하련다. 이제 손녀 둘, 손자 둘이 됐다. 하느님, 감사합니다.

요리는 인생입니다

우리 집에는 요리책이 꽤 많다. 줄잡아도 20권은 넘을 것이다.

이 방면에 관심이 많은 나는 화가들의 화집을 감상하듯 음식과 연관된 질 좋은 사진들이 곁들여 있는 각종 요리책 보기를 즐긴다. 물론 특별한 날에 이들은 나의 요리 선생도 되지만, 평상시에는 수필집이나 소설을 대하듯 열심히 읽기도 한다.

TV채널을 돌리다가 쿠킹 모습이 나오면 일단 멈추고, 마음에 들면 끝까지 본다. 싱싱한 재료를 다루는 전문가의 솜씨와 구수한 입담, 볼품 있는 그릇에 담겨지는 완성품이 그야말로 '예술'일 때도 있다.

흔히 접하던 전통음식이나 각종 잔치음식은 아련한 친근감으로 나의 상상력을 자극한다. 정독한 바 있는 지휘자 정명훈의 『Dinner for 8』나 장선용의 『며느리에게 주는 요리책』『선재스님의 사찰음식』 같은 책에는 색다른 이야기가 많아, 더러 잠 안 오는 밤에 펼쳐 뒤적이노라면 왠지 가슴 찡한 향수에 젖게 되기도 한다.

실제로 만들지는 못하더라도 화려한 잔치음식들을 꼼꼼히 살펴보노라면 옛날에 할머니가 해주시던 화전이나 송화다식, 잔치 때의 갖은 편이나 한과 엿 그리고 찹쌀로 빚은 국화주 등이 생각난다. 증조할아버지 할머니 제사 때나 삼촌 혼인 때의 부산하던 잔칫날의 기억들. 별 양념도 없이 막고춧가루로 버무린 군내 나는 김치나 호박지의 그 씁쓸한 맛이 그립다.

요리를 할 줄 모르는 터에 손님 접대할 일이 생기면 전전긍긍. 이런 때 구원을 청하던 선생님과 몇몇 친구는 아직까지도 더러 긴 대화를 나누는, 그야말로 '코드가 맞는' 원 오브 어스(one of us)이기도 하다.

음식 만들기는 이 세상에서 내가 할 수 있는 유일한 서비스다. 무능하고 게을러서 직장이나 봉사활동을 다녀본 일도 없으니 남을 위해서 한 일이라곤 끼니때나 무슨 행사 때마다 머리를 짜내어 음식을 만든 일이 고작이다.

그런데 그때 그때 30분 이상씩 전화로 강의 듣고 음식 장만하여 대접하고는 금세 잊고 만다. 어쩌다 빛바랜 종이에 적혀 있는 오래된 레시피가 서랍 귀퉁이나 책갈피에서 나오면 묵은 편지를 읽듯 한동안 들여다본다. 그것은 나의 수고의 발자취다. 땀이다.

쫄깃쫄깃~ 달콤새콤 살살녹아~ 감칠맛 나고 얼큰 씁쌀해~ 지지고 볶고 삶고 살짝 데치고~ 팔팔 끓이고 푹 뜸들이고~ 양념을 바르고 끼얹고 버무려 …… 겉보기에는 수수하면서도 깊은 맛과 영양가 있는 음식 같은 삶을 살고 싶다. 이런 음식 같은 글을 쓰고 싶다.

정리에 대하여

눈알이 쓰라려 눈을 감고 있다. 며칠째 찾는 책이 영 안 보여서다. 진땀이 나고 입술이 마른다. 백화점과 은행 카드 여러 개가 들어 있는 지갑이 사라졌다. 분명히 들고 들어왔는데 손가방과 망태기를 샅샅이 다 뒤져도 없다. 귀신이 곡할 노릇이네. 수일 전에 벗어 놓은 그 옷이 없다. 짜증이 나서 마구 휘젓고 다니다 보니 방 안이 점점 더 난장판이 된다. 숨이 차고 어지러워 널려 있는 물건들을 대충 밀어놓고 누운 김에 손에 잡히는 리모컨으로 TV를 켠다. 배꼽을 내놓은 여자아이가 빨간 머리카락을 휘날리며 몸을 비비 꼬더니 내게 윙크한다. 할머니, 찾는 거 고만두고 나하고 놀아요! 안 그래도 정신이 혼미한 나를 놀리는 것 같아 얼른 꺼버린다. 괘씸한 것 같으니라구.

요즘의 화두는 정리학(整理學)이다. 오죽하면 정리에, 내가 제일 골치 아파하는 '학' 자를 다 부쳤을까. 정리는 단순한 배열이나 배치가 아니다. 그것은 정신인 동시에 기술이라는 생각까지 든다. 마음만 있다고 정리가 잘되는 것도 아니고 가지런히 정돈 잘하는 기술이 있다 해도 정성을 들이지 않는다면 현실로서 유지되기 어렵다. 습관화, 즉시 동작!

이쯤 되면 '정리학'이 실업전문대의 신설학과로 채택될 만하지 않을까. 따지고 보자면 도서와 정리가 결합된 것이 도서관학과가 아닌가. 근래는 문헌정보학과라는 멋쟁이 이름으로 바뀌기는 했지만. 정리학의 범위는 시간과 공간에 두루 걸쳐 있다. 그 응용이 문헌정보에 그칠 일이 아니다.

정리학은 결국 질서에 대한 학문이다. 사회의 질서를 강조하신 공자님이야말로 정리학의 대가라 할 수 있을 성싶다. 선조(宣祖) 조(朝)의 명필 대유(大儒) 우계(牛溪) 선생은 어둠 속에서도 원하는 책을 정확히 찾아냈다고 한다. 이쯤 되면 몸가짐이나 마음까지도 우리가 헤아리기 어려울 정도의 높은 경지에 있었을 것 같다. 수도자처럼 꼭 필요한 물건 몇 가지만 간직하고 있는 선비의 정갈한 서재가 보이는 듯하다.

집안에 먼지 하나 없고 깨끗한 가재도구만 놓여 있다 해서 반듯이 정리정돈이 잘되어 있는 것은 아닐 게다. 겉치레를 경계하는 것이 또한 정리의 본바탕이기도 하다. 구약의 율법주의자 같은 규율은 자유를 해칠 염려가 있다. 물건들이 마치 살아 있는 생명체처럼 유기적으로 자연스럽게 놓여 있다면 찾기도 수월할 뿐 아니라 보기도 좋을 것이다. 정리를 위한 정리는 혼잡만도 못하다는 생각이다. 그러니 싹 치워버릴 수도 없고 이 어질러진 공간을 어찌할거나.

어째든 외관상 다소 혼란스럽더라도 우리의 마음과 정신활동을 자유스럽게 하는 것이 참된 정리정돈일 것이라 위로하면서 방 안을 둘러본다. 아, 점점 더 한심해지는구나!

사물 깊이 보기

 설악산! 4월 벽두에 울산바위와 대청봉 연봉 전체의 빼어난 자태가 멀리 보이는 콘도미니엄에 2, 3일 머물다. 넓은 대지의 호숫가 진달래와 벚꽃이 드문드문 보이는 양지바른 벤치에 앉아 한나절을 보내다. 수려한 암산(巖山)을 정면 쪽에서 10여 분 넘어 바라보다가 취하여 눈 감고 앉아 장시간 단전호흡을 하다. 이때 저절로 '사물 깊이 보기'에 마음이 간다. 수년 전 금강산의 신묘한 풍치(風致)에 정신이 빨려들던 때도 그랬던 것 같다. 필설로 표현할 길 없는 깊은 감동이 일 때 습관처럼 내게 나타나는 버릇인 모양이다.
 형형색색의 구름과 약간 흐린 청색 하늘을 배경으로 광대한 설악의 첩첩 연봉이 옅은 안개에 가려 그 신비를 더한다.
 대자연은 인간에게 침묵의 본 모습을 일깨운다. 특히 설악같이 크고 깊고 아름다운 명산의 위용은 영원불변하는 실상에 대해서, 그 깊은 은둔성에도 불구하고 참 존재, 참 진리에 관한 어떤 확신에 찬 탐구의 관상(觀想)세계로 나를 인도한다.
 참 존재가 없다면 저 자연은 단지 그냥 아주 빼어난 그림인 허상에 불과하지 않을까. 중심을 받치고 있는 큰 존재의 힘으로 말미암아 웅대한 대자연은 견고한 모습, 살아 있는 엄위(嚴威)로운 한 형상으로 내게 다가오는 것이다. 요지부동의 실재를 가장 근접하게 드러내며 침묵 중에도 자애로움을 잃지 않는 아름다움의 극치 울산바위여!

싸가지고 나온 도시락을 편다. 작은 쌀 한 톨 한 톨의 집합. 이 쌀 한 톨 한 톨이 갖는 뜻의 깊이와 전능의 신비. 농부의 피땀, 햇빛, 바람, 땅의 진기, 습기 등이 총집결하여 기적적으로 이룩해낸 익은 낟알. 불에 달궈 먹을 수 있는 귀한 보석이 된 이 작은 낟알에, 대자연 못지않은 오묘하고도 큰 뜻이 숨어 있음을 허기진 배를 채우며 깨닫노라. 장엄하고 기품 있는 대자연 속 미풍에 하늘대는 봄꽃 만발한 호숫가에 앉아 자연의 소리 들으면서 하늘 뜻을 헤아리노라.

양지라 할지라도 문득 한기가 느껴져 호숫가를 걷다. 30분에 두 바퀴 돌고 앉아 하늘 구경하고, 진달래 꽃잎 뜯어 잘근잘근 씹으며 다시 또 세 바퀴 돌고 앉아 일본의 하이쿠 비슷한 구절 몇을 적어 본다.

    호수 잔물결 동동동 떠다니는 오리 부부 한 쌍.
    흩뿌린 밥 잉어 떼들 달려와 먹는 물소리.
    핍진한 영혼 쉬었다 소생하는 부활의 호수.
    종횡으로 줄 바꿔 하늘 누비는 새 가족 다섯.
    묵은 구름은 어디로 떠났는고 새 구름 피네.

없어진 동양극장

 동양극장. 서대문 네거리에서 광화문 쪽으로 넘어가는 언덕 오른쪽 길가에 있던 우리나라 최초의 연극 전용극장. 1935년 11월에 준공된 이 극장은 회전무대 밑으로 스팀까지 들어오는 684석 규모의 최신식 2층 건물이었다. 어디 인터넷으로 들어가 볼까.

 구한 말 사교계의 요화(妖花)였던 배정자와 이등박문 사이에서 태어난 사생아로 알려진 비련의 무용가 배구자, 이 배구자와 홍순언 부부가 상업은행에서 19만 5,000원을 빌려 새문 밖 비탈을 깎아 세운 신극과 신파극 전용극장으로 〈국경의 밤〉〈승방비곡〉〈사랑에 속고 돈에 울고〉 등 수백 편을 이곳에서 상연했다. 당시 경성은 물론 시골에서도 동양극장 구경이 창경원 구경 다음으로 꼽혔다. 영천과 마포 청량리와 돈암동으로 이어지는 전차 정류장이 있어서 극장 앞길은 언제나 사람의 물결로 술렁였다.

 1990년 2월 27일, 동양극장 철거. 헐리던 날의 신문 기사다.

철거한 동양극장 자리에 《문화일보》 고층건물이 들어섰다. 여기 소극장 '문화일보 홀'에서는 'Next Wave, 아시아 신세기 연극 열전'이 요즘 열리고 있다. 한국, 중국, 싱가포르가 참여하고 있는 다섯 편의 연극 중에 나는 안톤 체홉의 '세 자매 – 크로스 아시아 버전'을 관람했다. 한 자리에서 세 자매가 각각 다른 언어로 공연하는 특이한 무대다.

맏이 올리가는 일본 배우가 일본말로 하고 둘째 마샤역은 홍콩 배우가 영어로, 막내 일리나는 정진희가 한국말로 한다. 일어를 한마디도 모르는 나는 의사소통의 단절에서 오히려 사람의 내면을 들여다보고자 하는 이상한 체험을 했다. 여기에 또 한몫을 단단히 하는 신비한 음향효과. 세 자매가 입버릇처럼 "모스크바로 가자. 꿈의 고향 모스크바로 떠나자!" 하고 되뇌는 각기 다른 세 나라 말을 모두 감싸 안는 딴 차원의 언어인 양, 음악은 관객의 신산한 마음까지도 두루 삭혀주는 구실을 하였다.

뉴욕 브룩클린에 위치한 예술센터 BAM(Brooklyn Academy of Music)은 140여 년의 역사를 자랑하는 복합공연장이다. 이곳에서 1983년에 처음 시작하여 올해로 20주년을 맞이하게 된 '넥스트 웨이브 페스티벌'은 전위적인 공연예술의 다양성과 실험정신으로 해서 전위예술가들의 요람으로 자리 잡고 있다. 이 '넥스트 웨이브'가 아시아 지역의 차세대 공연예술가들이 참여하는 연극축제로 서울에까지 온 것이다.

미련 없이 헐어버린 동양극장 옛터 후미진 뒤쪽의 초라한 소극장에서 '넥스트 웨이브'의 '연극열전'을 관람하는 감회는 씁쓸한 도를 지나 가슴 아프다. 역사적인 그런 공간을 싹 쓸어버릴 생각을 어떻게 누가 했을까. 지금 이곳에 동양극장이 그대로 있다면 그 근처의 풍경이 얼마나 보기 좋을까. 얼마나 색다른 품위를 지닌 독특한 장소가 됐을까.

2003년 12월 《국민일보》

샌프란시스코의 작은 거인

이민 떠난 내 친구 꼬마 영자를 생각할 때면 거의 예외 없이 그는 슈베르트의 노래와 함께 떠오른다. 40여 년 전 신입생 시절 학교 도서관 입구에서 처음 만났을 때도 슈베르트 세레나데의 마지막 부분, '베(be) - 글뤼 - 케(gluecke) - 미 - 히(mich)!'를 조용히 끝내고 있었다.

"노래 좋아하나 봐."

마침 빈자리가 있어 우리는 나란히 앉았다.

"노래?" 혼자 피식 웃더니, "노래! 그 중에도 슈베르트 가곡이 너무 좋아서 틈만 나면 불러. 세레나데는 천 번 이상 되풀이했을 거야."

"천 번 이상!!"

그날 이후 영자와 나는 단짝이 되었다.

가녀린 들꽃같이 너무 작아서 오히려 눈에 띄게 되는 꼬마 영자. 한데 졸업 후 결혼하자마자 미국으로 이민 가는 바람에 20여 년간 소식이 끊겼는데 어느 날 비보가 들려왔다. 영자 남편이 이승을 떠났다는 것이다.

그 뒤로 그가 혼자 지낸 15년 세월 동안 주위를 감동시킨 일이 많고 많지만 오늘은 그 중에서, 꼬마 영자가 작은 거인이 된 한두 가지 얘기를 하련다.

몇 해 전에 심한 부정맥 때문에 꽤 위험한 심장 수술을 받은 일이 있다. 수술이 4시간 반쯤 걸린다고 해서 CD 넉 장을 가지고 수술실로 들어갔고, 부분 마취였으므로 이어폰으로 음악을 들을 수 있었다. 3시간 반이 지날 때까지 원인을 찾지 못해 몹시 당황하는 의사의 모습을 본 꼬마 영자는,

"선생님, CD가 한 장 더 남아 있어요. 천천히 하세요."

이 작은 동양 여자의 조크 섞인 여유에 의사도 침착성을 되찾게 되었고, 결국 수술도 성공적으로 끝났다 한다.

다음엔 남편이 하던 택시회사 럭서 캡(Luxor Cab) 이야기다. 터프한 운전기사 30여 명을 혼자서 관리하는 일이 만만할 리 있겠나. 허나 10년 20년 근무한 자가 반이 넘는다면 그 분위기를 짐작할 수 있으리. 전 직원의 반대를 무릅쓰고, 세 번이나 감옥을 들락거린 사람이나 마약중독자였던 사람 등을 채용한 경우에도 사고 치지 않고 모두 새 사람이 되었다 한다.

덩치 큰 서양 아이들(운전기사)의 개인적인 고민도 다 들어주는 영자는 이들의 '마미'로 통한다. 그곳에서 내가 타게 된 럭서 캡 택시의 한 운전기사는, 자기 보스 친구인 내가 주는 팁을 한사코 사양하면서 영자를 가리켜 '빅 보스, 빅 보스' 했다. 의례적이 아닌, 정

말로 친애하는 감정이 우러나서 부르는 호칭이었다. 자기는 근무한 지 8년밖에 안 됐지만 훨씬 오래된 사람이 반 이상이라는 말도 그 기사에게 들었다.

　샌프란시스코의 작은 거인 꼬마 영자는 이와 같이 표 안 나게 미국에서 우리 한국의 국위를 선양하고 있는 것이다.

아! 고구려

중국이 고구려사를 왜곡, 자국사의 일부로 편입하려 한다. 이 작업은 사회과학원이 주체가 되어 '동북공정(東北工程)'이라는 국책사업으로 진행하고 있다. 고구려가 중국 내의 많은 소수민족 지방정권 중의 하나라는 주장이다. 그러면 저들은 코리아가 고(구)려에서 비롯됐음도 부정하고 있단 말인가.

당(唐) 고조(高祖)가 622년에 고구려 영류왕에게 "이제 두 나라(고구려와 당)가 서로 화평을 통하게 되었으니(今二國通和) 고구려 침공 때 잡힌 수나라 포로들을 돌려보내 달라"는 공문 서한을 보냈다는 기록이 구당서(舊唐書)에 수록돼 있고, 고구려에서 군인 1만 명을 반환해 주었다는 사실까지 이 서책에 쓰여 있다고 한다. 이런 고구려를 '당나라 예속하의 지방민족정권'이라 우긴다니 중국이 우리한테 왜 이러나.

나는 1993년에 국립 현대미술관에서 전시한, '아! 고구려… 1500년 전 집안(集安) 고분 벽화' 전을(11월 18일~12월 26일) 몇 차례 관람한 바 있다. 그것은 호방하면서도 세련미 넘치는 현란한 색채의 다양한 그림으로 이어진 방대한 벽화로 우리 옛 선조들의 예술혼을 접한 듯 마음이 설레었다. 나는 대륙에서 웅비(雄飛)하던 한민족(韓民族)의 꿈과 기상을 되새기며, 지평선 아득한 대평원을 말갈기 휘날리며 질주하는 우리 조상 기마 민족을 아릿한 아쉬움으로나마 자랑스레 떠올리곤 했다.

그 후 한국 학자와 사진기자에게 고분을 개방한 중국의 학자와 공무원을 국가가 징계했고, 고구려 유적 단속도 강화됐다고 한다. 이는 학문적 양심을 저버린 도둑 심보의 드러남이 아니고 무엇이겠는가.

미국 컬럼비아 대학의 한국학 명예교수 개리 레드야드 박사의 말을 들어보자.

고구려는 중국이 아니다. 나는 고구려가 한국 역사의 일부분이라고 믿고 있다. 중국은 한국 선조들의 문화유산을 인정해야 한다. …… 한국 정부는 매우 단호하고, 활발하게 이 문제를 다뤄야 한다. 한국을 존중하는 학자가 많지만 고구려가 중국 역사의 일부분이라 여기는 학자도 있다. 특히 많은 일본 학자들이 그렇게 주장한다.

일본, 도무지 도움이 안 되는 고약한 이웃. 최근 한 일간지(중앙일보)에 실린 칼럼의 기사가 내 가슴을 쓰라리게 했다.

악몽이 현실로 다가왔다. 중국의 고구려사 흡수 기도, 고이즈미 총리의 독도 발언은 예고편이다. 그들이 한반도를 다루는 솜씨엔 노련미가 넘친다. 한·미 동맹에 금가는 소리가 나자 그들은 본능적으로 즉시 틈새를 파고들었다.

아! 대한민국! 어찌할거나.

2004년 1월 20일 《국민일보》

'물질'고아원

우리 집에 오시는 손님은 무슨 때가 되어 알아서 찾아오는 친지들이지 초대 손님은 드물다. 명절이나 제사, 시어른들 생신 때도 그러했다. 그 밖에는 남편의 제자들이나 주례 서준 신혼부부가 인사하러 오거나 교회 식구들이 방문하는 정도다.

버리기를 싫어하는 남편 탓도 있지만 나 역시 정리정돈을 못하는 기질이라, 우리 집은 대문에 들어서면서부터 잡동사니가 마당에 꽉 차 있어 발 들여놓을 틈이 없다. 버리기는 고사하고 남편은 길에 버려져 있는 못쓰게 된 물건들을 수시로 주워 들이기까지 하니 어쩌랴.

"그놈 잘 생겼다. 놓고 볼 만하다." "무게가 제법 나간다. 듬직하다." 따위가 물건을 주워 들일 때 그가 중얼거리는 소리다.

아예 대문 밖에 '물질고아원'이라 양철을 쪼아서 만든 간판을 달았던 적도 있다. 물질을 학대하는 현대인들을 향한 경고란다. 딸과 내가 통사정을 하여 남편은 대문에 걸려 있던 것을 마당으로 들여놓긴 했지만.

물권(物權: 물질 자체가 갖고 있는 고유한 권리)이라는 신조어까지 만들어 '물권시 시리즈'를 쓰고 있는 시인 남편 덕에 60여 평 되는 우리 집 마당은 헬멧, 시계, 의자, 책꽂이, 자전거, 오토바이, 전등, 액자, 액자에 끼워진 슈베르트, 그릇, 목재, 도마, 쇠붙이, 가죽가방, 전선줄, 각종 파이프 등으로 대만원이다. 물질고아들을 아무렇게나 방치한 것이 아니고 저 나름대로의 질서를 부여했노라고 남편은 말하지만, 정신없긴 매일반이다. 각종 파이프나 나무 옷걸이 등을 이용하여 씌워놓은 크고 작은 색색의 헬멧이, 자그마치 마흔 두 개 구나! 이걸 쓰기 위해 지금 나가서 세어보고는 나도 놀랐다.

"손님이 은인이다. 손님이 은인이야!"

웬일로 털이개까지 들고 사방의 먼지를 털며 남편은 노래하듯 중얼거린다. 또 누가, 약간 스스러운 손님이 오는 모양이다. 근래 방문객이 뜸해져 마루에도 물질고아들과 책이 쌓여 까치발로 물건들 사이사이를 건너다녔는데, 고마운 손님 덕에 마루가 번해졌다. 정말 대충이라도 집 청소를 시키는 은인은 자청해서 우리를 방문하는 손님들이다.

정리정돈 못하는 나의 고질병. 부엌이고 장롱 속이고 넘쳐나는 물건들을 보며 나는 한숨을 쉰다. 길에 버려진 것만이 물질고아가 아니다. 어느 구석에 있는지 몰라 필요할 때 찾아 쓰지 못하는 물건들도 고아나 다름없다.

정리! 영원한 나의 숙제. 청소! 영원한 나의 걸림돌.

마귀도 먼지 속에서 산다지? 악령도 쫓을 겸 신년 새해부터는 개미 정신으로 하루 한 가지씩만이라도 치워가며 정리를 해볼까. 독한 마음으로 고아들을 싹 다 어디로 보내버릴까.

저 나무의 눈부신 자유

 5월이 간다. 반투명으로 빛나던 연녹색 숲도 더는 에메랄드 그린이 아니다. 올해는 흐리고 비 뿌리는 날이 많아 그런지 그리 빛나는 5월이 아니었던 듯싶다. 올림픽 주경기장 대형 무대에서 펼쳐진 오페라 〈카르멘〉을 보던 지난 19일 밤도 별 하나 없는 음산한 하늘에 돌풍 같은 바람이, 운동장에 높이 게양돼 있는 '태극기를 휘날리고' 있었다. 지나는 길에 인상적인 지붕으로만 보던 주경기장에 운동경기가 아닌 오페라를 보러 처음 들어왔다. 딴 세상에 와 있는 듯한 낯선 분위기다. 탁 트인 넓은 운동장 한쪽에 마련된 무대는 수백 개의 깜박이는 색색 조명등으로 하여, 마치 우리가 18세기 스페인의 세비아 거리를 바라보고 있는 듯한 착각을 일게 했다.
 1막에서부터 관능적인 카르멘의 유혹에 넋을 빼앗기기 시작하는 돈 호세. 카르멘이 던진 꽃 한 송이가 자기의 운명을 비극의 구렁텅이로 몰아넣을 줄도 모르고 그 꽃을 애지중지하던 호청년 호세. 제2막에 나오는 그의 아리아 '꽃노래'는 야밤의 캄캄한 운동장에 하이A 이상의 고음을 무난히 미성으로 뽑아내며 애절하게 울려 퍼진다.

"카르멘 쥬 떼에 - 므 - " 한없이 길고 가냘프게 이어지던 마지막 호세의 말이 브라보를 외치는 군중의 박수갈채와 함께 허공을 떠돈다. '당신이 내게 던진 이 꽃은 얼마나 뜨거운 사랑이었나. 내 사랑 카르멘!!' 나는 방종한 카르멘의 사랑이 몰고 온 청춘 남녀의 파란만장한 비극적인 종말이 떠올라, 호세의 청순한 노래에 차마 박수를 칠 수가 없었다.

우리의 전후좌우에 자리 잡고 있는 젊은 관객들의 열띤 탄성이 분위기를 고조시키는 가운데 카르멘의 현란한 춤과 캐스터네츠의 독특한 소리와 신나는 오케스트라가 서로 장단을 맞춘다. 그러나 결국 호세의 칼에 찔린 카르멘이 외치는 죽음의 비명과 울부짖음으로 마지막 4막의 막이 내렸다. 미리 반 이상의 관객이 자리를 뜬 썰렁한 경기장. 다행히 비를 몰고 올 듯하던 바람은 자고 구름 사이로 흐린 별이 한둘 보인다.

무엇이 저들을 그리도 참혹한 불행의 나락으로 떨어뜨렸을까. 운명일까.

우리도 인파에 섞여 퇴장하는데, 대낮같이 환한 불빛 아래 살랑대는 경기장 밖 푸른 나뭇잎들이 신선하게 다가온다. 지금껏 오페라 〈카르멘〉으로 하여 어지간히 뒤흔들린 감정의 파고가 가라앉는 느낌이다. 생기발랄한 청춘 같은 5월의 푸른 나무들의 조용한 모습은 확실히 인간 세계의 피비린내 나는 비극과는 격을 달리한다. 이 세상에 무한한 안정과 평화를 선사하는 나무들이 절대적 수동성 안에서 누리는 눈부신 자유, 눈부신 충만. 큰 흐름을 거스르지 않는 순종 가운데 저들이 누리는 행복은 우리를 깊은 사색에 들게 한다.

꾸밈없는 진정한 아름다움은 그 존재 자체가 행복이다. 하나 거기에는 눈 비바람의 매질도 한몫을 했을 것이다. 빛나는 아름다움의 경이에는 겨울의 눈보라와 여름의 뜨거움을 참고 견딘 인고의 세월이 있다. 저 복된 푸르름을 잉태하고 피워내는 산고의 시간을 생각한다. 무엇에 사로잡히지 않으면서 순종의 자유를 기쁘게 누리고 사는 지혜.

계절의 여왕이라고까지 칭송을 받는 이 5월에 나무처럼 견디는 일, 나무처럼 살아가는 일을 꿈꾼다.

뒷글

어머니의 책

어머니의 책이 이처럼 늦게 나온 것은 순전히 우리 탓이다. 4남 1녀 우리 다섯 남매 말이다. 어머니의 책은 최소한 30년은 늦게 나왔다. 소설가 되기를 꿈꾸시던 어머니는 손에 잡고 있던 펜을 놓고 낯선 응암동 언덕으로 시집오셔서 시부모와 남편과 다섯 아이를 위로 떠받들고 아래로 건사하시느라 온 인생을 바치셨다.

내가 초등학교 4학년 때인가, 어머니는 잠에서 깬 듯 갑자기 종로에 있는 YMCA로 수영과 운동을 하러 열심히 다니셨다. 그러면서 『립 반 윙클』 이야기를 하시던 것이 기억난다. 잠에서 깨니 벌써 세월이 이렇게 되었나 싶으셨다는 거다. 한국 사회에서 어머니 세대의 여성들에게 맡겨진 임무는 너무나 무거웠다. 어머니에겐 그 모든 청춘과 장년의 시간이 기나긴 유보의 세월이었다. 자식은 부모의 시간을 먹고 큰다. 자식이 크는 동안 어머니는 자신의 살과 뼈인 시간을 온전히 내놓고 자식들에게 뜯어 먹힌다. 그렇게 하여 어머니는 어느덧 백발이 성성한 노년이 되셨다.

  그 모든 의무를 훌륭하게 다하시고 난 후, 이제야 시간이 되어 책을 내시는 걸 보니 모든 게 죄송할 따름이다. 어머니가 이처럼 기품 있는 문장들을 참으시고 펜을 잡으실 틈도 없이 설거지물에 손을 적시며 한 평생을 보내신 것을 생각하면 내 가슴이 미어진다. 석양을 바라보는 나이에도 용기를 잃지 않고 새로운 희망을 품으시어 과감히 글쓰기에 매달리시더니, 결국 어머니의 책이 세상의 빛을 보게 된 것은 대단히 뜻 깊은 일이라 여겨진다.

  나는 어머니 세대의 여성을 '자자(子字)돌림' 세대라 부르고 싶다. 어머니의 학생 시절 이름도 문자였다 한다. 영자, 수자, 민자…… 이름에 열이면 아홉 '자'자가 들어가는 이들은 우리 근대 여성사에서 한 시대에서 다음 시대로 넘어가는 핵심 고리가 되는 세대이면서 동시에 매우 힘든 세월을 보낸 세대다. 어머니 세대는 시어머니는 정성 들여 모시고 며느리는 순순히 독립시켜 주는 세대. 우리 어머니로 말하면 자신의 세대에서 고부갈등의 악순환을 끊어 내셨다. 당신의 입장에서 의무는 다하고 누릴 때가 되었으나 누리기는 포기하셨다. 어머니의 '자'자 세대는 성모 마리아처럼 희생과 포기와 내어줌을 몸소 실천하신 분들이다.

  어쩌면 이 책은 그와 같은 희생을 통해 깨달음에 이른 어머니 세대 모든 분들의 삶의 기록이 아닌가 생각되기도 한다. 어머니는 아직도 집안일을 손에서 못 놓고 계시긴 하지만 예전보다는 조금 넉넉해진 자유시간을 자기계발 쪽으로 사용하셨다. 예컨대 단전호흡과 기도와 묵상을 통해 정신을 가다듬고 바쁜 시간 쪼개시어 수영과 등산과 스키 등으로 몸을 단련하시니 이처럼 탄탄하고 건강한 글이 나온 것이라 여겨진다. 끊임없이 올바름을 추구하고 스스로를 배움의 장으로 이끄시는 그 노력에서도 역시 보통 이상의 기개가 엿보인다. 율곡 선생의 후예답게 어머니 마음속에 품어져 있는 올곧음과 추구의 정신 앞에서는 아무것도, 세월의 흐름 역시 장애가 될 수 없었다.

어머니는 자연과 예술품을 제대로 완상할 줄 아시는 격조 높은 감식안을 가지셨다. 그 감식안을 통해 매화에서부터 조선백자에 이르기까지 다양한 대상에 대한 깊이 있는 음미가 자연스러운 문장으로 꽃을 피운다. 또한 어머니는 시장에서 환하게 웃음 짓고 진한 충청도 사투리를 쓰시며 시장 아낙들과 격의 없이 어울리는 호탕한 아줌마이기도 하다. 옛날을 회상하는 구수한 추억담은 이 책을 따스한 온기로 물들인다.

어머니는 여고 시절 반 독학으로 피아노를 배워 기악 전공을 꿈꾸셨던 시기도 있었을 만큼 음악을 사랑하셨다. 천주교 신자로서 묵상과 단전호흡 수련을 통해 인생의 본질을 캐물어 오신 속세의 수행자이시다. 게다가 유럽 여행과 성지 순례를 통해 얻어진 순례자의 마음가짐으로 세상을 관조하시기도 한다.

이처럼 어머니는 여러 가지를 갖추시고 두루 섭렵하셨으나 그것을 평생 드러내지 않다가 이제야 세상 사람들이 알아볼 만한 형식으로 모양을 갖추어 묶어 내신 것이다. 기왕 시작하셨으니 더욱 글쓰기에 매진하시어 많은 작품들을 남기시길 송구스럽고도 기쁜 마음으로 바란다.

죄송스러운 고백이지만 어렸을 때, 어쩌다가 어머니의 일기장을 몰래 본 적이 있다. 어머니의 활달한 글씨를 보며 나는 자꾸만 눈물이 나오는 것을 참을 수 없었다. 지금 정확하게 기억할 수는 없지만 거기에는 이런 대목이 있었다. "오전 10시, 남편을 출근시키고 애들도 다 썰물 빠지듯 학교 가고 없는 조용한 집안, 밥솥에 남아 있는 누룽지를 주걱으로 부셔서 입에 넣는데 이상스레 목이 멘다……."

그때 그 일기장의 문장들은 너무도 수려하고 너무도 슬펐었다. 나는 그 문장들을 하염없이 따라가며, 뜻도 제대로 모르면서 자꾸 눈물만 흘렸었다. 이제 그 수려한 문체는 한탄의 자국을 지우고 이 뜻 깊은 책 속에서 기쁜 기운으로 되살아난다. 그것을 목격하는 일이 한없이 감격스럽다. 다시 한 번 말씀드리지만 부디 만수무강하시면서 기왕 열어 젖혀 용솟음치는 문장들을 남김없이 적어 내시기를, 나의 네 동생, 기선 기영 기헌 기우와 이수경, 주희선 두 며느리, 손녀 채현이와 손자 세현이와 함께 기원해 마지않는다.

2005년 가을
연남동에서
큰아들 기완 올림

지상의 나그네

초판 발행 2012년 7월 25일

지은이 | 이명환
만든이 | 기경호
만든곳 | 프란치스코출판사
등록번호 | 제2-4072호(2004년 12월 2일)

주소 | 100-120 서울 중구 정동길 9
전화 | (02) 6325-5600
팩스 | (02) 6325-5100
이메일 | franciscanpress@hanmail.net

ⓒ 이명환, 2012 Printed in Seoul, Korea

ISBN 978-89-91809-24-6 03040
값 15,000원

잘못된 책은 구입하신 곳에서 바꿔드립니다.
이 책의 판권은 지은이와 프란치스코출판사에 있습니다.
양측의 서면 동의 없는 무단 전재 및 복제를 금합니다.